现代电商
实操基础及应用

主　编◎柏从新

副主编◎李永钦　吴国民

参　编◎朱国超　杨金万

廖忠团　陈德茂

匡体来　郭朝升

杨春贵　陈建泽

裴兴萍　杨明新

刘　辉　刘作耘

中国商业出版社

图书在版编目（CIP）数据

现代电商实操基础及应用 / 柏从新主编. -- 北京 :
中国商业出版社, 2019.8
ISBN 978-7-5208-0798-2

Ⅰ. ①现… Ⅱ. ①柏… Ⅲ. ①电子商务—商业经营—
高等职业教育—教材 Ⅳ. ① F713.365.2

中国版本图书馆 CIP 数据核字 (2019) 第 125753 号

责任编辑：王彦

中 国 商 业 出 版 社 出 版 发 行
（100053 北京广安门内报国寺 1 号）
010-63180647 www.c-cbook.com
新华书店经销
廊坊市旭日源印务有限公司印刷
* * * * *
787 毫米 ×1092 毫米 1/16 开 16.5 印张 450 千字
2019 年 8 月第 1 版 2019 年 8 月第 1 次印刷

定价：49.80 元
* * * * *
（如有印装质量问题可换）

前言

随着电子商务的发展，无论是从业者，还是消费者，都置身其中，享受着电商带来的便利和机遇。特别是对有志于投身电商行业的人士来说，电商知识的学习及应用，应该尽早抓起。

本书针对当下电商的发展现状，从最基础的电商知识阐释开始，逐步教会读者电商操作的方法与细节。本书精心编排了学习流程与学习任务，使读者可以在学习过程中结合生活实践，并将书中的理论熟练运用，进而逐步加深对电商知识的理解，达到快速掌握现代电商运营技巧和技能的目的。

本书主要通过三大部分对现代电商实用实操知识进行了详细的讲解和说明，更结合了诸多现实成功案例，遵循了读者学习的认知规律，全书由浅入深，全面讲述了现代电子商务实用、实操的知识理论与技巧，其中主要特点体现如下：

1. 贴近现实，以落地的方法手把手教会读者操作。

本书的编写充分结合了目前电商行业大家熟知的平台、方法、规则等，全书运用了诸多贴近读者生活环境的成功案例，其中包含了农村淘宝、草根电商达人等多种现代电商元素，既阐述了现代电商发展的现状，又可以带给读者更落地的操作方法，使读者一学就会，一会即用。

2. 知识理论通俗易懂，且实操性强。

本书编著的各项知识点均以当代电商市场的实际情况为基点，知识理配备详细的实操案例，用通俗直白的方式对知识理论进行总结归纳，读者可以通过书中的图片指示、案例过程，结合实际情况进行实操，快速掌握书中的各项电商运作基础与技巧。

3. 图文结合，阅读顺畅，成系统化。

本书不仅体现了由浅入深的实操类书籍特色，更遵循了环环相扣、知识点紧密相连的逻辑。读者通过本书知识理论的学习，可以非常顺畅地丰富自身电商实操领域的学识，进而接触到国内现代电子商务领域前沿的运营技巧，激发学习创新意识，让社会涌现出更多符合时代发展要求、符合电商发展潮流的电商从业者、创业者。

本书由柏从新任主编，李永钦、吴国民任副主编。编审成员为：朱国超、杨金万、廖忠团、陈德茂、匡体来、郭朝升、杨春贵、陈建泽、裴兴萍、杨明新、刘辉、刘作耘。

在此，感谢云南省保山市龙陵县职业高级中学教材编委会各位老师为本书辛勤的付出。

由于编著团队水平有限，书中难免存在不足之处，恳请广大读者不吝赐教，提出宝贵意见和建议。

目录 Contents

第一部分

认知智能时代电子商务对社会发展的意义

随着时代的发展，电商的核心价值保持着多元化的变化，想要了解现代电商对社会发展，对自身成长的意义，我们则需要从电子商务的发展历史开始学习了解，进而让电子商务成为我们手中的获利工具。

1.1 现代电子商务定义

自 2007 年之后，中国网民已经开始习惯于网络购物，中国的电子商务市场开始进入了多元化发展时期，各种电子商务模式也开始相应诞生，现代电子商务模式日趋成熟。

据国家统计局电子商务交易平台调查统计，2017 年中国电子商务本年度交易额高达 29.16 万亿元，相比 2016 年同比增长 11.7% 个百分点，这一数据又一次刷新了中国电子商务领域的数字纪录，而在这一数据中获利的主要群体依然集中在对现代互联网科技保持敏感、热衷态度的中青年人群当中，从中我们不难看出，未来青少年的成长与发展可以在电子商务领域中寻找、获取更多的机遇。

图 1-1.1　2018 年天猫双 11 全球狂欢节

对于电商的定义不同的人群拥有不同的解释，如果我们依然认为电子商务只是将线下的产品通过互联网技术进行线上的简单售卖，那么在当代电子商务领域当中我们很容易被淘汰。因为随着时代的发展，电商的核心价值保持着多元化的变化，想要了解现代电商对社会发展，对自身成长的意义，我们就需要从电子商务的发展历史开始学习了解，进而让电子商务成为我们手中的获利工具。

1.2 电子商务的发展历史及现状

中国电子商务的发展历程经历了不同的阶段，且仍在继续，现在我们就来一起回顾电子商务在中国萌芽之后经历了哪些质变与飞跃。

一、电子商务在中国的萌芽期

说到电子商务在中国的萌芽期，这要追述到上个世纪末互联网在中国的普及阶段。事实上所谓的互联网在中国的普及阶段只是指互联网开始初步覆盖到全国各地的各大城市，而当时全国范围内真正意义上的网民还不足 1000 万人。

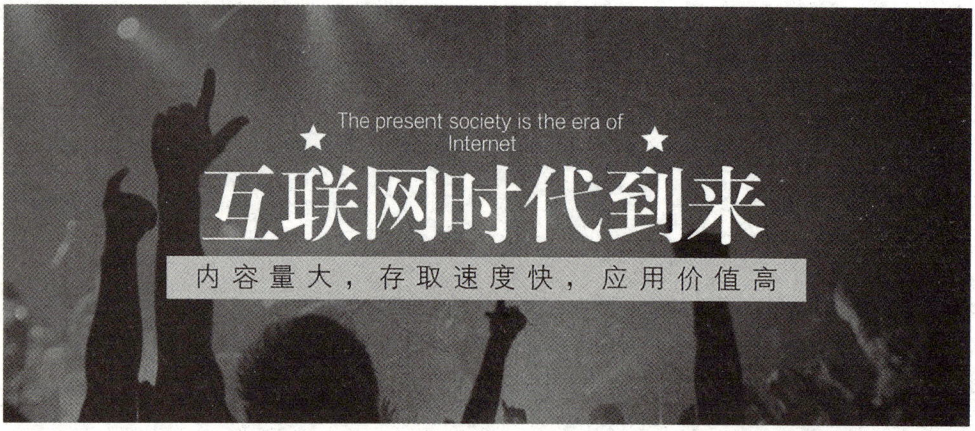

图 1-1.2　互联网时代到来

不过恰恰是在这个阶段，我们的网络生活还只是活跃于电子邮件和网页信息的浏览阶段之时，中国互联网之上的各大网站站点已经开始渐渐弥漫起一股商业气息，尤其在2000—2001年，中国国内的各大网站都开始植入并覆盖各式各样的商业广告，虽然这些广告的来源当时只局限在国内一些大牌企业，但这种通过线上推广获得线下收益的模式已经初步具备了现代B2C电商模式的雏形。

令我们感到惋惜是由于当时电脑成本较高，导致中国网民的增长速度受限，进而在当时的时代并没有进化出大型的电商平台，但这却为日后中国的电商发展奠定了坚实的基础。

二、中国电子商务的井喷式发展时期

距中国电子商务发展萌芽期之后仅仅两年的时间，也就是从2003年开始，中国网民数量开始高速增长，短短3年时间内，中国电子商务市场就诞生了淘宝、卓越、当当、全球采购等十多个网络商务公司。而且在这三年内，中国青少年开始进入真正的网络世界，网游、学习软件、工作软件全面覆盖到了中国人民的生活当中。

图1-1.3　网购汽车

在这种网络生活基础之上，网购也自然而言的诞生了，虽然当时的网购模式还比较单一，也就是我们最初认知的将线下商品通过互联网技术进行线上销售，但这种打破了地域限制的商业模式还是强烈地刺激到了中国网民的购物欲望，中国商业模式开始正式进入到电商与实体商业共同发展的时期。

三、中国电子商务的多元化发展时期

自 2007 年中国网民已经开始习惯于网络购物，中国的电子商务市场开始进入了多元化发展时期，各种电子商务模式也相继诞生，在这一时期开始的 3 年中，商家的活跃程度远远高过了网民的购物冲动，层出不穷的电商活动在中国商业市场的各大板块浮现，而在电子商务高速发展的基础环境下，相应的物流、支付、网络交易安全保障行业也被积极带动，迅速进入发展的黄金时期。

图 1-1.4　网购狂欢节

可以说在这一时期，中国网络商业市场中商家、企业的诞生速度远远超过我们的想象，而这些电商市场内的“商人”，也开始尽情地享受着中国电商市场高速发展为他们带来的丰厚利益。

四、中国电子商务的优胜劣汰时期

随着中国电子商务市场高速发展，又一个 3 年悄悄过去。2010 年之后，中国电商市场的各大商业领域开始趋近于饱和状态，电商之间的竞争开始变得更加激烈，优胜劣汰的时期随之到来。

相信在2010年之前拥有过网购经历的网民都可以深切感受到这样的变化，中国各大电商网络平台开始了大力度的平台整改优化，将更多实力雄厚，品质卓越的品牌商家进行更多的平台展示，而相应一些口碑、信誉、人气较低的商家展示率则大幅度降低，甚至进行了清退。

作为网民我们可以感觉到平台的发展更加健康，而作为商家则明确认识到电商市场的发展需要更用心，需要靠实力讲话。

虽然距2010年中国的电子商务发展已经过去了近10年，电商市场的主流模式也发展了无数变化，但优胜劣汰的激烈竞争模式依然丝毫未变，如果我们依然简单地认为现代电商就是将线下商品通过互联网技术进行简单的线上销售，那么我们很难在现代电商市场中获利，甚至很难在现代电商市场中生存，这就是当下中国电子商务的发展现状。

1.3 电子商务的发展前景

当我们了解完现代电子商务发展的历史与现状之后，随之产生的思考应该是：现代电商对于我们的生活与未来发展而言，电子商务究竟拥有哪些意义？电商的发展前景如何？电商是否依然是这个时代青少年发展、创业的利器？

事实上，如今电子商务无论在中国市场还是世界商圈当中，依然保持着高速发展的趋势，且不断衍生着一个又一个主流商业模式。我们想要从当前优胜劣汰的环境中找到适合自己的机遇，找到切合自身发展的电商模式，这时就需要我们从电子商务发展的前景进行理性的分析。

电商发展前景之一：互联网与实体的全面融合，双线共进拓宽发展渠道

事实上我们很容易感觉到当下电商发展的这一变化。最初电商野蛮成长阶段产生的线上冲击线下趋势，如今已经慢慢转变成为了线上带动线下，线下辅助线上的双线共进模式。

举一个最简单的案例，现代大多数小微型商铺都开通了微信支付、支付宝支付功能，这就是最简单的实体销售与线上支付的结合，而这种结合产生的便利不仅简化了实体销售的操作，更促进了青少年群体的购物欲望。试问如果我们生活圈内便利店、小超市、早餐店……如今依然没有微信支付、支付宝支付功能，那么这些店铺的客流量会减少多少呢？

当然互联网与实体的全面融合不仅仅是支付功能结合这么简单。例如苏宁、京东如今大力开展的物流服务、智能物流都属于电商线上与线下结合发展的重要体现。

图 1-2.1　京东智能物流配送机器人

2017 年 6 月 18 日，京东推出智能物流配送机器人首发顺利完成送货任务。机器人从中国人民大学出发，自主规避掉了路上的障碍物和来往行人、车辆，并通过京东 APP、短信等方式顺利通知收货人，收货人通过输入自己获得的提货验证码轻松打开相应的机器人货仓，取走了自己的快递。

这种全新物流模式的开创不仅成为了当时的热搜话题，更意味着中国全新物流模式的开启。

图 1-2.2　苏宁智能物流车

2018 年 5 月 24 日，苏宁物流与智加科技联合推出的达到 L4 级别无人驾驶能力的重型卡车“行龙一号”完成路测。6 月 17 日，苏宁宣布无人快递车已完成上岗测试，将于次日进入常态化运营。

从现代主流电商平台的发展现状中我们不难看出，线上与线下的发展未来将保持持平的趋势，这就代表未来我们想要通过电商获得发展，线上与线下都需要进行同步思考，在学习如何进行线上运作的同时，更要思考如何附加线下的服务；在思考如何规避线上竞争的同时，如何在线下产生更多的竞争优势。

电商发展前景之二：电子商务的无线终端化

电商从最初的电脑商务转变为如今的手机商务，事实上只经历了不到 3 年的时间。2010 年 6 月 8 日凌晨 1 点，史蒂夫 · 乔布斯在美国 Moscone West 会展中心举行的苹果全球开发者大会（WWDC 2010）上发布了苹果第四代手机 iPhone 4。

图 1-2.3　智能手机与电子商务密切相关

这款手机迅速风靡全球，拥有一款 iPhone 4 手机就可以说自己已成为智能移动互联网时代的代表。

当然，与 iPhone 手机同步发展的还有安卓系统的各品牌手机，而恰恰是在这种智能手机激烈角逐的时期，电子商务的无线终端化悄然开始。

智能手机的诞生与发展与电子商务无线终端的发展息息相关，发展到现代，智能手机的每一款终端软件，甚至是最简单的生活 APP、小程序都充满着浓浓的商业气息。

从电子商务未来发展的无线终端中我们不难看出，对青少年发展而言，无线终端的发展中拥有无数的机遇，且属于当下热门的电商发展模式。相比传统的电商平台而言，无线终端不仅属于新兴行业，发展机遇更多，成本不高，最重要的是这一电商领域中充满着浓浓的青春气息。

电商发展前景之三：电子商务的全球化

电子商务无论发展到哪一阶段，它最大的特色之一就是打破了地域限制，通过互联网产生了无距离的商业发展。如今，这一连接的范围依然在不断扩大。

电子商务的全球化是自中国电商诞生以来持续不变的发展方向。这不仅仅体现在现代各大主流电商平台的海外购物服务中，更体现在我们生活中海外元素不断增加的变化中。

图 1-2.4　天猫国际的各项全球购物狂欢活动

2018年11月11日，天猫国际的各项全球购物狂欢活动正式开始，在这次天猫活动中我们不仅看到了来自全球数百个国家的知名品牌，更享受到了前所未有的海外大牌折扣福利。

而这仅仅是2018年“双11”购物狂欢节当中的一项子活动，事实上如今通过国内各大电商平台在中国入驻的海外品牌已经高达数百家，且当中很多海外大牌已经从最初的线上销售发展到了线下生产的阶段，这也正是现代互联网技术为其打开中国市场门户之后，获得高速发展巨额盈利的主要表现。

电子商务未来发展的前景可以说是无限美好，发展模式必然是千变万化，在这一片美好的发展前景中，对青少年而言选对方向是我们通过电商获得成功的重要基础，洞悉发展过程中的变化，我们才能够把握更多的机遇。

1.4 现代电商模式的主流分类

随着电子商务的不断发展，从中衍生的商业模式自然也发生着各种变化与更新，在我们了解完中国电商的发展历史与发展前景之后，我们下面需要学习的则是现代电子商务市场中存在的主流商业模式。

现代中国电商市场中存在的主流商业模式有7种：

B2B、B2C、C2C、B2M、M2C、B2A、C2A

这7种商业模式是我们未来从事电商的重要基础，每一种商业模式都拥有其独有的特色，且适用于不同的市场、领域。

一、B2B

B2B电子商务模式是Business to Business的缩写，即企业与企业之间通过现代互联网技术开展信息沟通、贸易活动的商业模式。

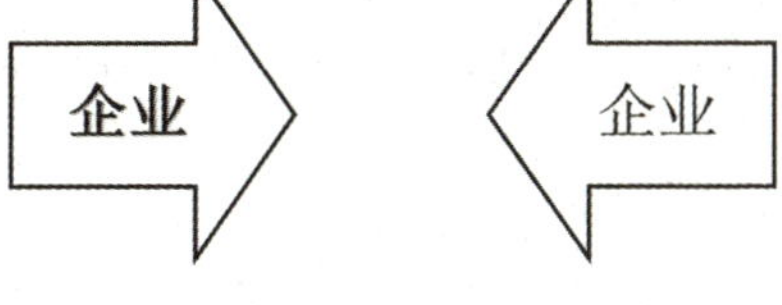

图1-3.1　企业与企业之间商业活动

很多人认为B2B是企业与企业之间的合作，与大众生活关系并不大，但事实上B2B产生的商业效应并不只局限在企业之间的利益共赢，双方通过互联网或移动终端的紧密结合可以诞生更好的用户体验。

例如2014年中国电子商务市场中出现的“美酒客”电商平台，就是一家将中国各地本土特色酒类进行结合并进行分销的电商平台。美酒客的成功不仅仅在于它将企业与企业之间产品、品牌进行了结合，更重要的是它为用户提供了更丰富的产品体验，进而从 B2B 这种电商模式中获得了高速的发展。

二、B2C

B2C 电子商务模式是 Business to Customer 的缩写，即商家与顾客之间通过互联网技术产生商业活动的电商模式。这也是我们最常见的电商模式，我们熟知的淘宝、京东、苏宁正是采用这种零售模式。

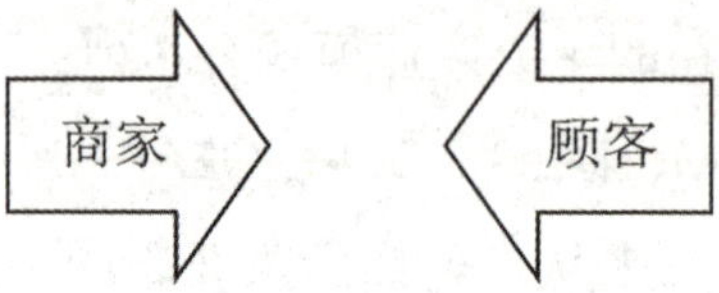

图 1-3.2　商家与顾客之间的商业活动

虽然 B2C 电商模式比较常见，且比较传统，但如果我们将 B2C 电商模式认定为将线下产品进行简单的线上销售，则代表我们对 B2C 电商模式的认知太过肤浅了。

事实上 B2C 电商模式远不止这么简单，B2C 电商模式属于互联网技术之上的零售模式，但这一零售模式有一个重要的前提条件——用户需要注册相应的账户才能够进行相应的商品搜索并完成支付。例如，淘宝需要注册支付宝账户，苏宁需要注册易付宝等。

消费者注册了相应的平台账户，随之产生的各种商业变化是传统实体零售行业远远无法想象的。

首先，高粘度。消费者注册了电商平台的账户后，代表很大几率上我们会长期使用这一电商平台进行购物，而现实中如果我们有更多选择自然不会只在一个商场逛街。

其次，电商平台注册账户提供的其他商业服务。例如微信提供的各种生活缴费服务，支付宝中余额宝提供的活期存储高利率服务等等，这些都是注册相应平台账户之后产生的其他商业活动，为消费者提供生活便利的同时，更为自己带来利益，这也是传统商业模式很难实现的。

B2C 电商模式在中国电商市场已经经历了十几年的发展，历经了无数的考验，如今 B2C 电商模式依然是大众消费者生活中最主流电商购物模式，这也是我们可以通过简单学习就可以进行操作的电商模式，但在当下优胜劣汰的市场环境中，想通过 B2C 获得快速的发展获取更多的利益，则需要我们对相应的电商平台有更多的了解，且具备敏锐的商业思维。

三、C2C

C2C 电商模式是 Consumer to Consumer 的缩写，即个人与个人之间通过互联网技术产生商业活动的电商模式。在这里我们需要注意的是，对于大多数创业者而言，C2C 电子模式是主要的选择，且这不同于 B2C 的创业模式，因为 C2C 并不需要我们直接开店铺，完全可以通过个人之间的电商销售进行。

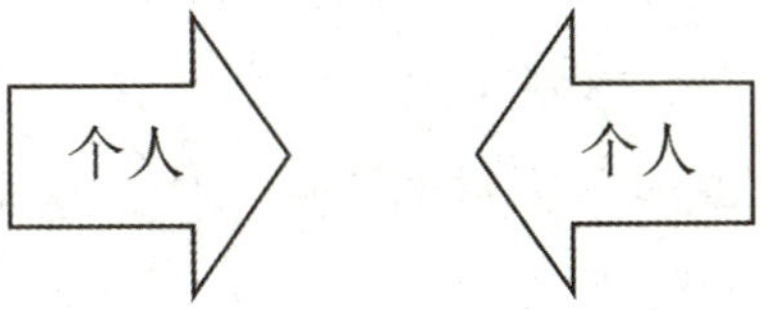

图 1-3.3　个人与个人之间商业活动

例如淘宝网旗下的闲鱼二手闲置网，微商朋友圈，这些通过个人与个人之间的转化模式既不需要大量的资金成本，不需要太多的时间成本，完全可以从业余时间，业余爱好出发，进而成长为一种成熟的电商模式，甚至快速转变为 B2C 模式。

四、B2M

B2M 电子商务模式是 Business to Manager 的缩写，是一种全新的电商模式，它的重点并不在交易结果，而重在推广。B2M 是指电子商务公司以客户需求为中心，进而建立符合市场需求的营销站点，并结合线上、线下多种渠道对营销站点进行推广和完善，最终使营销站点成为企业主要的营销渠道。

目前大多数大型企业都拥有自己的营销站点，而这些站点往往是这些企业开拓全新市场的主要武器。

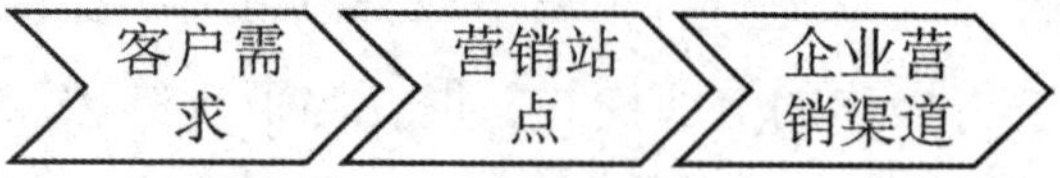

图 1-3.4　全新的电商模式

B2M 模式还有一种多样化的特色，即使销售相同的商品它也会根据不同地区、不同人群的关注点进行不同模式的营销,但其最终目的相同,就是快速获得更多关注,建立起成熟的营销渠道。

五、M2C

M2C 电子商务模式是 Manager to Consumer 的缩写，是现代电子商务中高品质电商服务的一种主要体现。M2C 即生产厂家直接对消费者提供统一产品服务的全新电商模式。在这里我们要注意一点,这就是生产厂家提供的统一服务是可以跳过商家的,这种统一的售后服务为商家减少了大量的售后工作，这也是为什么很多大牌电商企业可以轻松招到代理的主要原因之一。

另外 M2C 模式还有一个特点，在流通环节拥有一对一的服务，不仅保证了售后服务质量，更确保了每一款销售产品的品质，同时还可以更深度地了解消费者的具体需求。

图 1-3.5　现代电子商务中高品质电商服务

通过对 M2C 电商模式的了解，我们可以产生这样一个思考，B2M 和 M2C 之间好似产生着某种联系，因为两者都可以实现准确定位消费者需求点，并通过高品质服务拓宽营销渠道。事实上我们可以将 M2C 电商模式看做 B2M 电商模式的一种延伸，一种细致化体现。两者的结合还可以为企业、生产厂家大幅度提高企业形象、市场竞争力。

六、B2A

B2A 电商模式是一种大众很少接触到的电子商务模式，它是 Business to Administration 的缩写。即生产商、商家、企业等商业机构与行政机构之间产生的电子商务活动。

七、C2A

C2A 电商模式与 B2A 电商模式类似，它是 Consumer to Administration 的缩写，即消费者与行政机构之间产生的电子商务活动。

这两种电商模式会随着市场发展，政策变化更新完善，在这里我们不需进行深入学习探讨。

以上 7 种电商模式就是当代中国电商市场中存在的主流模式，学习了解这些模式不仅仅是为了明确当前电商市场的发展局势，更是为了丰富我们自身，在自己成长的不同阶段，善用不同的模式，力求得到更多的收获。

1.5 现代农村电商的起源与发展

在电子商务高速发展的现代生活中，我们常常会听到这样的词语“农村淘宝”“最后一公里”，那么这些词语代表着什么呢？它们对于中国偏远地区、乡村务农人员的意义又是什么呢？

其实在这些词语的背后隐藏一种独特的中国电商模式，这就是农村电商。

图 1-4.1　农村淘宝

一、农村电商的起源

2015 年 10 月 14 日国务院总理李克强主持召开国务院常务会议，会上明确指出未来要完善农村及偏远地区宽带电信普遍服务补偿机制，缩小城乡数字鸿沟；部署加快发展农村电商，通过壮大新业态促消费惠民生；确定促进快递业发展的措施，培育现代服务业新增长点。

农村电商并不是泛指地域局限在农村内的电子商务，而是指通过互联网技术，将各种农村资源进行全网连接，为农村提供更多信息服务、商业服务、渠道支持等的全新电商模式。

农村电子商务，通过网络平台嫁接各种服务于农村的资源，拓展农村信息服务业务、服务领域，使之兼而成为遍布县、镇、村的三农信息服务站。作为农村电子商务平台的实体终端扎根于农村服务于三农，真正使三农服务落地，使农民成为平台的最大受益者。

2016 年 2 月 17 日，国家发展改革委与阿里巴巴集团在京签署结合返乡创业试点发展农村电商战略合作协议。协议约定未来三年，双方将共同支持 300 余试点县（市、区）结合返乡创业试点发展农村电商。

同时协议中还明确指出未来三年，国家发展改革委将加强统筹规划、综合协调，不断改善试点地区创业环境，并组织试点地区对接阿里巴巴。阿里巴巴则提供包括农村淘宝在内的农村电商项目落地支持，对接试点地区，实现项目落地生根。对于国家级贫困县，阿里巴巴将结合当地实际情况辅以重点资源倾斜。

二、农村电商的未来发展

在国家全面支持农村电商发展，并给予了大量支持与扶持之后，现代农村电商的未来发展重点开始变得更加清晰明朗。其中发展重点有以下几点：

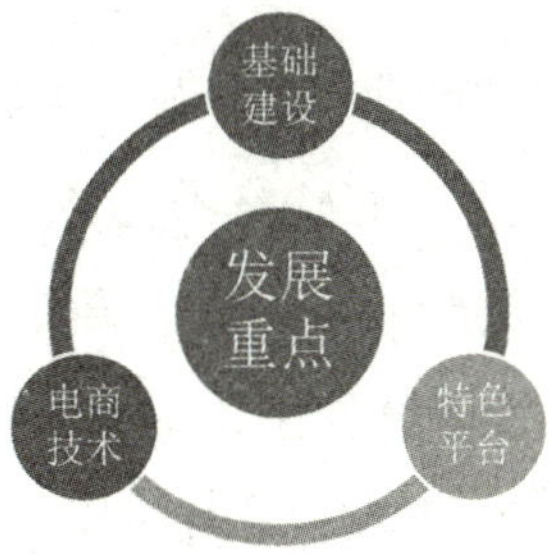

图 1-4.2　农村电商的发展重点

1. 农村电商的基础建设

现代电子商务发展的基础是互联网技术，各种信息基础建设便成为当下农村电商发展的首要重点。尤其对中国偏远地区县、乡镇、村的信息网络建设，是现代农村电商发展的重要起点。

2. 农村电商技术的普及

建设了合格的信息技术基础硬件设施之后，软件的操作，电子商务的操作技能更需要随之跟上，具备了这些技术基础，农村电商才能够获得真正的快速成长。

3. 符合本土特色的农村电商平台

由于现代主流电商平台的发展速度较快，且激烈的竞争不适合基础实力淡薄的农村电商在此健康成长，因此符合本土特色的农村电商平台是农村电商成长的不二选择。

事实上类似的大型电商平台也在随着时代进步不断涌现，最为知名的当属农村淘宝，农村淘宝的主体以扶持农村电商为主，在开拓农产品电商市场的同时更提供了农业产业化信息服务。

三、农村电商未来发展的主要优势

对于中国大多数农村，尤其中国偏远地区人民而言，当前的农产品市场一直存在这样一个奇怪的现象。

大多数天然、有机、健康、品质有保障的农产品往往受城市经济发展的影响无法获得较高的价格，但事实上这些农产品被运输到一、二线城市之后就成为了价格昂贵的奢侈品。

以中国云南保山龙陵的“三黄产业”①为例，偏远地区天然环境下种植出的优质农产品，在传统商业领域的发展速度上始终不理想，而步入电商市场之后，不仅价格获得很大的提升，且龙陵“三黄产业”也开始渐渐成为一种品牌。

由此可见，当代农村电商在发展过程中，一些独特的基础优势还是非常明显的。

首先，农村电商的基础产品资源品质突出。

尤其对于农产品而言，大多数来源于偏远地区的农产品由天然良田种植，采用传统健康的种植技术，所以产品绿色有机、健康美味。

其次，农村电商的产品成本相对较低。

相比大面积承包种植方式，农民在自家土地自主种植的农产品成本较低，减少

① 中国云南保山龙陵三黄产业，是指黄草（即石斛）、黄龙玉、黄山羊三大特色产业。

了租售土地、人工种植的成本，且农产品品质更高，所以在电商市场上销售时可以拥有更大的利益空间。

再次，农村电商的产品价格可以有效把控。

大多数农产品在实体市场销售方式往往采用成批收购，即每年收获之后直接被批量收购。而采用电商销售的方式，农产品的价格可以获得更多的自主性，且随市场主流价格趋势进行变化。

由以上几点我们不难看出，农村电商属于未来电商市场发展的重要核心之一，尤其在国内电商市场，由于农民基数的庞大，这一电商市场的发展前景十分广阔，我们可以从中洞悉更多的发展机遇。

目前，国内电商平台数不胜数、种类繁多，但我们熟知的主流电商平台不外乎淘宝、天猫、京东、苏宁、唯品会等知名企业。无论我们选择在哪一个平台上进行电商运作，相应的平台规则一定要明确，也只有明确了这些规则，我们才能够更加平稳、安全的发展。

在我们了解了中国电商市场发展形势之后，选择适合的平台进军电商领域成为我们成长发展的重要一步。如今，国内主流电商平台不外乎淘宝、京东、天猫、苏宁、1688、蘑菇街、美丽说、微信公众号等知名大牌，这些国内知名电商平台长久占据着 90% 以上的电商市场，下面我们就开始学习如何入驻这些电商平台，这些平台都有哪些特色。

第二部分

智能时代各大电商平台实操基础及应用

本章讲述淘宝、1688、拼多多、微信、自媒体等平台的操作技术及注意事项。

2.1 智能时代电商实操基础及应用——淘宝篇

淘宝网被称为全球最佳的B2B电商平台，最初由阿里巴巴公司斥资4.5亿元打造，发展速度惊人，其主打口号为“没有淘不到的宝贝，没有卖不出的宝贝”。

淘宝网也是目前国内商家最多的电商平台，它已经彻底融入到我们的生活当中，是大众生活消费的主要渠道。

图 2-1.1　淘宝界面

淘宝购物的方式也非常简单，正如我们前面提到过的，只要注册了淘宝账号，登录之后我们就可以轻松完成的网购。

首先，需要我们在电脑浏览器上打开淘宝。方式有两种，第一种是在百度、谷歌等搜索引擎上直接搜索“淘宝网”，然后点击打开，或者在浏览器网址输入框上直接输入淘宝网的网址 www.taobao.com。两者都可以轻松进入淘宝界面。

进入到淘宝之后，我们就可以进行自己的账号注册了。

图 2-1.2　点击免费注册

进入到淘宝网之后首先点击登录框右下角的“免费注册”，我们就可以进入到淘宝账号的注册界面了。

图 2-1.3　注册界面

进入注册界面之后，首先点“同意注册协议，”然后开始填写相应的注册信息。淘宝账号的注册方式主要有两种，一般为手机号码注册或邮箱注册。

图 2-1.4　注册信息填写

目前淘宝注册的方式一般会选择“手机号码注册”，当我们输入自己的手机号之后，会收到一条注册验证码短信，输入短信中的验证码，便开始进入信息填写界面。个人信息资料填写完成之后，点击“同意协议并提交注册信息”，我们的淘宝账号便注册成功了。

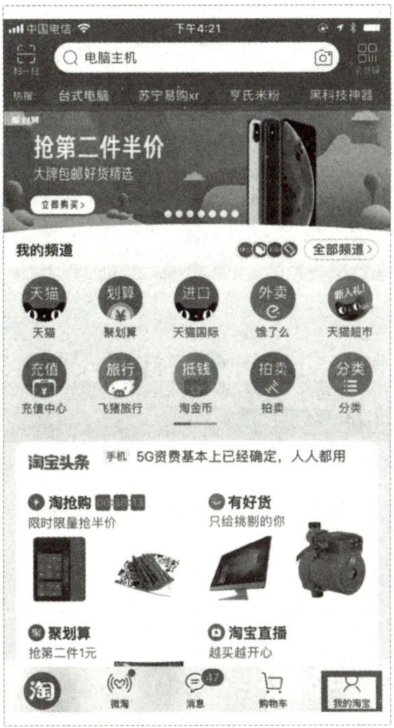

图 2-1.5　手机端注册（1）

除了电脑端的注册方法，智能手机也可以轻松完成淘宝账户的注册。首先我们下载好手机端淘宝 APP，打开之后点击右下角的“我的淘宝”。随后便可以看到手机端淘宝账户的登录界面。

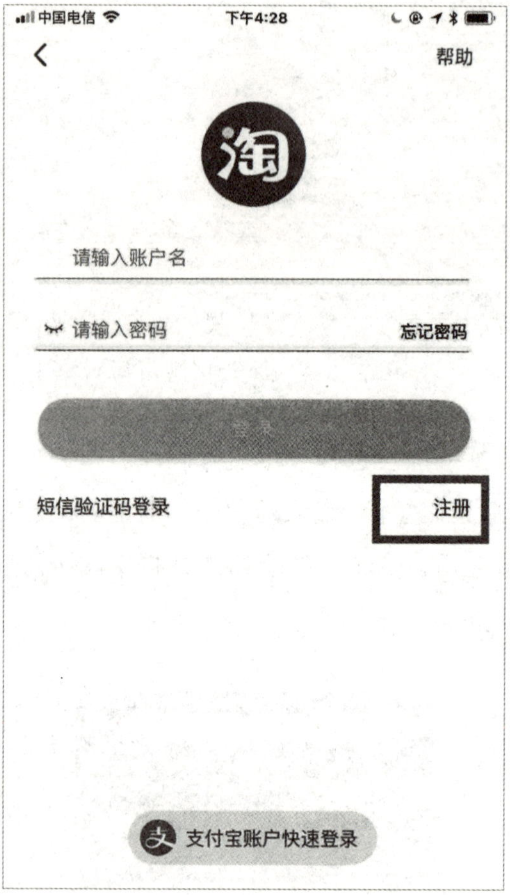

图 2-1.6　手机端注册（2）

在登录界面的中间靠右侧，可以看到“注册”的提示，点击“注册”我们便可以在手机端进行淘宝账号的注册流程了。

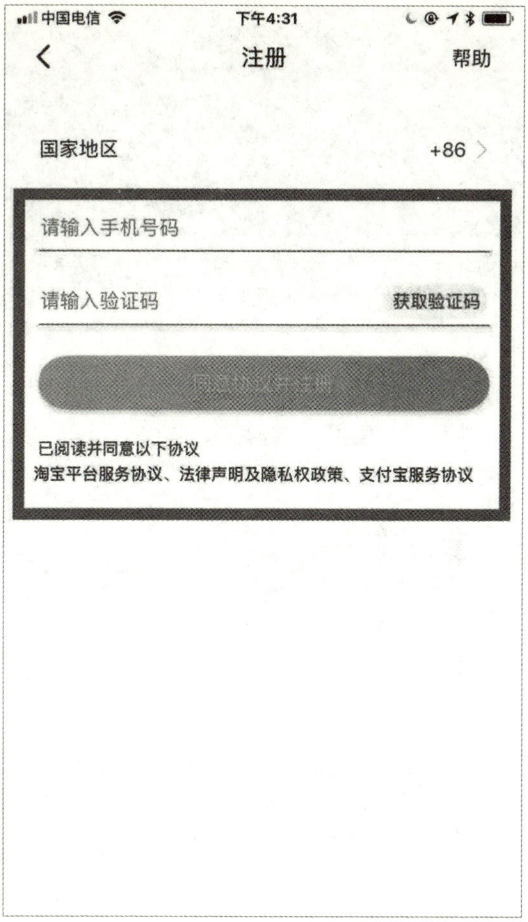

图 2-1.7　手机端注册（3）

手机端淘宝账户注册优先选择手机号注册的方式，输入手机号码，并获取相应的验证码，点击输入之后马上进入“登录密码”设置界面，输入我们希望设置的登录密码，随后点击“确定”，淘宝账户就注册完成了。

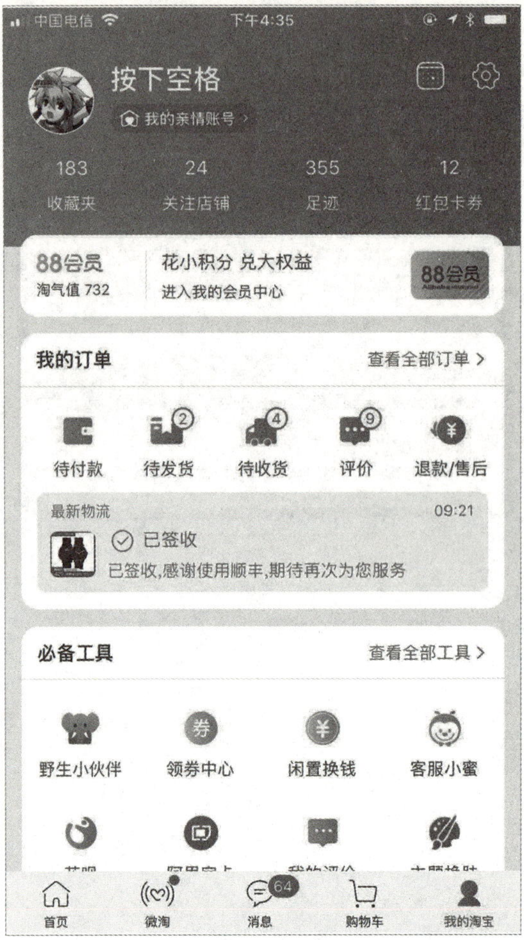

图 2-1.8 手机端注册成功

账号注册成功后直接点击“我的淘宝”，并登录账号密码，便可以进入到我们手机淘宝的后台界面了。

在这里我们需要注意一点，虽然淘宝账号注册成功，但这只代表我们拥有了“逛淘宝”的资格，想要完成网购，还需要重要的一步，这就是支付系统的实名认证。

淘宝网的实名认证方式为“支付宝认证”，目前支付宝、微信支付（后续进行详细讲解）这两大支付方式已经成功和多个电商平台打通了支付功能，也成功融入到了实体市场当中。进行支付宝实名认证已经成为了融入现代电商生活中的重要前提之一。

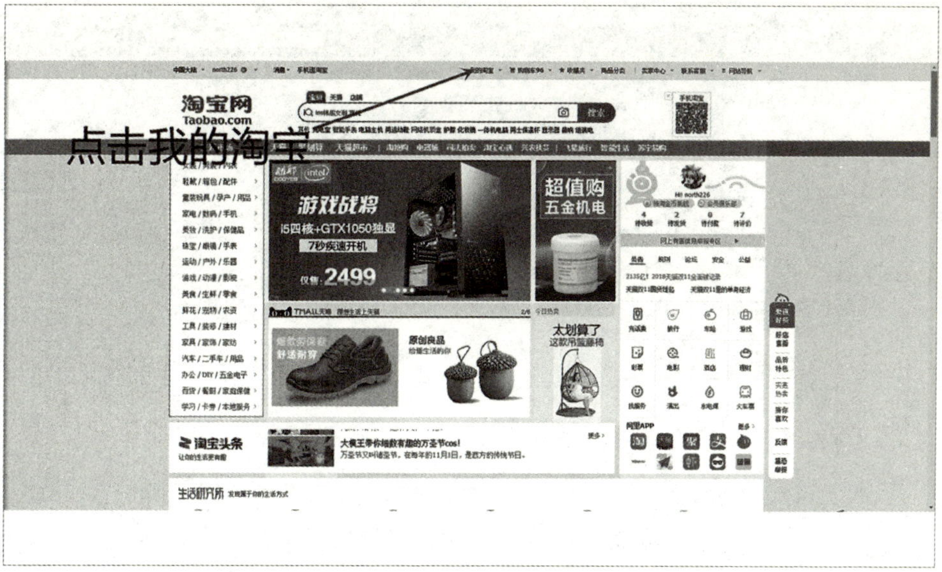

图 2-1.9　实名认证

拥有了淘宝账号之后，下面我们需要的就是绑定支付宝，而绑定支付宝的方式也有两种，第一种是登录我们的淘宝账号，然后点击“我的淘宝”。进入个人账户界面。

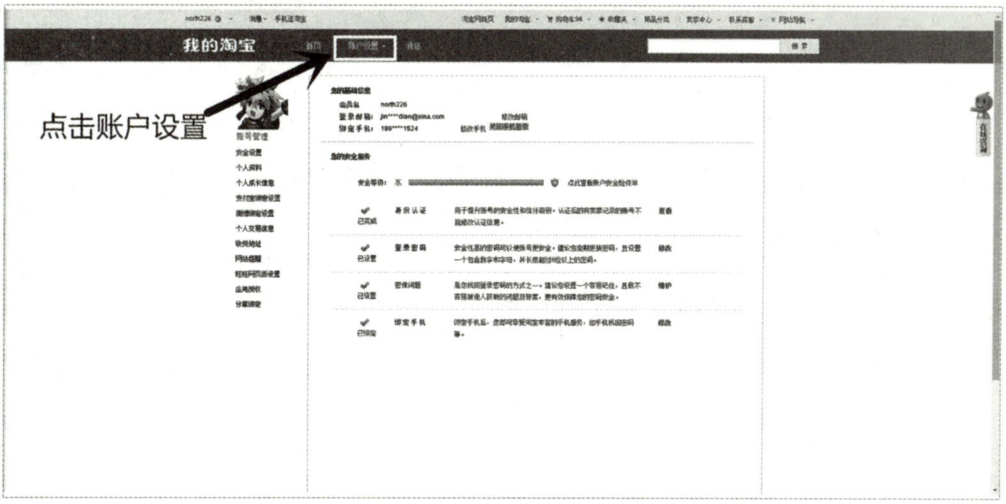

图 2-1.10　点击账户设置

然后点击页面上方的账户设置，就可以进入到我们的账户设置界面。

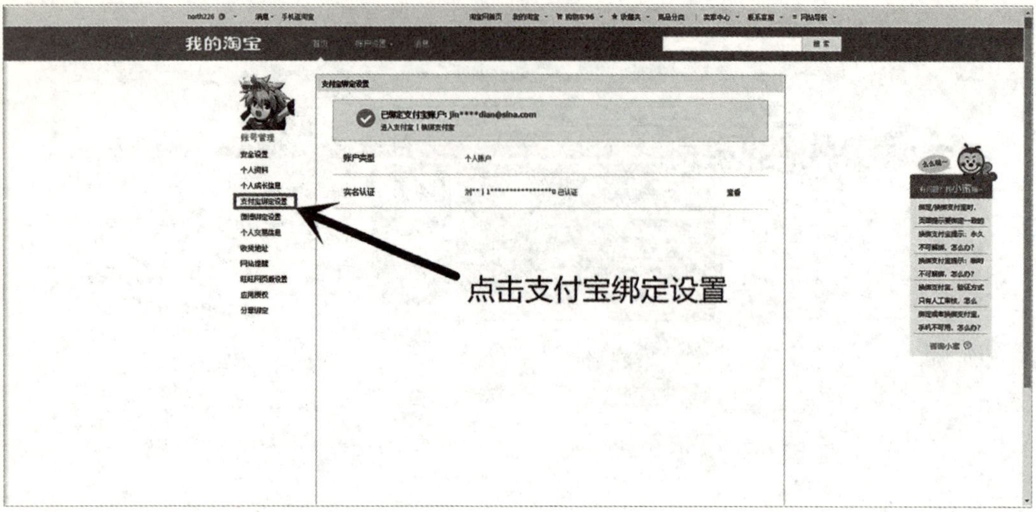

图 2-1.11　点击支付宝绑定设置

随后再点击“支付宝绑定设置”，便进入到了支付宝绑定界面，在这一界面我们首先可以看到的是自己真实姓名信息之后会出现 3 个红字为“未认证”。点击“未认证”之后我们就开始进行支付宝实名认证操作流程。在这里我们需要准备好自己的身份证扫描件（正、反面均需要）。然后开始自己的信息填写。

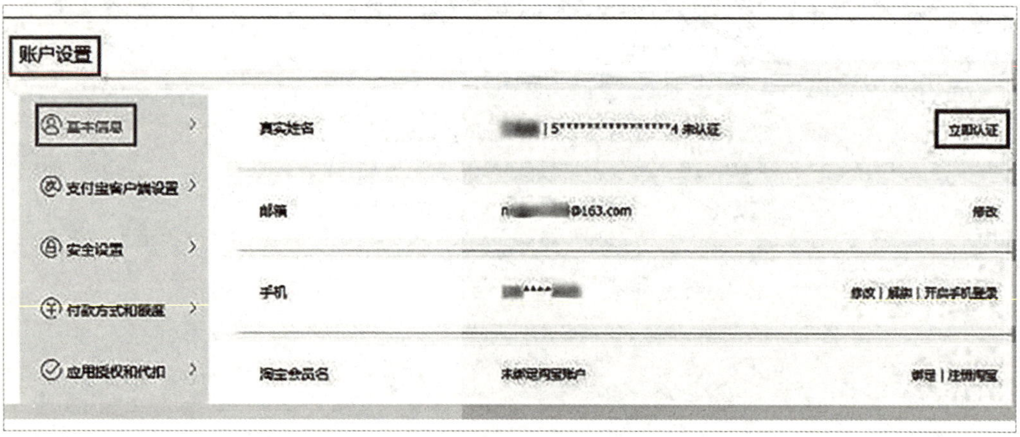

图 2-1.12　信息填写

进入认证页面，点击“立即认证”。

图 2-1.13　立即认证

验证身份信息

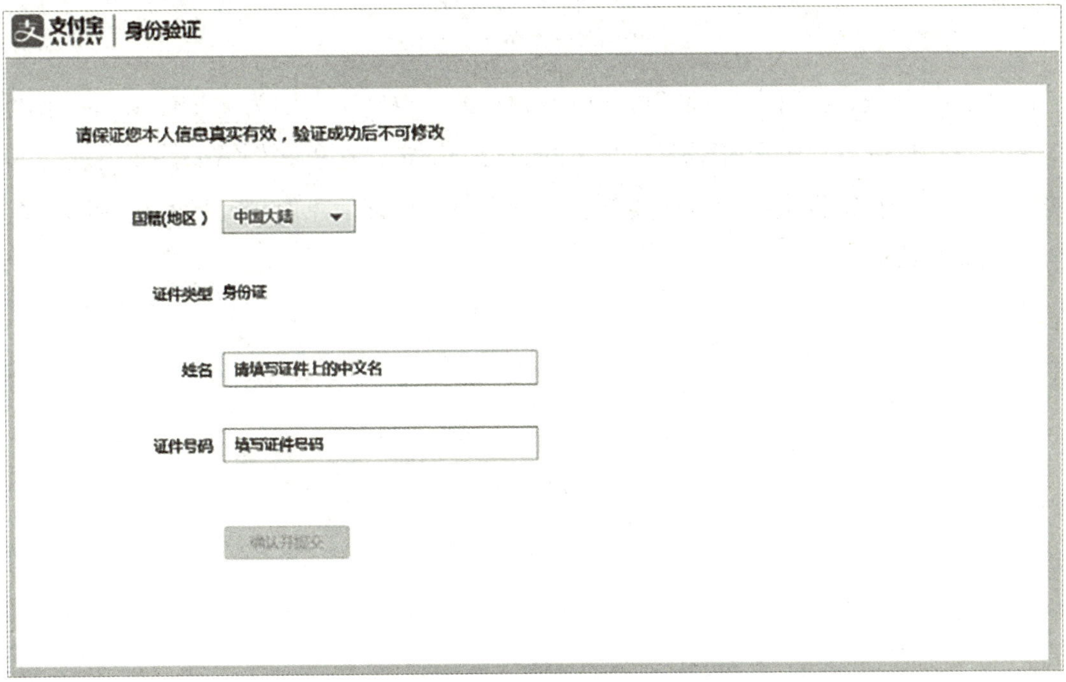

图 2-1.14　验证身份信息（1）

身份信息确认成功后，系统识别是否需继续用快捷“银行卡验证”or“扫脸验证”的方式；如需要，则显示“银行卡”or“扫脸验证”；如果不需要，是提示“身份信息已完善”，具体以前台页面显示为准。

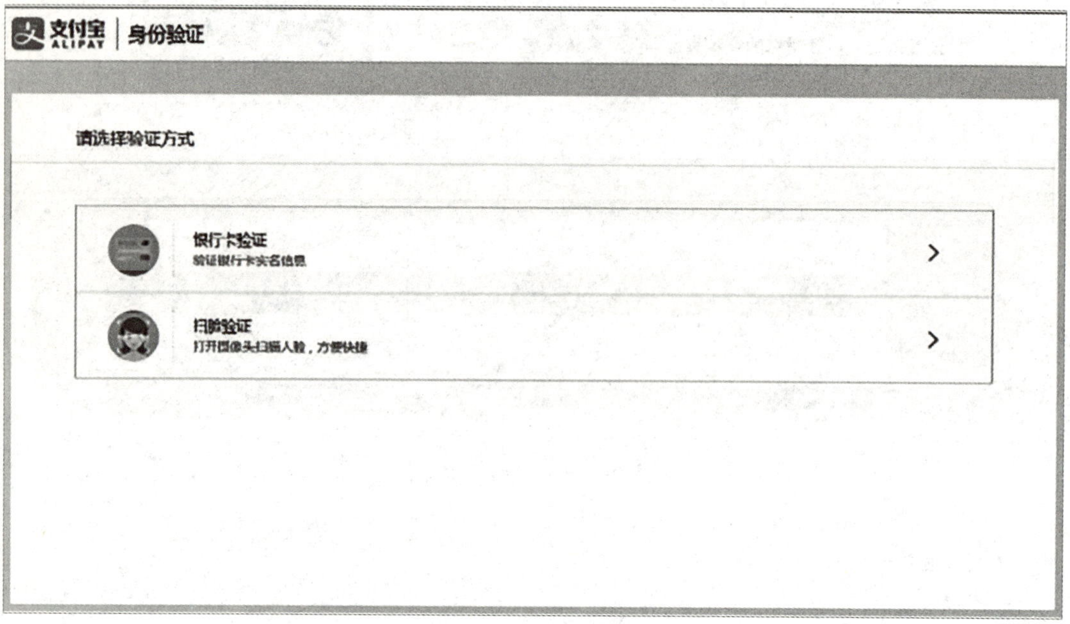

图 2-1.15　验证身份信息（2）

银行卡验证，银行卡认证是进入电商领域的重要基础，因为无论使用哪一个电商平台，相应的支付系统都需要和自己的银行卡绑定，这里我们需要注意的就是，办理银行卡时在银行预留的电话要与注册淘宝时，认证信息时填写的号码相同，否则无法通过认证。

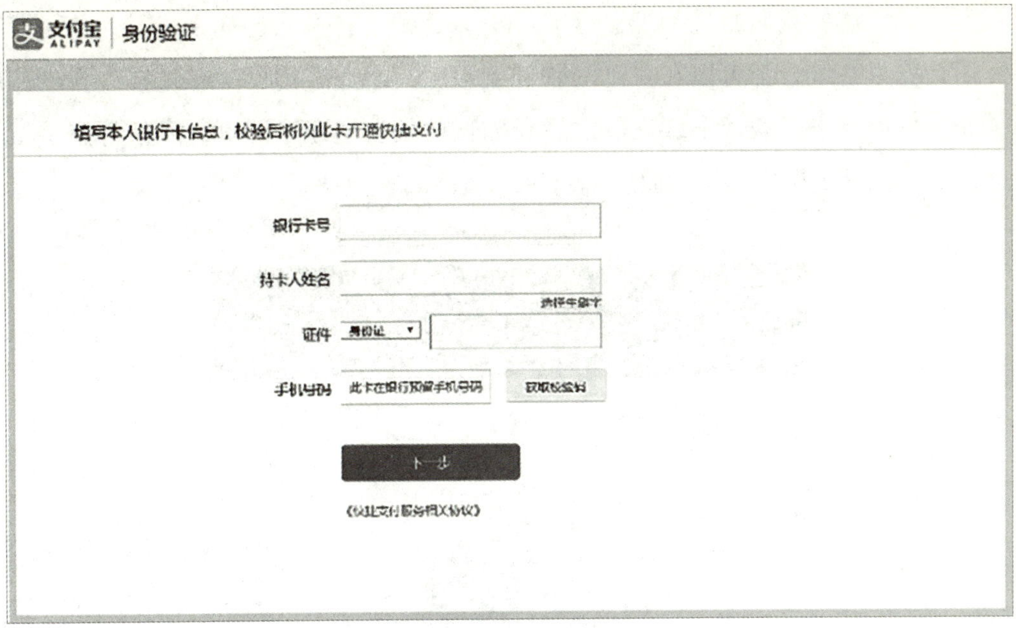

图 2-1.16　验证身份信息（3）

随着时代发展，网络安全保障越来越完善，支付宝也推出了更具安全保障的人脸验证。

在银行卡认证完成之后，随后需要进行的就是人脸认证。

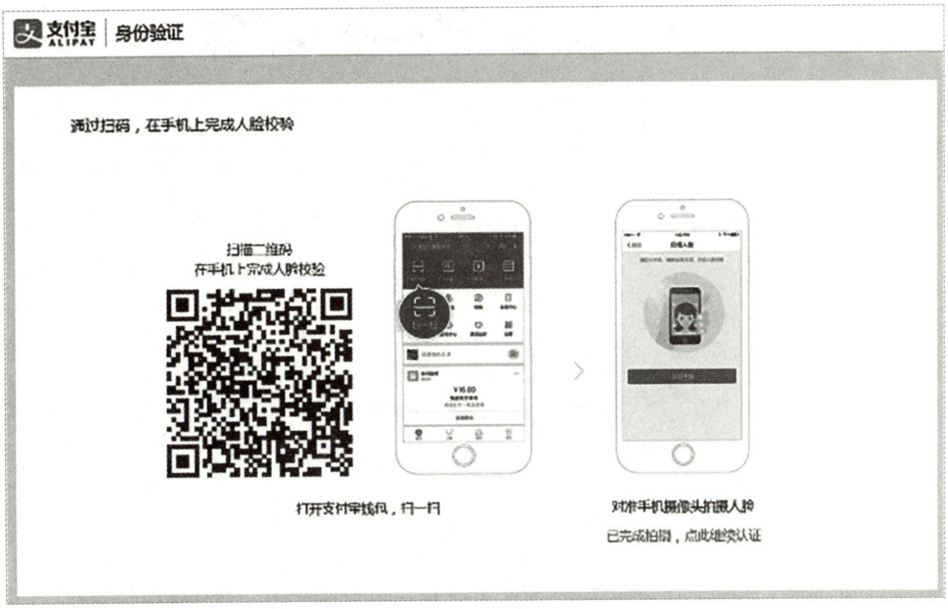

图 2-1.17　人脸认证（1）

人脸认证需要我们通过手机支付宝APP来完成，打开自己的手机，无论是苹果系统还是安卓系统，都可以在自己的软件下载工具中通过搜索“支付宝”找到相应的APP。然后点击下载，下载完成之后登陆自己的淘宝账号即可。随后打开手机端的支付宝，扫描上图中的二维码，即可进行随后的人脸认证。

图 2-1.18　人脸认证（2）

人脸认证完成之后，随后便是身份证的认证，如下图所示上传身份证正反面照片。

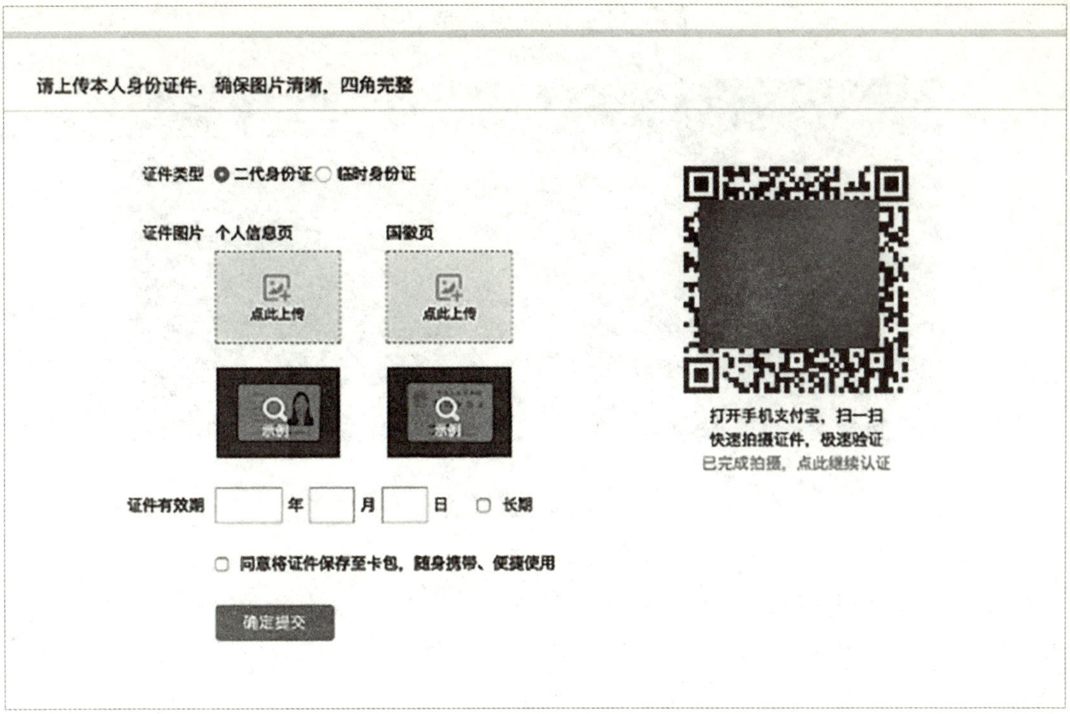

图 2-1.19　身份证信息上传

在这里我们需要注意，身份证照片一定要清晰，最好通过扫描一起上传扫描件，之后点击确认提交，提交成功后证件开始审核，审核时间为 24 小时。

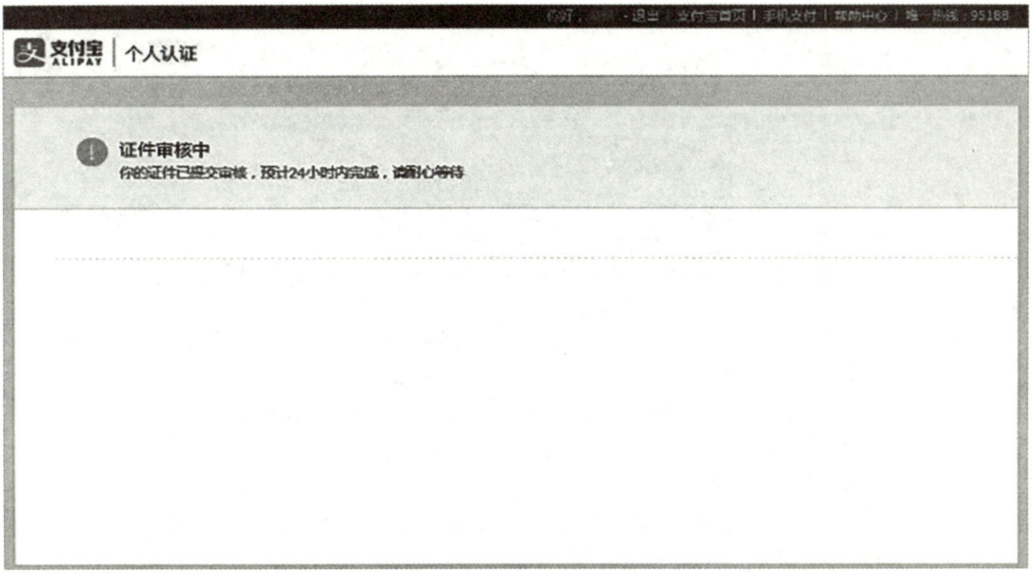

图 2-1.20　证件审核中

等待审核通过之后，我们的支付宝认证也就成功了。

图 2-1.21　认证成功

除了上述方法之外，还有一种方式也可以完成我们的支付宝认证，打开支付宝的网址首页 www.alipay.com，然后用注册好的淘宝账号登录，我们同样可以在基本设置的真实姓名信息之后看到“未认证”的信息提示，点击“未认证”便可以进入到相同的认证信息界面。

完成实名认证信息之后，我们就可以在各大与支付宝绑定支付功能的平台上进行购物了，其中包括淘宝、天猫、1688、美团等购物软件，各种网购活动便可以完成。

下面我们就来具体了解下淘宝网购物流程。

图 2-1.22　淘宝网购物流程（1）

在电脑浏览器中打开淘宝后，我们可以看到淘宝首页的主体界面，而我们最常用的就是页面的“商品搜索栏”。比如我们想要购买一台笔记本电脑，便可以在商品搜索栏当中输入“笔记本电脑”点击右侧的“搜索”，就可以进入搜索结果的信息界面，映入我们眼帘的将是各式各样的笔记本电脑。

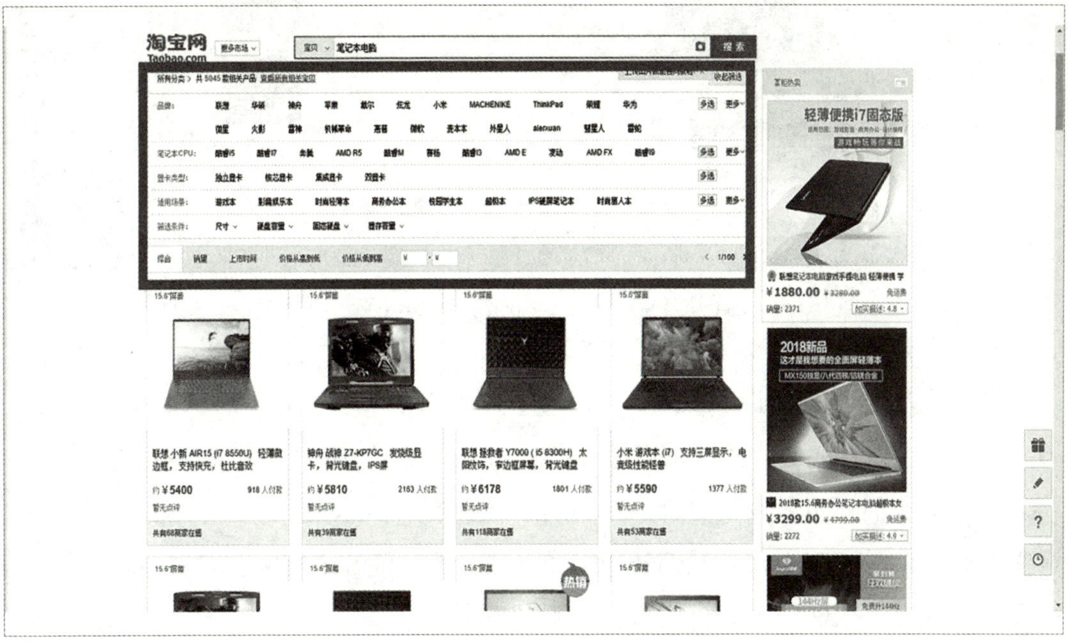

图 2–1.23　淘宝网购物流程（2）

在这一界面当中，淘宝还为我们提供了更人性化的搜索服务，这就是红色框内的信息筛选功能，我们可以在其中对我们想要的商品进行筛选，还可以进行各种信息的排序，如“价格从低到高”的排序，人气、销量的排序，如此我们可以更轻松更便捷地寻找到我们想要的商品，并点击该商品进入详细的信息详情、宝贝购买界面。

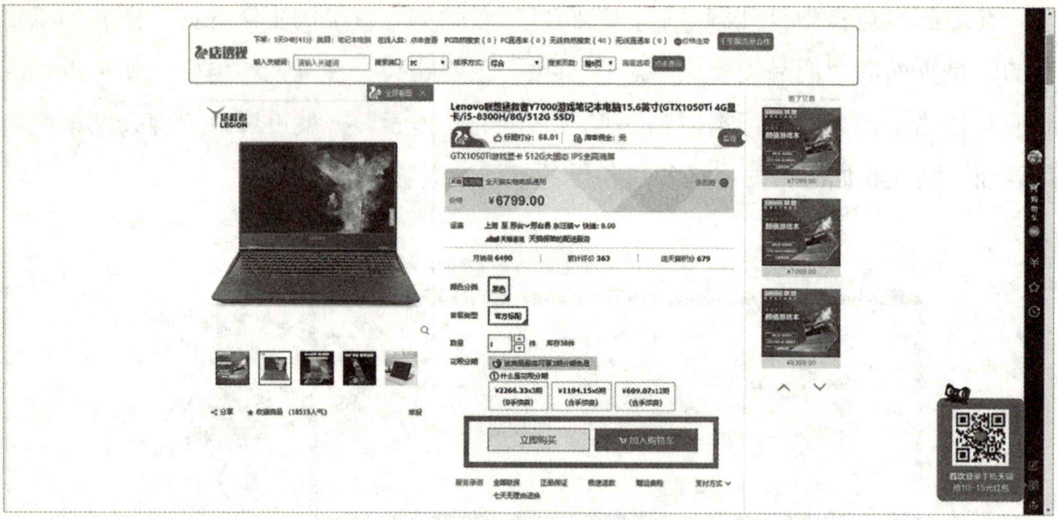

图 2-1.24　淘宝网购物流程（3）

进入商品详情的界面之后，可以通过下拉页面了解更多商家展示的商品信息，当我们了解完信息之后，便可以通过红色框内的“立即购买”进行商品的购买。

在这里我们还可以发现另外一个选择，这就是“加入购物车”。加入购物车的意义主要有两种，第一种是我们还没有下定购买这一商品的决心，但对商品产生了浓厚的兴趣，加入购物车后方便我们日后迅速找到该商品；第二种则是该商品后期会有打折活动，根据商家指定的打折活动日期，我们可以在活动当日购物车中找到该商品进行打折购买。

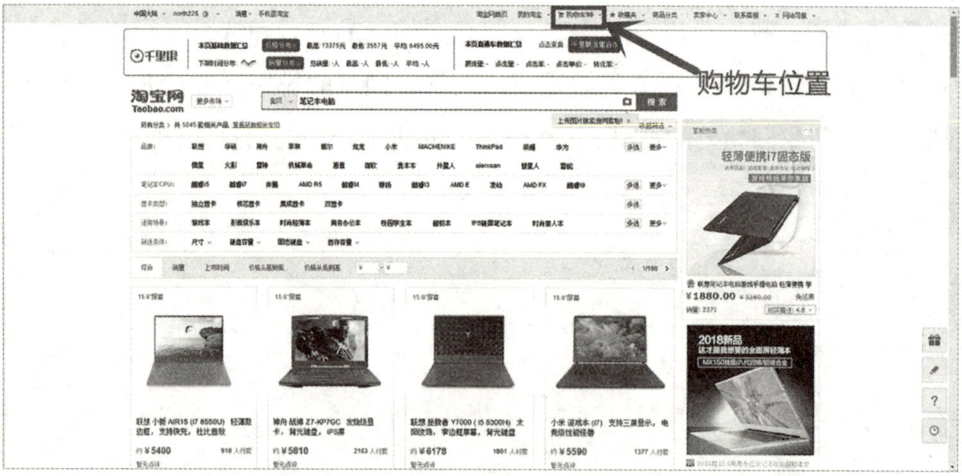

图 2-1.25　购物车设置

“购物车”的位置也非常好找，就在页面上方“我的淘宝”右侧，点击“购物车”就可以从中找到我们收藏的各种商品。

当我们下定决心购买商品之后，便可以点击“马上购买”并随之进入购买支付界面。

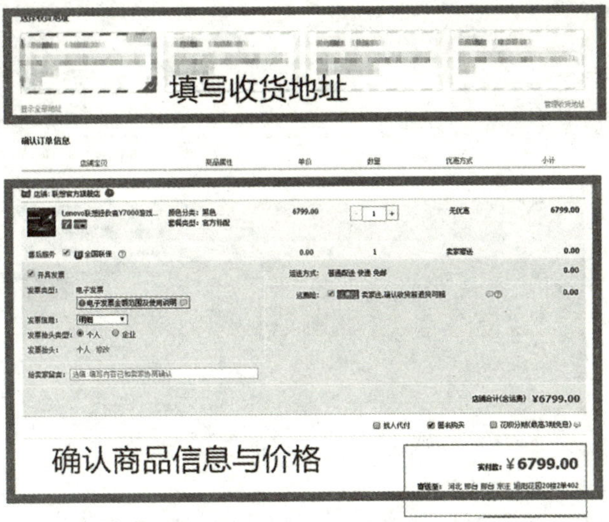

图 2-1.26　收货信息填写

在商品的购买支付界面我们需要注意两个信息，第一个是我们收货地址的填写，其中包括具体的地址与电话，其中电话信息尤其重要，因为即便收货地址出现错误，我们同样可以通过与快递员的电话沟通协调收货位置，但电话信息一旦错误，则很容易影响到我们正常收货。

其次是商品信息的确认，其中包括商品型号信息、价格信息、品牌信息等等，在这些信息确认无误之后，我们便可以点击下面的“提交订单”。

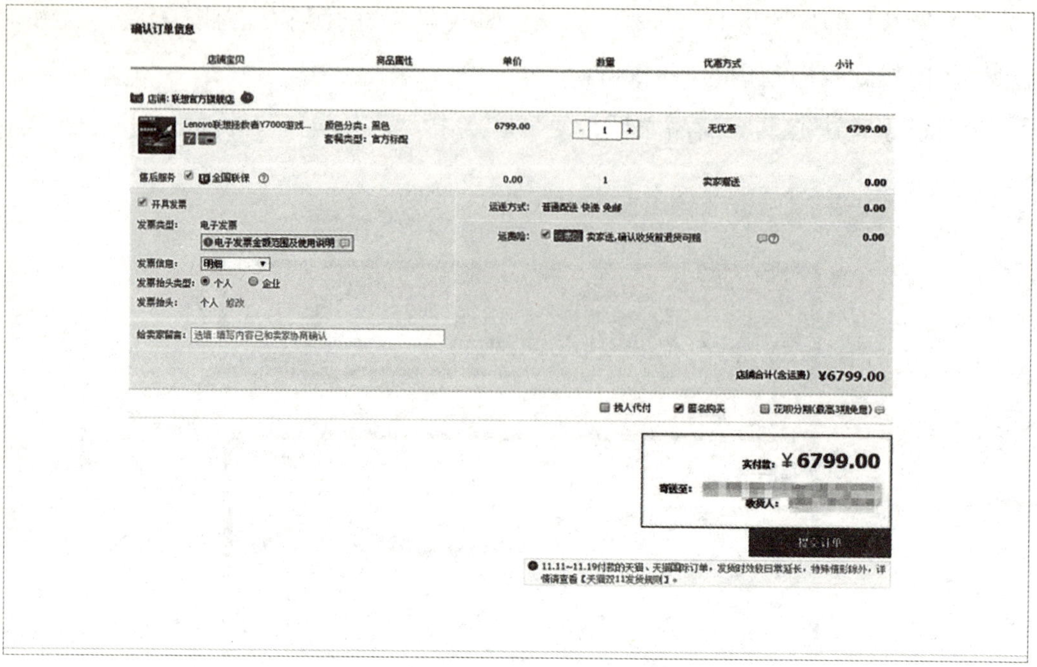

图 2-1.27　提交订单

在提交订单信息栏上有商品价格的的信息、收货地址的信息、联系人电话信息，这些信息方便我们最终确认。

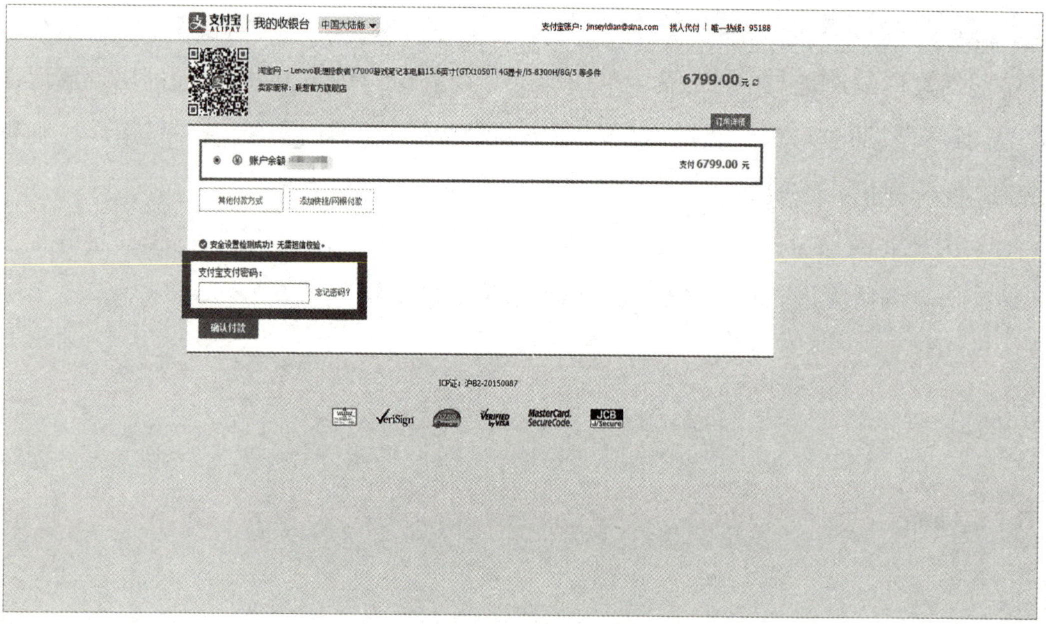

图 2-1.28　付款界面

点击“提交订单”之后，便进入了支付宝的支付界面。支付宝首选支付方式便是支付宝余额支付，在余额支付下面还有其他付款方式的选择，其中就包括了网上银行、支付宝 APP 提供的“花呗”等支付方式，我们可以根据自己的网购习惯选择支付方式。

在这里我们还需要注意一点，这就是红色框内的支付密码填写。切记，此项信息栏填写的是我们在支付宝实名认证时设置的“支付密码”，而并非“登录密码”。这是支付宝提供的财产保障服务，有了这项保障服务，即便我们的登录密码丢失，在支付密码未被盗取之时，我们的财产依然拥有保障。

填写完支付密码之后，点击“确认付款”，我们网购就完成了。如果想要继续了解我们已经完成的购物信息，便可以点击页面上方“我的淘宝”里面的“已买到的宝贝”，里面的各种购物信息非常清楚。

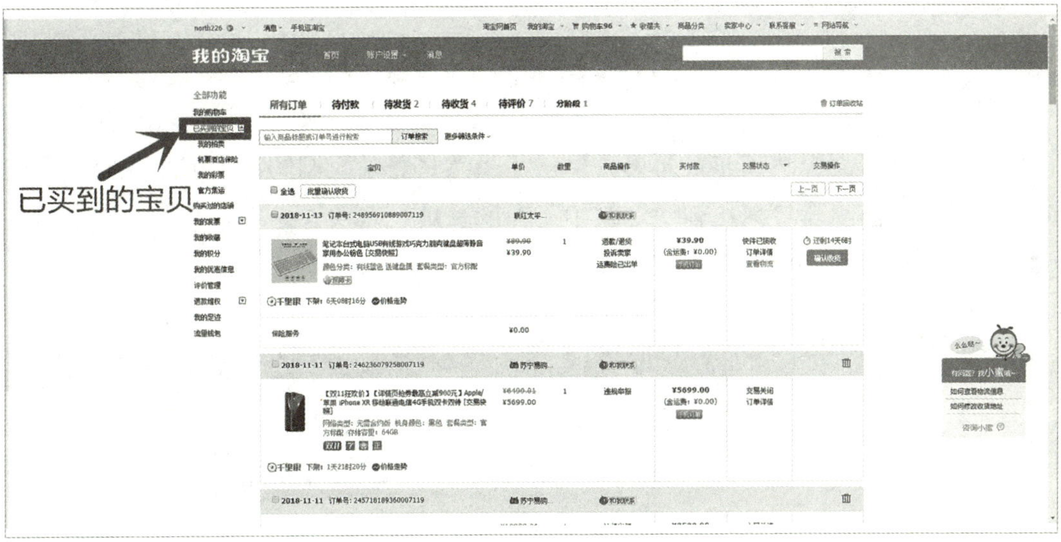

图 2-1.29　已买到的宝贝

了解完淘宝的购物流程之后，下面我们开始详细学习入驻淘宝平台，成为一名淘宝店主的操作方法，这也是我们成为电商的重要一步。

事实上当我们注册了淘宝账号之后，就拥有了买家和卖家的双重身份，即同一个账号我们既可以成为买家，也可以轻松成为卖家。上面我们了解了如何成为买家，下面我们就详细讲解如何开设淘宝店铺。

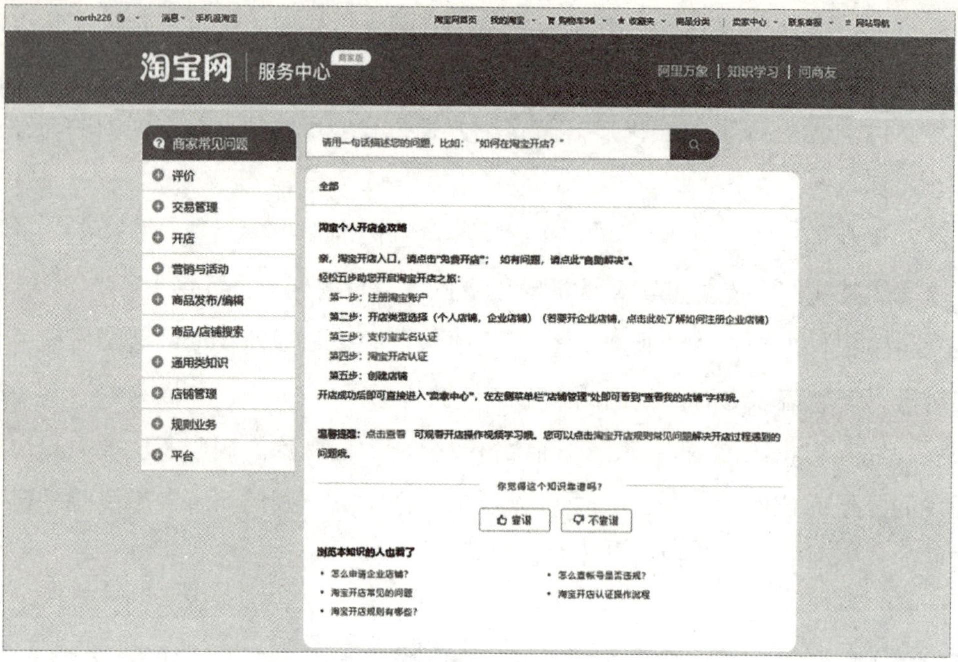

图 2-1.30　如何开设淘宝店铺（1）

淘宝的开店流程其实非常简单，第一步当然是登录我们的淘宝账号，随后我们可以在页面上面的类目栏找到“卖家中心”的选项。点击“卖家中心”，我们便开始了淘宝开店的申请流程。

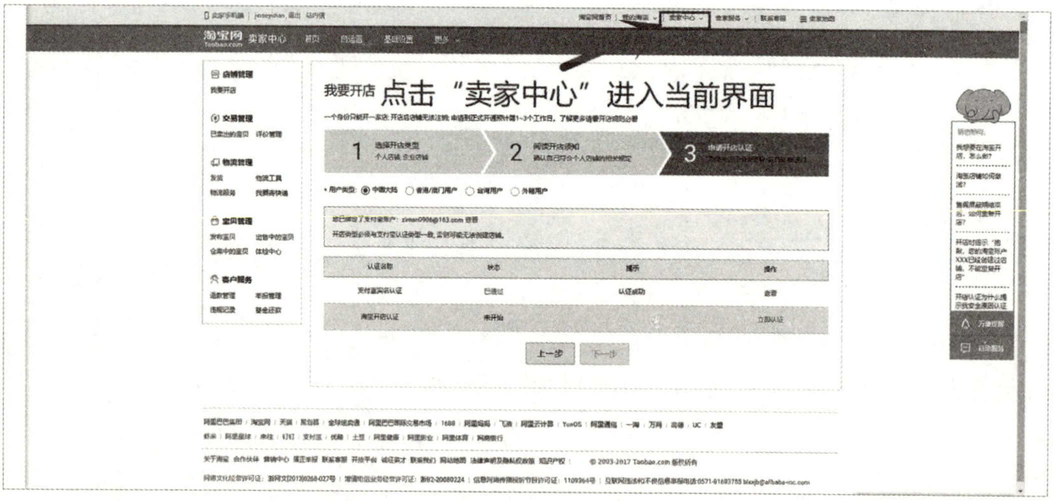

图 2-1.31　如何开设淘宝店铺（2）

进入“卖家中心”之后我们首先需要关注的便是中间位置的两项认证条件。

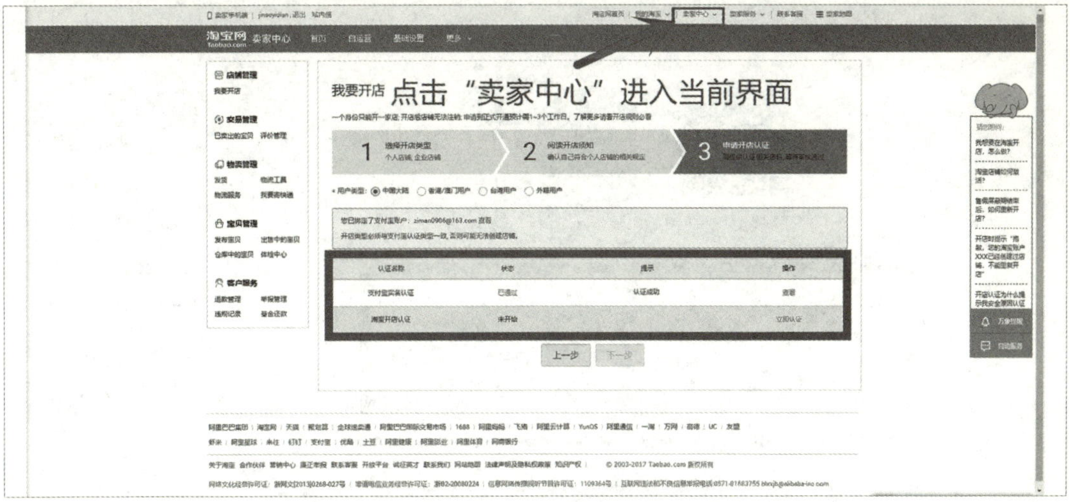

2-1.32 如何开设淘宝店铺（3）

红框内的两项认证是开店的必须条件，第一项“支付宝认证”前面我们已经讲解过，下面一项是开店认证，是我们接下来需要了解的重点。

图 2-1.33 如何开设淘宝店铺（4）

点击“立即认证”之后，开始详细的认证流程。

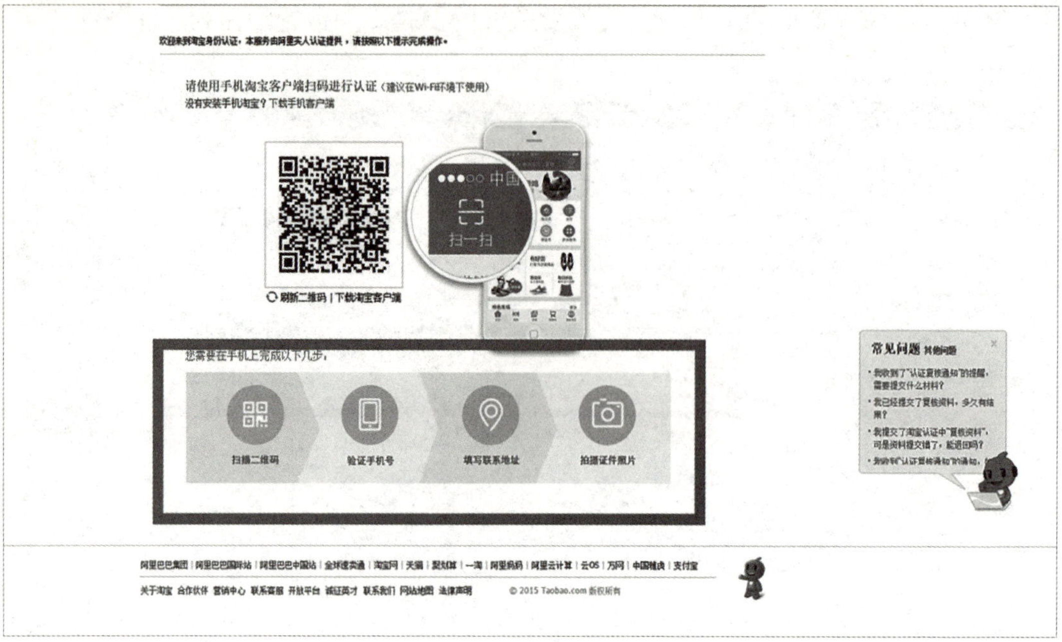

图 2-1.34　如何开设淘宝店铺（5）

开店认证的第一步便是通过手机端的淘宝 APP 扫描二维码。如果我们还没有下载手机端淘宝 APP，同样可以通过手机软件下载工具中轻松找到淘宝 APP，下载之后并登陆，然后点击左上角的“扫一扫”功能，扫描上图的二维码。

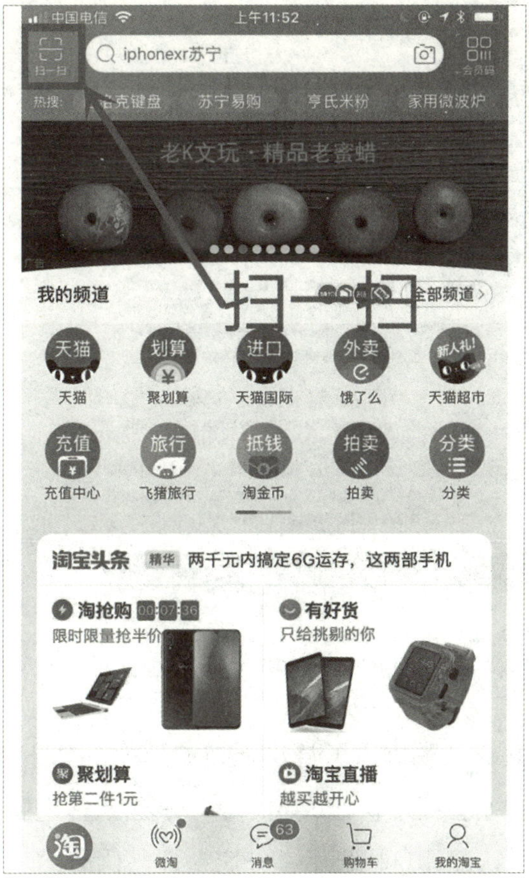

图 2-1.35　如何开设淘宝店铺（6）

扫描之后，我们会跳转点手机确认认证的页面，然后点击“开始认证”，并同意“授权声明”，随后开始“人脸认证”阶段。

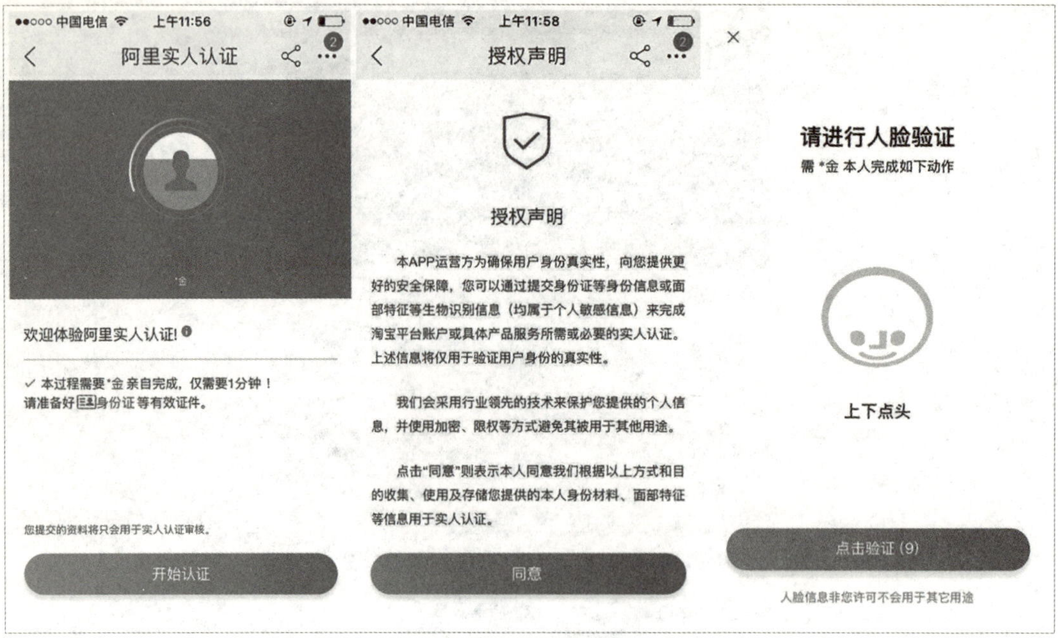

图 2-1.36　如何开设淘宝店铺（7）

通过了人脸认证之后，就进入了身份证扫描阶段，把身份证对准手机屏幕上的扫描框，扫描成功后，便会提示认证成功。随后重新点击电脑端页面上方的“卖家中心”，我们会发现，认证信息栏显示：开店认证已认证。

图 2-1.37　如何开设淘宝店铺（8）

随后点击右上角店铺管理下的“我要开店”，并同意相关的开店协议，之后我们就拥有自己的淘宝店铺了。

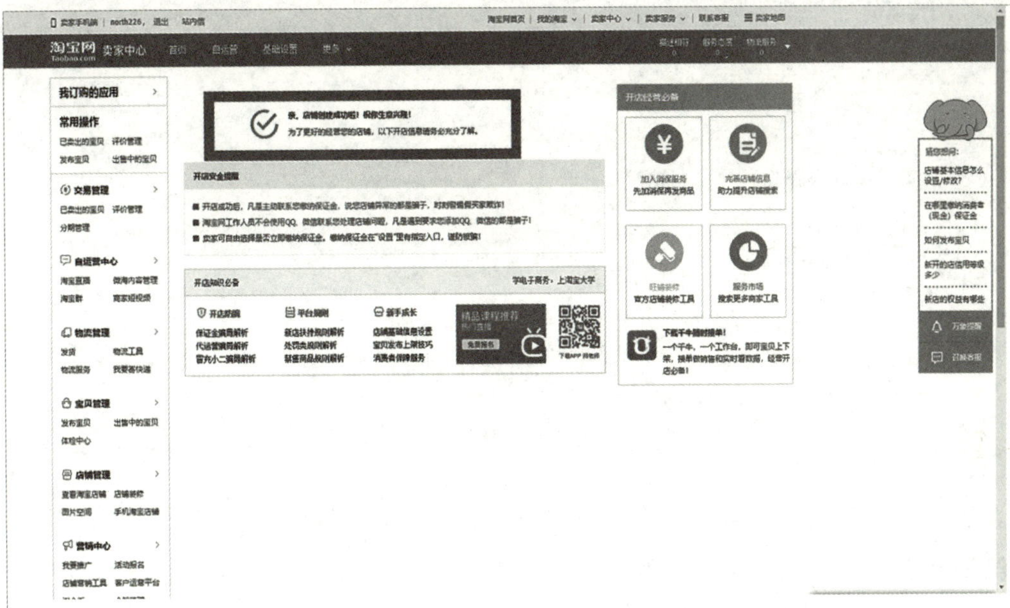

图 2-1.38　如何开设淘宝店铺（9）

在这里我们需要注意一点，这就是淘宝店铺开设成功之后，我们还需要一款工作软件，这就是“千牛工作平台”，“千牛工作平台”是淘宝针对卖家推出的一款工作软件，其中包括了淘宝卖家与卖家之间使用的沟通软件“旺旺”、消息中心、卖家后台操作台等功能，操作简单方便，且手机端也可以轻松操作。

拥有了自己的店铺，我们就开始了现代电商创业的第一步，用心经营我们的小店，便可以在我们的成长发展的过程中获取更多的成功与财富。

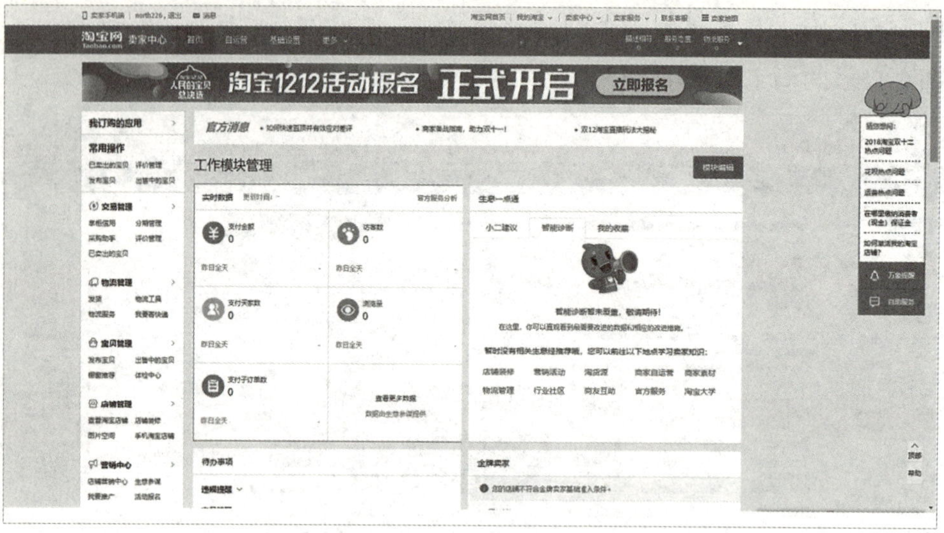

图 2-1.39　如何开设淘宝店铺（10）

新店开设成功之后，下一步自然是把我们准备好的商品上传到店铺进行发布，展现给消费者观赏购买了。所以我们下一步开始详细了解在自己的店铺里如何发布宝贝。

首先我们来学习在电脑端如何上传宝贝。先在浏览器中输入淘宝网址“www.taoao.com”，打开淘宝首页并登陆，然后点击我们的“卖家中心”，进入店铺的后台管理界面。

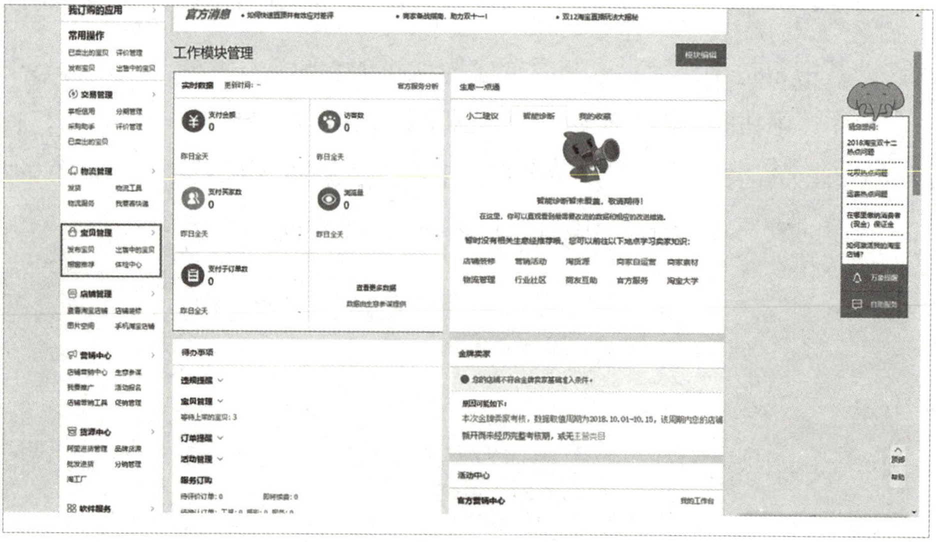

图 2-1.40　在电脑端如何上传宝贝（1）

进入“卖家中心”后，我们可以从页面的左侧找到宝贝管理的类目，下面第一项便是发布宝贝。点击发布宝贝，我们便进入了宝贝发布的详情页。

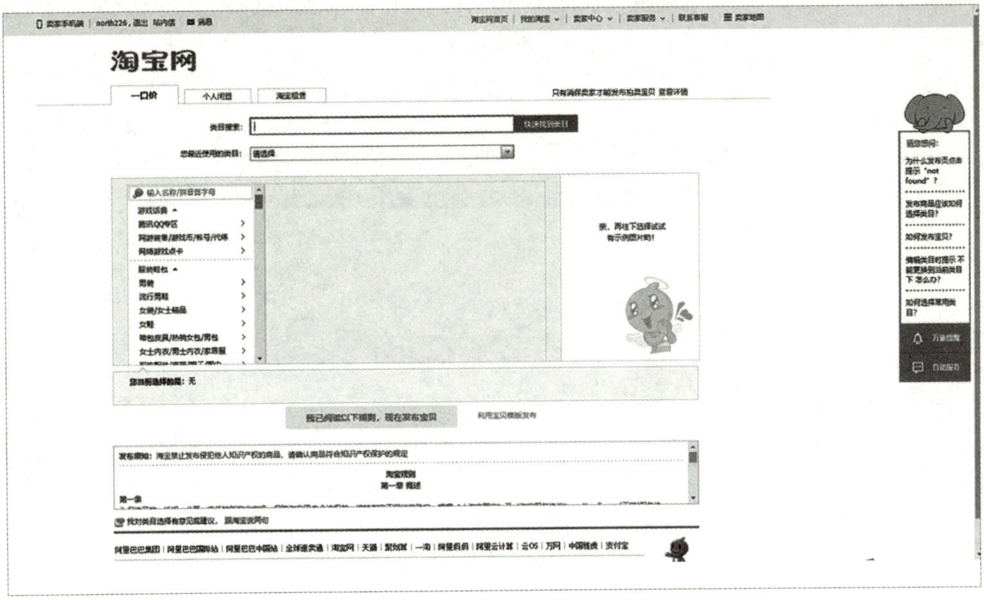

图 2-1.41　在电脑端如何上传宝贝（2）

进入到宝贝发布详情之后，第一个选项便是选择自己商品的类目。在这里我们需要根据自己的商品选择类目。

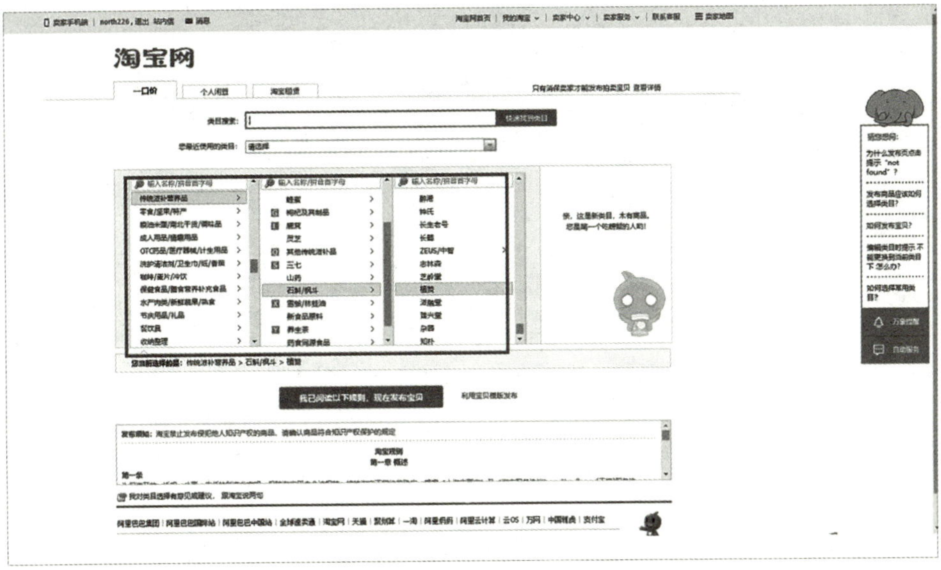

图 2-42　在电脑端如何上传宝贝（3）

比如说我们发一款石斛的商品，便可以在类目中找到“百货食品”的主类目，并在其子类目中找到石斛、枫斗，随后便开始选择品牌，如果没有我们自己的品牌，便可以选择一个类目下没有商品的品牌进行继续发布，随后点击“我已阅读以下规则，现在发布宝贝”，进入自己商品的详情设置界面。

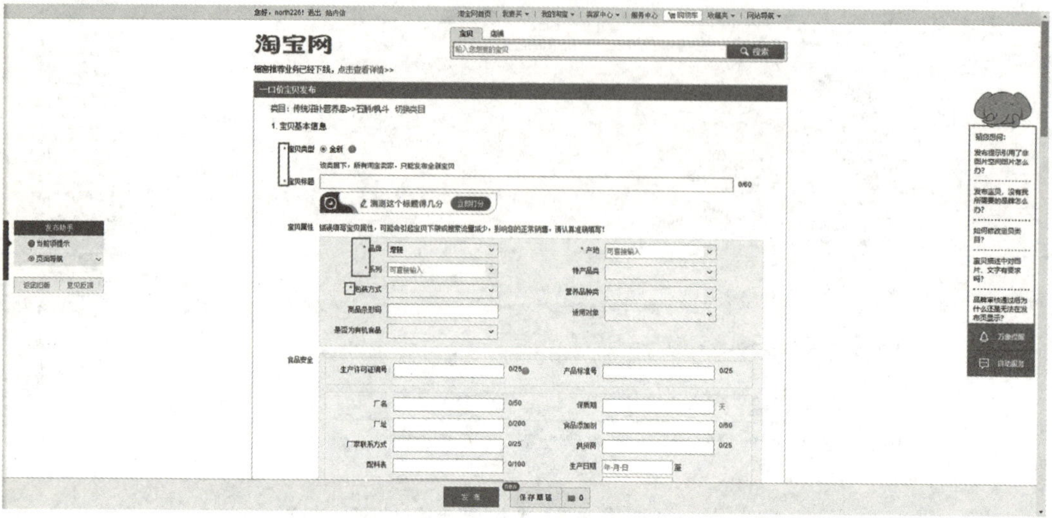

图 2-1.43　在电脑端如何上传宝贝（4）

在这一界面中，我们需要根据自己的商品信息，为商品起名字，并进行各种选项的详细描述。我们需要注意的是红框内的红色星标记内容，标红星的是必填项，都要进行认真填写。

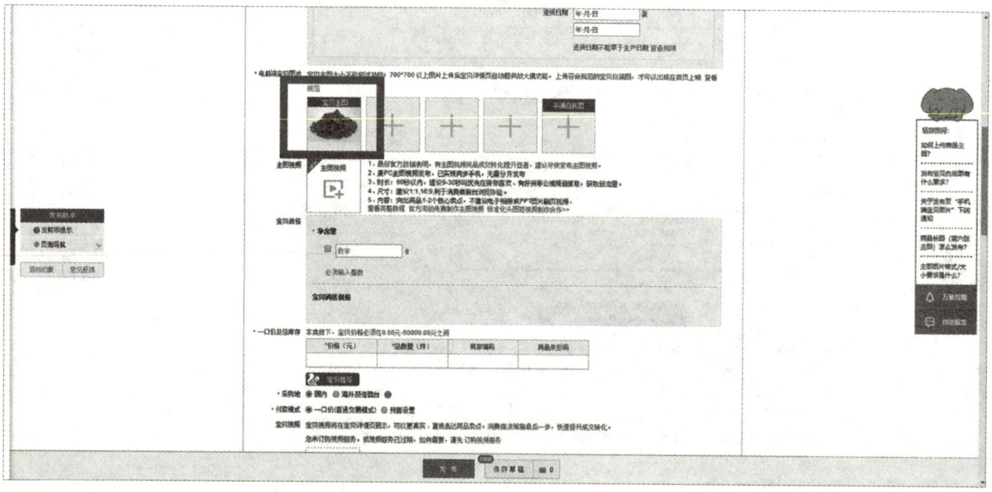

图 2-1.44　在电脑端如何上传宝贝（5）

填写完上面信息之后，我们需要继续下拉，填写其他内容。在这里有一点非常重要，这就是红框内的商品主图，商品主图不仅仅是必填选项，更重要的是这张图是我们商品在淘宝搜索界面上显示的图片，即在购买商品过程中搜索商品之后，显示的商品图片就是我们设置的商品主图。

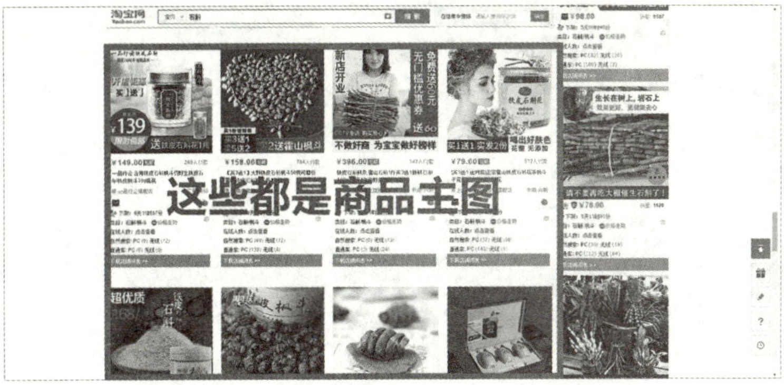

图 2-1.45　在电脑端如何上传宝贝（6）

商品主图设置好之后，我们还可以继续上传其他的图片，在顾客点击我们商品信息，进入到商品详情页之后，其他的图片会在商品主图后陆续显示。

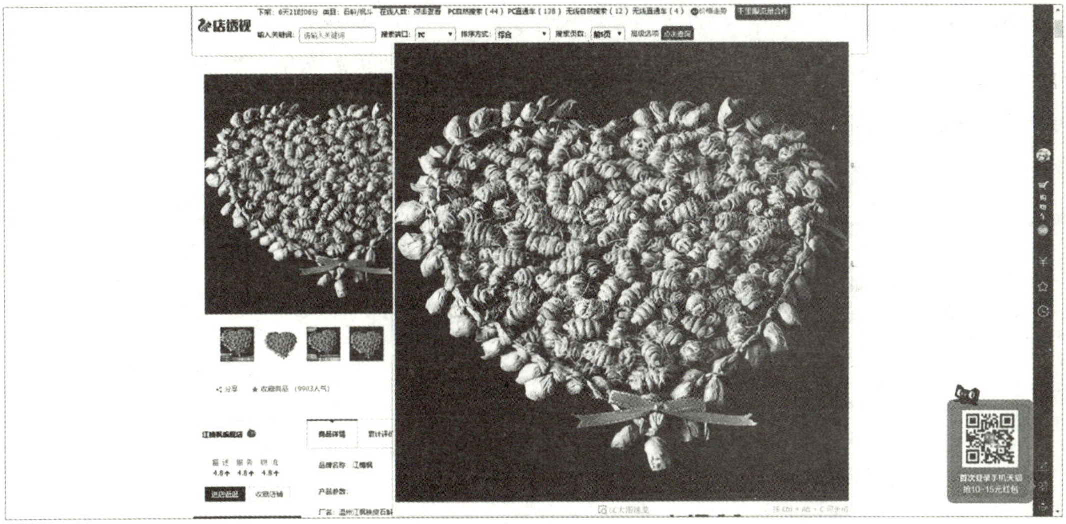

图 2-1.46　在电脑端如何上传宝贝（7）

想要让顾客对我们的商品有详细的了解，并体现我们商品的优势，图片是一种重要的方式。

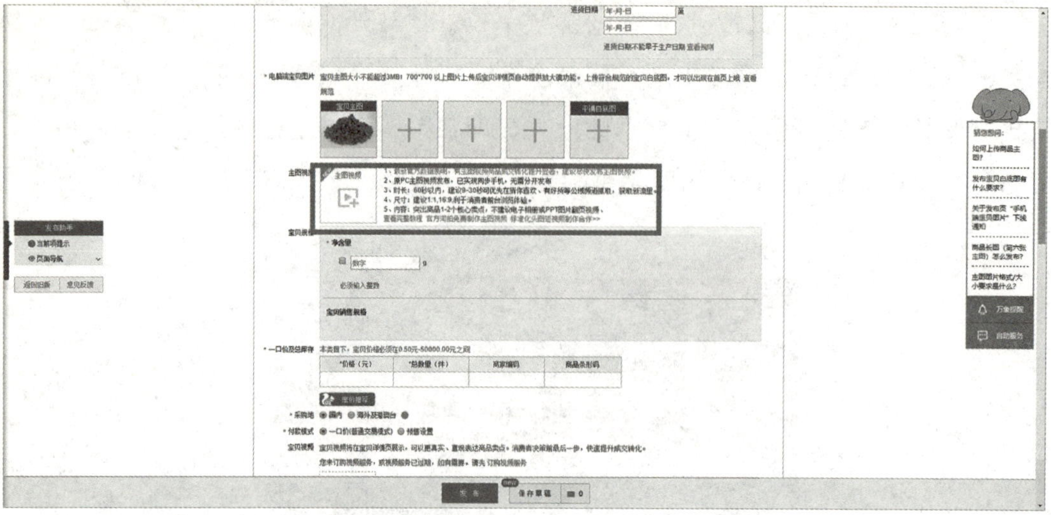

图 2-1.47　在电脑端如何上传宝贝（8）

除了图片之外，另外一种展示我们商品特色的方式就是短视频了。以石斛为例，无论是石斛的种植环境，采摘过程等都可以拍摄成简单的短视频，这些短视频可以为我们带来更多的销售优势。

上传短视频的方式和上传图片的方式相同，点击“上传视频”的选项，按照上传要求就可以轻松完成上传。

在这里我们需要注意一点，这就是视频的展示在商品详情页当中更为优先，它会排在商品主图的前面。

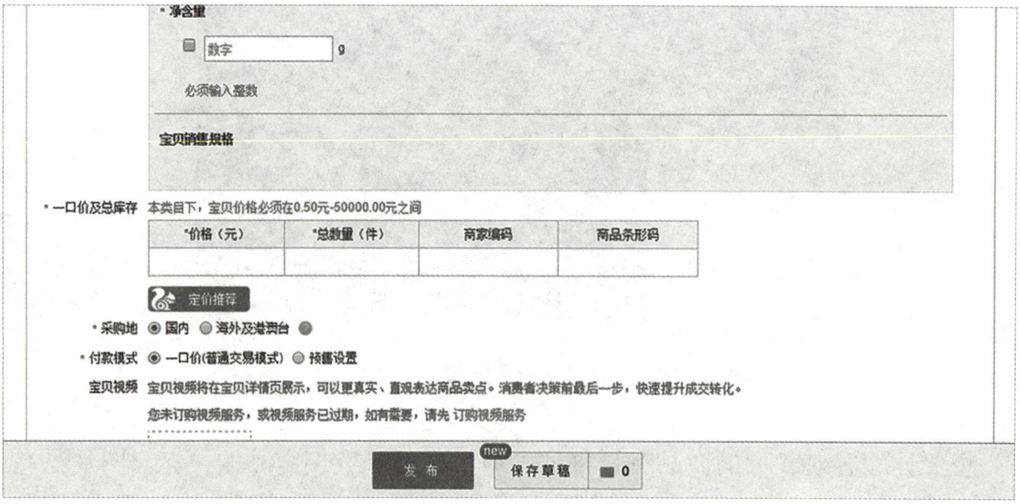

图 2-1.48　在电脑端如何上传宝贝（9）

信息填写完成之后，我们便可以点击“发布”，来展示我们的商品，不过当我们点击发布之后，会遇到一个新的提示，这就是“请到卖家中心《消费者保障服务》订单险、账期保障申请加入”。

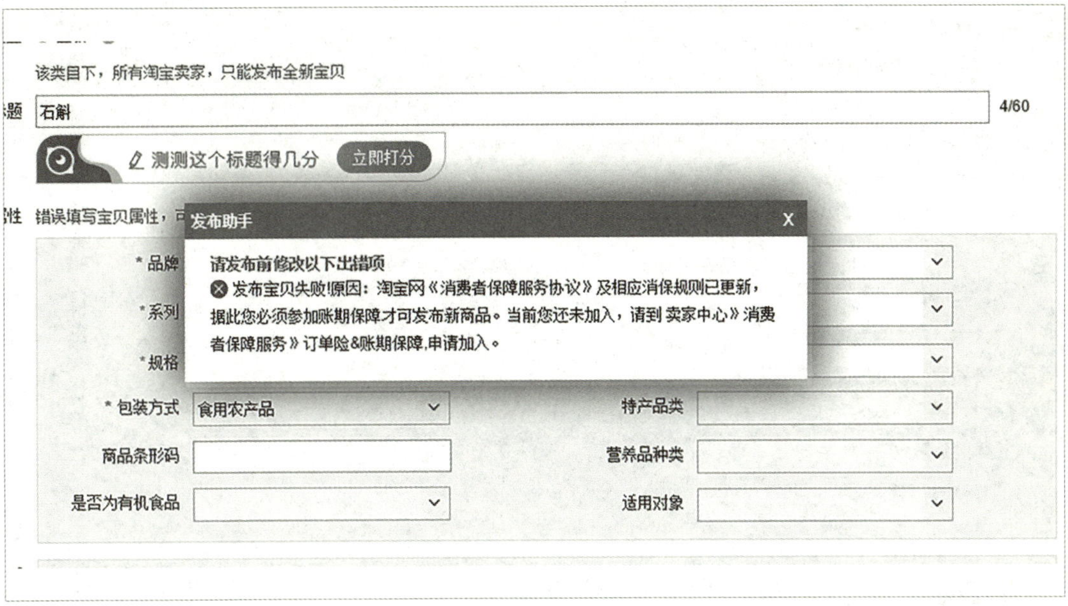

图 2-1.49　在电脑端如何上传宝贝（10）

这个提示是淘宝网根据《消费者保障服务协议》制定的保障规则，即商家需要根据自己店铺的行业，缴纳一定的保障金才能够正常发布商品。这也是保障淘宝消费者权益的一项服务。遇到这样的提示我们不用着急，首先点击商品“发布”右侧的“保存草稿”，将我们的商品信息保存到后台的“草稿箱”。接下来就是去缴纳我们的开店保障金。

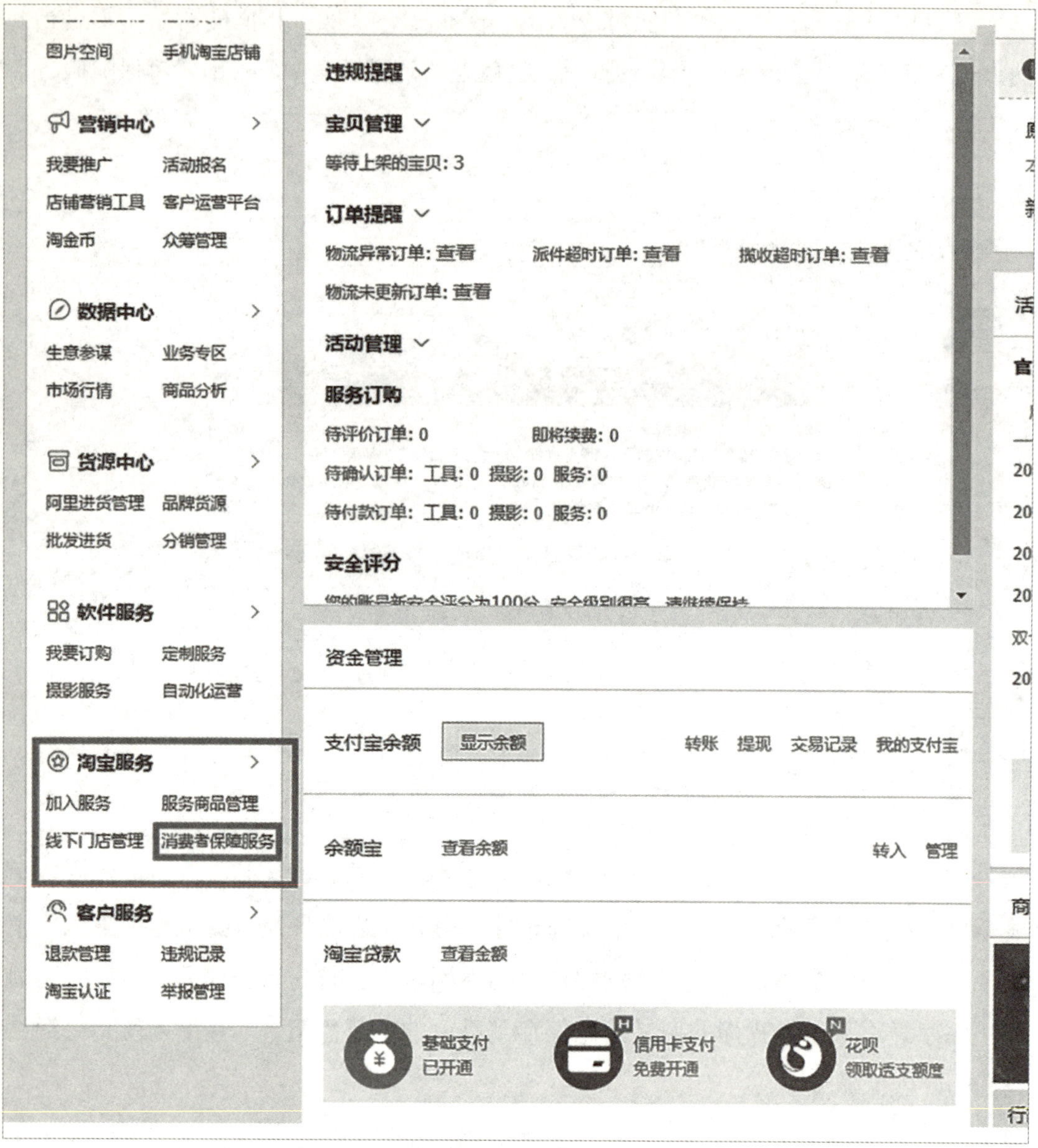

图 2-1.50 缴纳我们的开店保障金（1）

首先还是打开“卖家中心”，在左侧下方的“淘宝服务”中找到“消费者保障服务”，点击这项服务进入保障金缴纳界面。

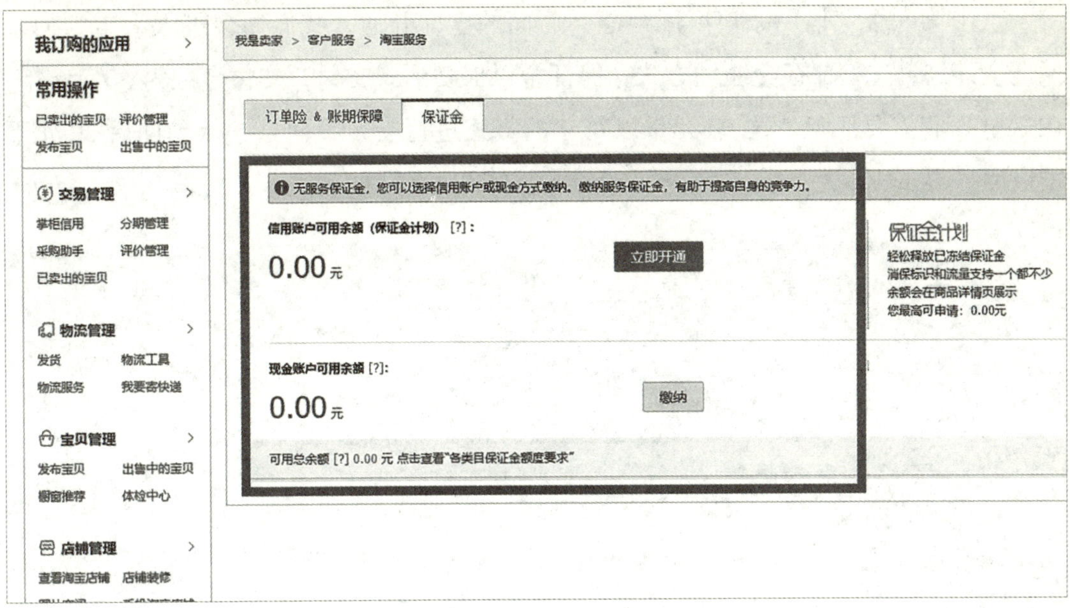

图 2-1.51 缴纳我们的开店保障金（2）

进入这一界面之后，我们可以发现缴纳保证金的选项有两个。上面一个显示“信用账户可用余额”，下面一项为“现金账户可用余额”，这是淘宝为店家提供的两种保障金方式。

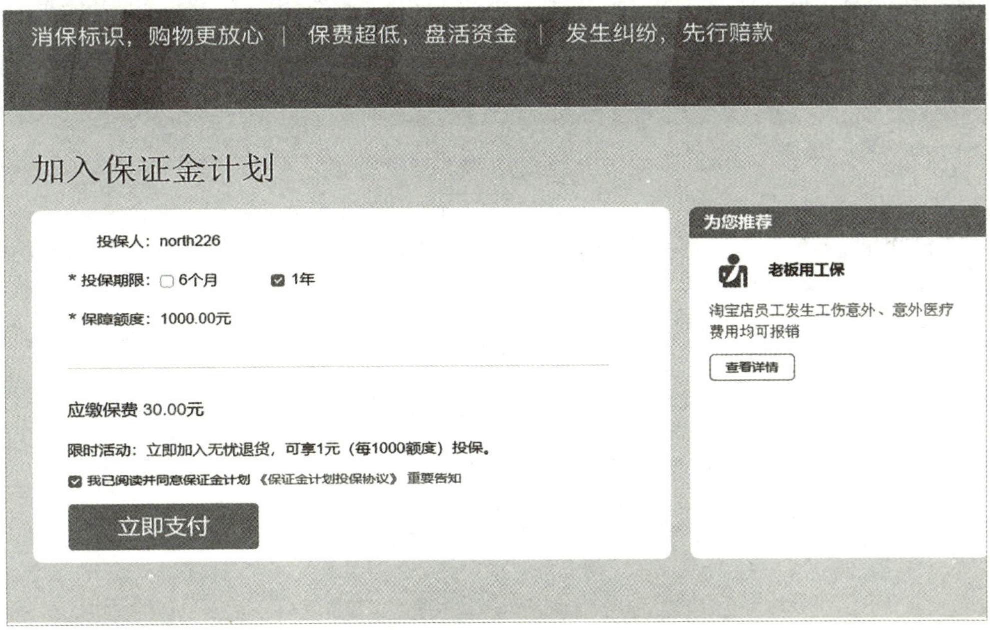

图 2-1.52 缴纳我们的开店保障金（3）

点击第一个“信用账户可用余额”后面的立即开通，我们便会进入淘宝的加入保证金计划，这种保证金缴纳方式，保证金以保费形式支付，支付金额为 30 元 / 年，在这里我们需要注意，这 30 元是以每年的方式进行支付，而且一年到期后 30 元不予退回。

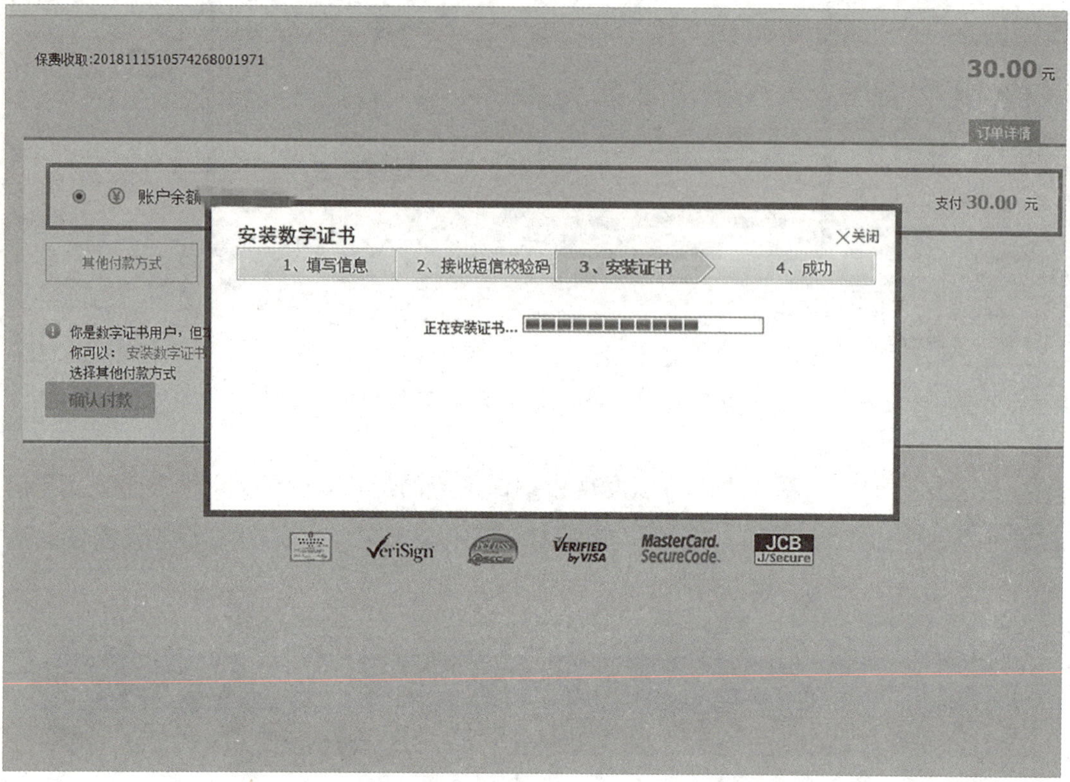

图 2-1.53　缴纳我们的开店保障金（4）

在这里我们还需要注意一点，这就是“安装数字证书”。只有数字证书安装成功后，保证金才能够顺利缴纳。

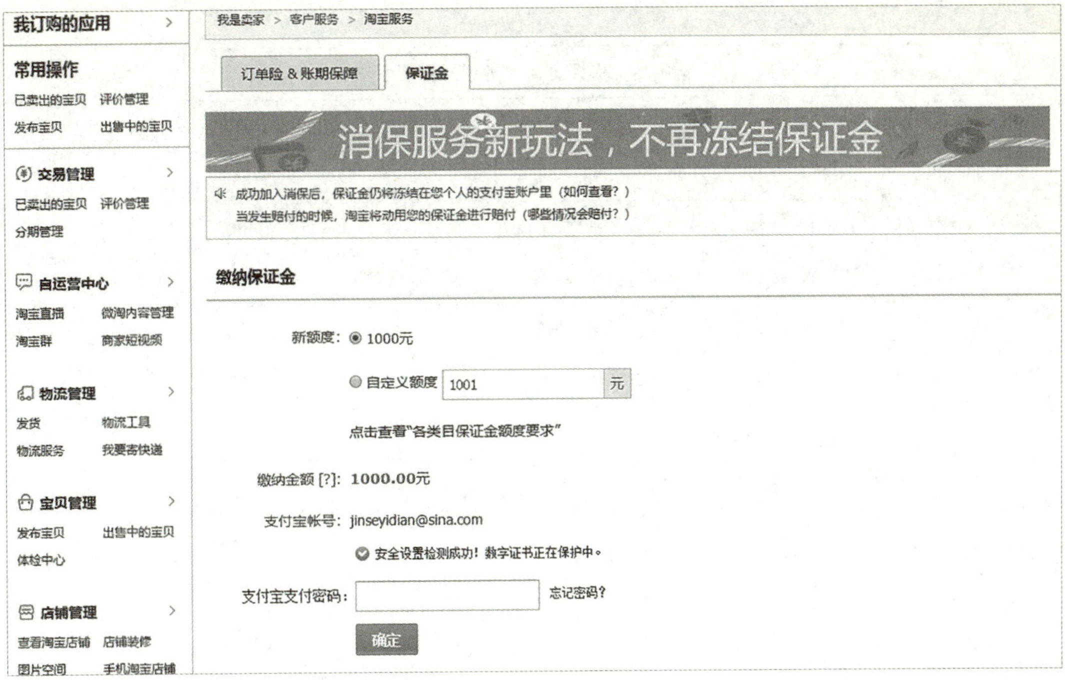

图 2-1.54 缴纳我们的开店保障金（5）

第二种缴纳“现金账户可用余额”的保障金也十分简单，这种方式的保障金最低交付金额为 1000 元。这 1000 元保障金只是在我们开店过程中以冻结的方式存在淘宝中，当我们关闭店铺时，保障金会全额退还。

在这里我们需要注意的是，并非所有店铺的保障金都为 1000 元，不同类目的店铺，即我们出售的商品种类不同缴纳的保障金也不同。以大家电行业为例，这类店铺需要缴纳的保障金为 50000 元。

下表为 2018 年淘宝公布的《淘宝店铺保证金商品类目及价格表》，我们可以从中准确对应自己的店铺类目，以及需要缴纳保障金的金额。

表 2-1 淘宝店铺保证金商品类目及价格表

淘宝店铺保证金商品类目及价格表	
类目	保证金金额
电动车 / 配件 / 交通工具 >> 电动车整车 >> 老年代步车	50000
电动车 / 配件 / 交通工具 >> 电动车整车 >> 电动四轮车	50000
自行车 / 骑行装备 / 零配件 >> 自行车整车	5000

续表

淘宝店铺保证金商品类目及价格表	
电动车 / 配件 / 交通工具 >> 电动车整车 >> 电动自行车	5000
电动车 / 配件 / 交通工具 >> 电动车整车 >> 电动滑板车	5000
电动车 / 配件 / 交通工具 >> 电动车整车 >> 自平衡电动车	5000
电动车 / 配件 / 交通工具 >> 电动车整车 >> 电动三轮车	5000
电动车 / 配件 / 交通工具 >> 电动车整车 >> 电动摩托车	5000
摩托车 / 装备 / 配件 >> 摩托车整车	5000
摩托车 / 装备 / 配件 >> 沙滩车	5000
手机	50000
平板电脑 /MID	50000
装修服务	30000
农业生产资料（农村淘宝专用）	10000
本地化生活服务 >> 数码维修	10000
宠物 / 宠物食品及用品 >> 狗狗	6000
宠物 / 宠物食品及用品 >> 猫咪	6000
珠宝/钻石/翡翠/黄金>>翡翠(新)、和田玉、天然琥珀(新)、彩色宝石 / 贵重宝石、黄金首饰（新）、铂金 /PT（新）、K 金首饰、天然珍珠（新）、专柜 swarovski 水晶（新）、其他天然玉石	5000
住宅家具	5000
个性定制 / 设计服务 /DIY>> 设计服务	2000
个性定制 / 设计服务 /DIY>> 其它定制	2000
运动服 / 休闲服装	2000
户外 / 登山 / 野营 / 旅行用品	2000
度假线路 / 签证送关 / 旅游服务	5000
景点门票 / 实景演出 / 主题乐园	5000
特价酒店 / 特色客栈 / 公寓旅馆	5000
手机号码 / 套餐 / 增值业务	1000
网店 / 网络服务 / 软件	1000
网游装备 / 游戏币 / 帐号 / 代练	1000

续表

淘宝店铺保证金商品类目及价格表	
品牌台机 / 品牌一体机 / 服务器	1000
电脑硬件 / 显示器 / 电脑周边	1000
MP3/MP4/iPod/ 录音笔	1000
个人护理 / 保健 / 按摩器材	1000
办公设备 / 耗材 / 相关服务	1000
厨房电器	1000
大家电（下属二级类目，除“大家电配件”外）	50000
大家电 >> 大家电配件	1000
闪存卡 /U 盘 / 存储 / 移动硬盘	1000
网络设备 / 网络相关	1000
音乐 / 影视 / 明星 / 音像	1000
书籍 / 杂志 / 报纸	1000
国货精品数码	1000
影音电器	1000
电子词典 / 电纸书 / 文化用品	1000
生活电器	1000
鲜花速递 / 花卉仿真 / 绿植园艺 >> 庭院植物 / 行道树木 / 果树	1000
鲜花速递 / 花卉仿真 / 绿植园艺 >> 花卉 / 蔬果 / 草坪种子（新）	1000
鲜花速递 / 花卉仿真 / 绿植园艺 >> 花卉 / 绿植盆栽（新）	1000
彩妆 / 香水 / 美妆工具	3000
笔记本电脑	8000
美容护肤 / 美体 / 精油	5000
美发护发 / 假发	2000
电玩 / 配件 / 游戏 / 攻略	1000
3C 数码配件	1000
数码相机 / 单反相机 / 摄像机	1000
腾讯 QQ 专区	1000

续表

淘宝店铺保证金商品类目及价格表	
网络游戏点卡	1000
移动 / 联通 / 电信充值中心	1000
床上用品 / 布艺软饰	1000
童装 / 婴儿装 / 亲子装	1000
玩具 / 童车 / 益智 / 积木 / 模型	1000
零食 / 坚果 / 特产	1000
家装主材	1000
家装灯饰光源	1000
电影 / 演出 / 体育赛事	3000
新车 / 二手车	1000
网络店铺代金 / 优惠券	1000
休闲娱乐	1000
教育培训 >> 免费公开课、教学服务、生活兴趣培训、中小幼培训	1000
教育培训 >> 学历 / 职业资格考试 >> 学历教育培训	50000
教育培训 >> 学习卡、智能教育 教育培训 >> 学历 / 职业资格考试 >> 其他叶子类目	10000
教育培训 >> 语言培训	5000
教育培训 >> 职业技能培训	3000
手表（除瑞士腕表外的类目）	5000
瑞士腕表	30000
运动鞋 new	5000
饰品 / 流行首饰 / 时尚饰品新	1000
电子元器件市场	1000
男装	2000
运动 / 瑜伽 / 健身 / 球迷用品	1000

续表

淘宝店铺保证金商品类目及价格表	
运动包 / 户外包 / 配件	2000
箱包皮具 / 热销女包 / 男包	1000
全屋定制（除“全屋空间定制”外的类目）	30000
全屋定制 >> 全屋空间定制	50000
酒类 >> 国产白酒	50000
本地化生活服务 >>3C 数码服务 >> 维修 / 清洁 / 保养、会员服务、保障服务、软件维护服务	10000
本地化生活服务 >> 家电相关服务 >> 会员服务、保障服务、维修 / 清洁 / 保养	10000

保障金缴纳完成之后，我们便成功加入了淘宝消费者保障计划，也就代表我们可以正常发布宝贝了。

图 2-1.55　保障金缴纳完成

保障金缴纳完成之后，我们下一步要做的自然是找到刚刚保存的商品发布信息了。那么我们应该如何找到自己的草稿箱呢？在“卖家中心”的类目栏中我们没办法找到草稿箱，想要恢复刚才的发布信息，我们需要继续点击“发布宝贝”，然后选择与草稿箱内保存草稿相同的类目，切记一定是相同的类目，选择完成之后我们便进入该类目的宝贝发布详情了。

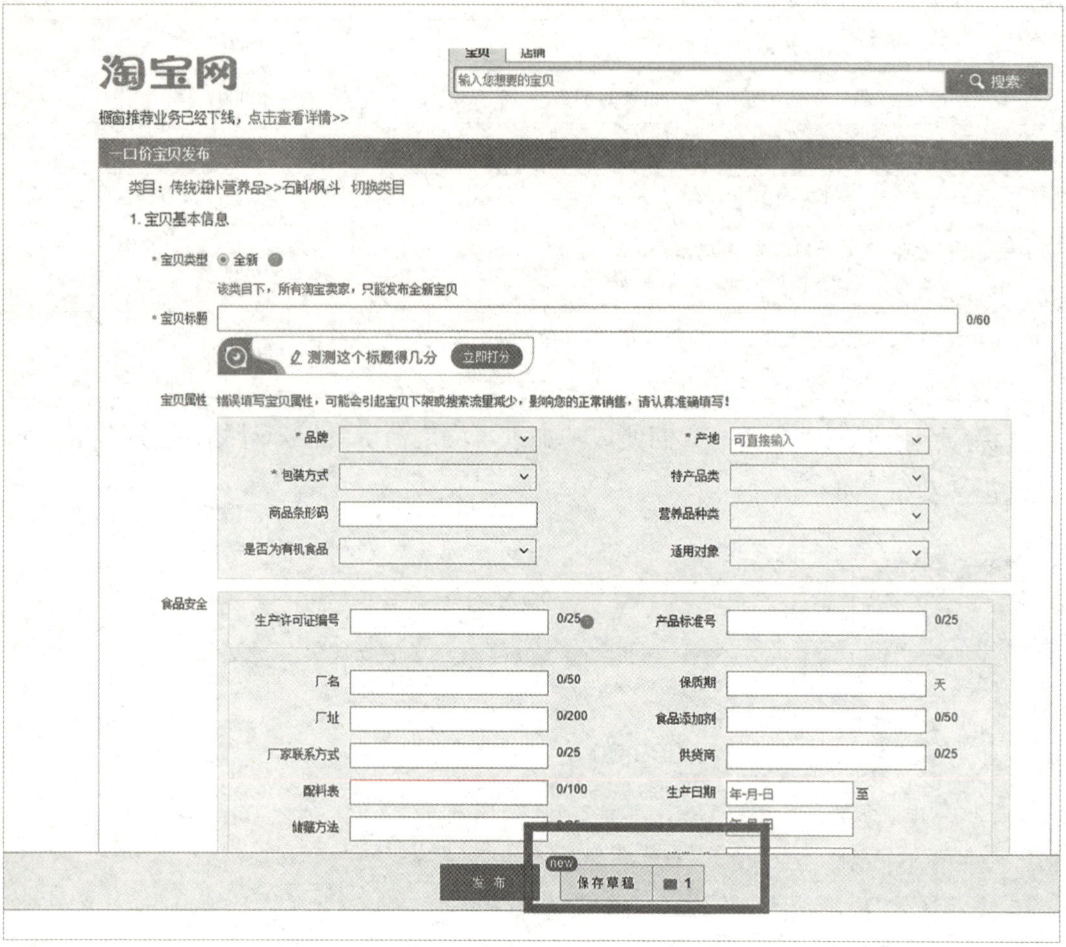

图 2-1.56 宝贝发布详情界面（1）

进入这一页面后我们可以发现，在下面保存草稿一栏的右侧中，会显示一个相应的数字，这就是我们在这一类目下保存的草稿数量。

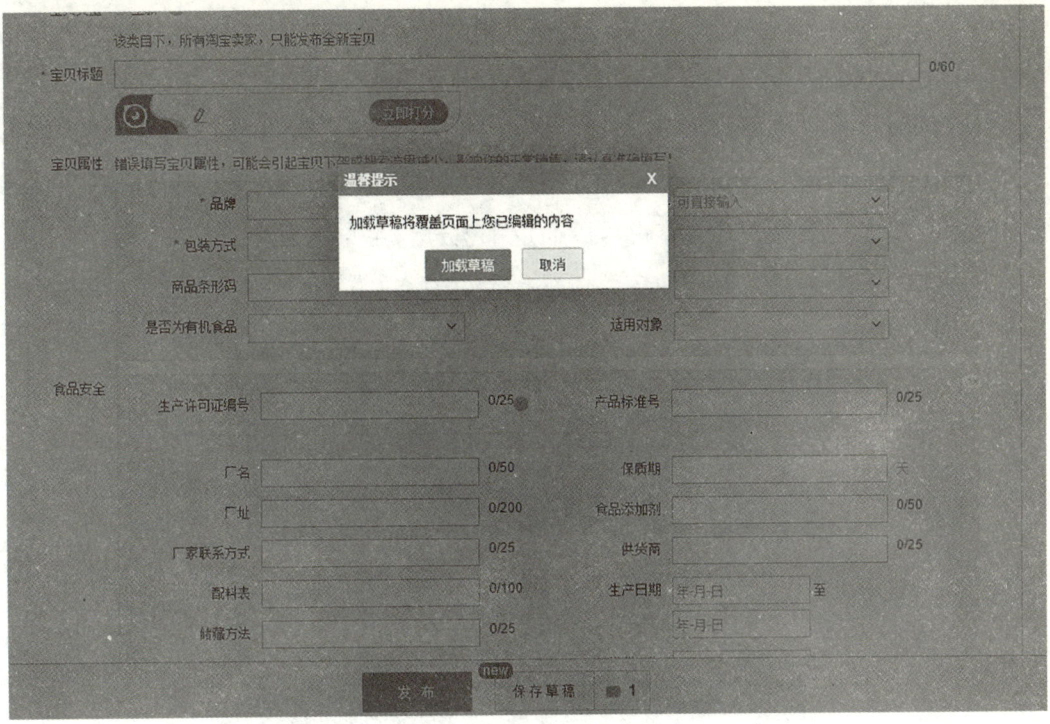

图 2-1.57　宝贝发布详情界面（2）

随后点击这一数字，页面便会显示我们草稿箱内各个草稿的名字，然后点击自己想要发布的草稿，便会出现相应的提示“加载草稿将覆盖页面上您已编辑的内容”，这时点击加载草稿，草稿箱内的商品信息便可以恢复了，随之点击发布。

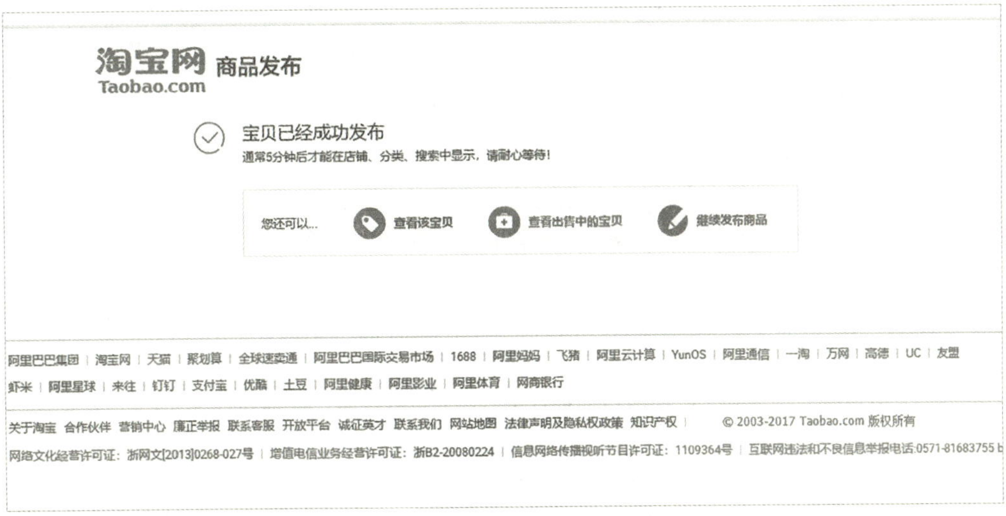

图 2-1.58　宝贝发布成功

这样我们的宝贝就发布成功了，等待 5 分钟之后，我们编辑的宝贝就可以在自己的店铺中显示了。

自我们进入移动互联网时代之后，智能手机就成为了我们为生活、工作提供便利的有利工具。开淘宝店也一样，我们不仅可以用电脑发布宝贝，当我们在实体市场中进货，发现优质商品之时，也可以通过手机进行宝贝的发布。

下面我们就来了解，如何使用手机进行宝贝发布。

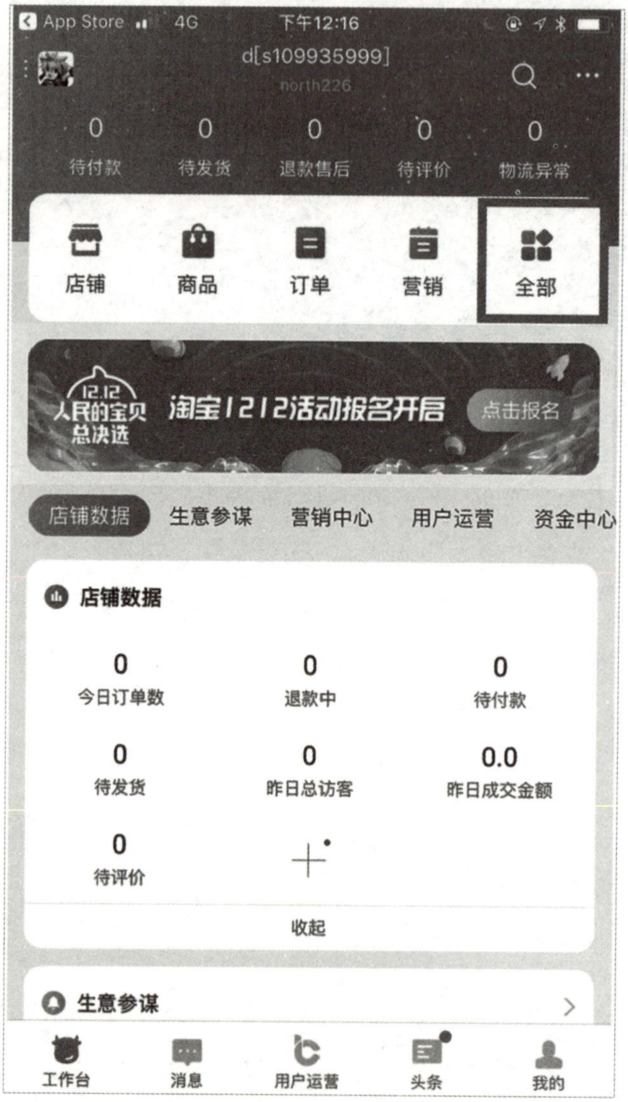

图 2-1.59　使用手机进行宝贝发布（1）

首先我们需要在手机上下载好千牛工作平台，然后登陆我们的淘宝账号。我们可以在上方选项内找到一个“全部”的选项（如图所示）。点击“全部”选项，我们便可以进入到后台操作页面了。

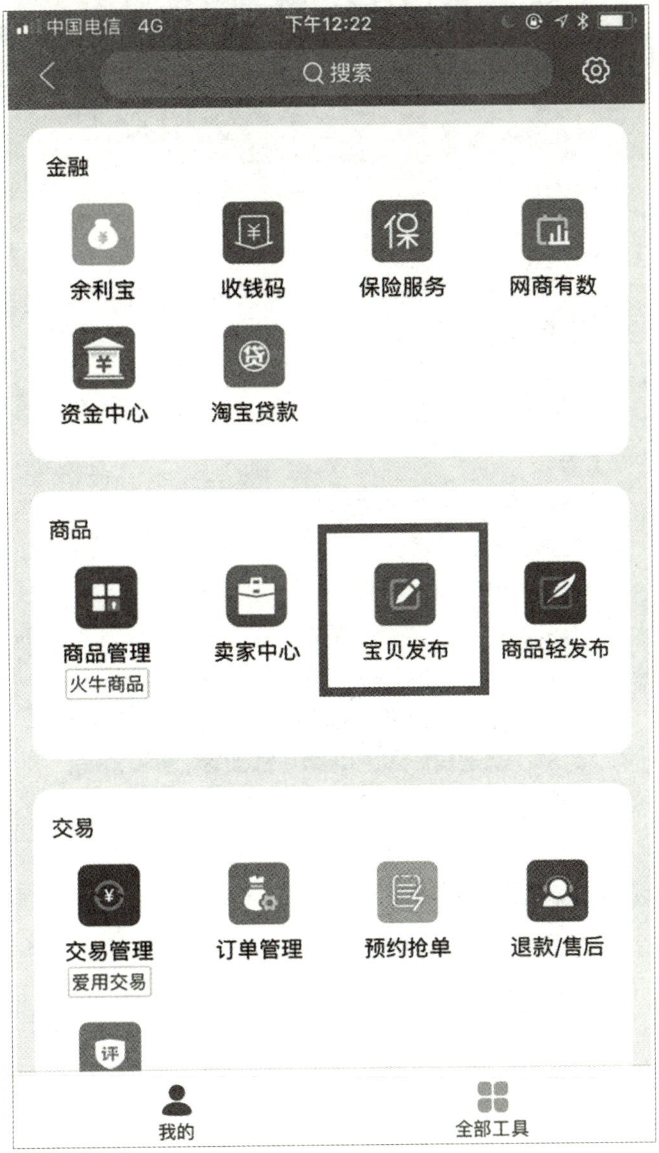

图 2-1.60　使用手机进行宝贝发布（2）

进入当前页面后，我们可以从中间部分找到“发布宝贝”的选项，这就是我们用手机发布宝贝的起点了。

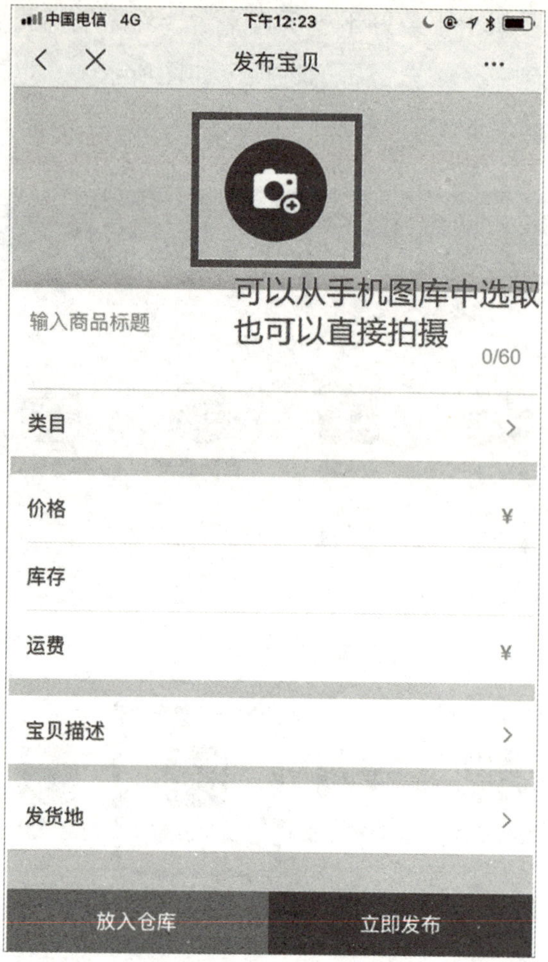

图 2-1.61　使用手机进行宝贝发布（3）

进入“发布宝贝”界面之后，我们可以看到非常简单的操作面板。红框内的图片上传功能点击后，我们既可以在手机相册中上传图片，也可以用手机直接照相上传。图片上传完成后，随后便直接填写下面的各项信息，之后点击“立即发布”即可。

图 2-1.62 使用手机进行宝贝发布（4）

同样等待 5 分钟之后，我们发布的商品就直接显示在我们的店铺中，而且手机发布的信息与电脑端同步。

在这里我们需要注意一点，这就是手机端发布宝贝的方式虽然简单，但每一条信息的填写都需要非常认真，且一定避免信息的更改，因为所有选项都属于必选项，如果我们重复更改很容易影响到账号的权重性。

淘宝店铺的健康成长不仅需要出售宝贝的种类齐全，店铺自身的装修也是一个发展竞争的重要因素。现在我们就来学习下，淘宝店铺如何进行初步的装修。

图 2-1.63　淘宝店铺装修（1）

店铺的装修虽然是一门技术性很强的学问，但学会基础的店铺装修一样可以为我们的店铺装修出独特的风格。

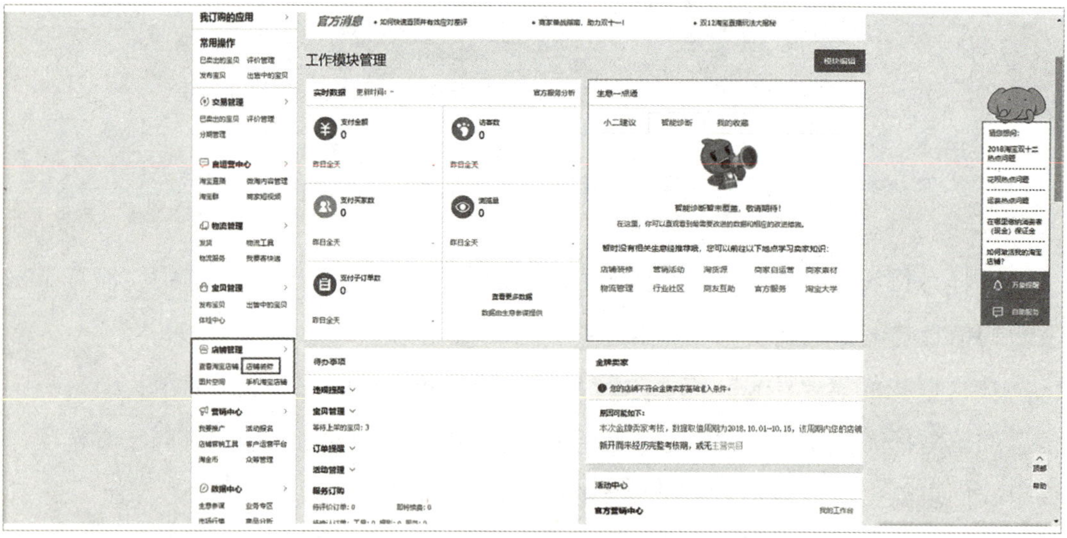

图 2-1.64　淘宝店铺装修（2）

首先点击“卖家中心”，在卖家中心的左侧“店铺管理”选项下，点击“店铺装修”我们就进入了店铺装修界面。

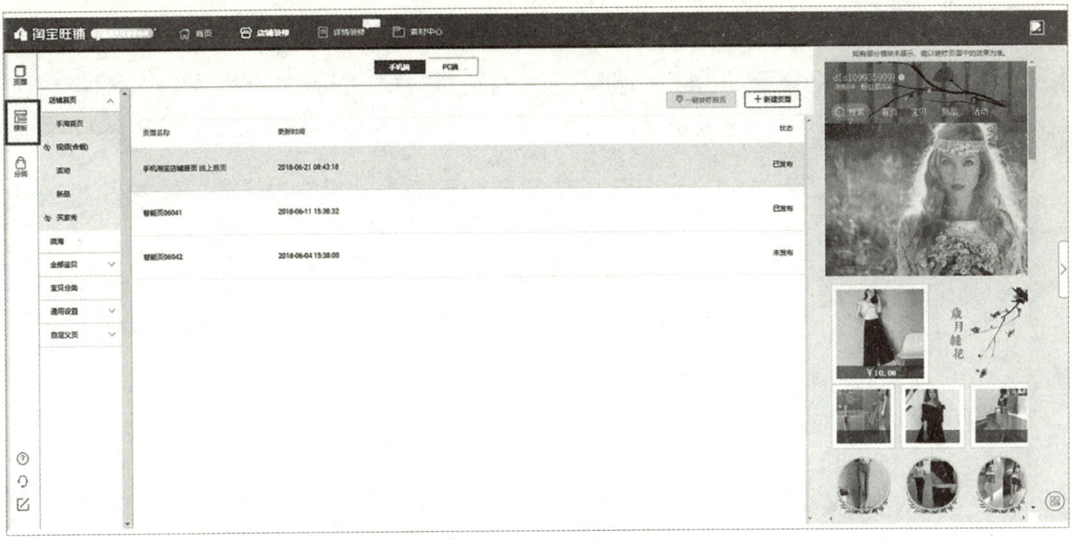

图 2-1.65　淘宝店铺装修（3）

进入装修界面后，如果我们没有专业的互联网装修技巧，便可以通过官方提供的智能模板进行初步的店铺装修。点击左上角红框内的“模板”选项，进入后台的“模板”装修界面。

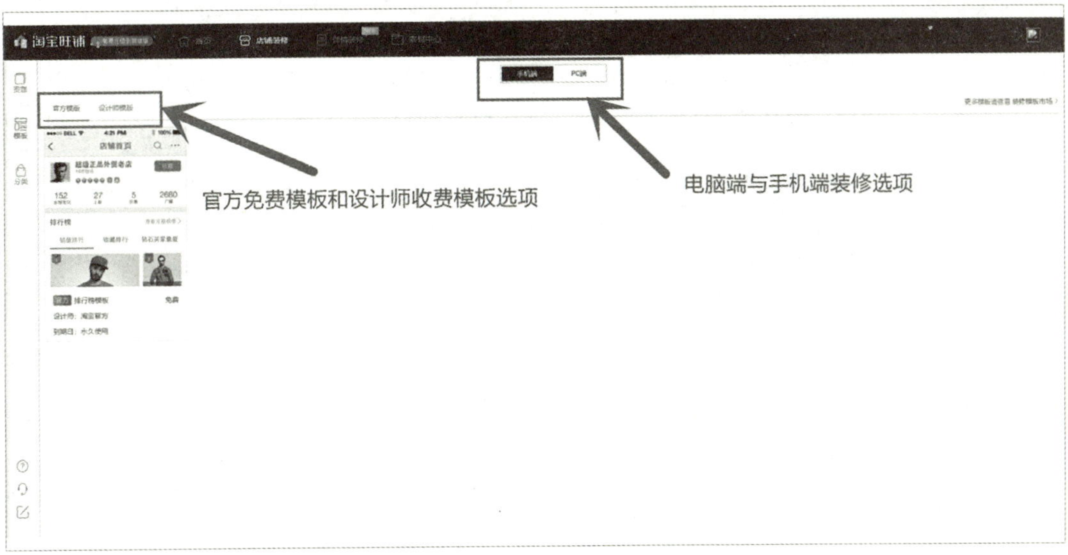

图 2-1.66　淘宝店铺装修（4）

在“模板”的装修界面中，我们需要注意两个选项，正上方的“手机端、PC 端”选项，这是手机端和电脑端装修的选择。另外一个是左上角的“官方模板与设计师模板”选项，其中官方模板是免费模板，而设计师的模板属于收费模板，但设计师模板种类繁多，风格全面，当我们拥有了一定的装修技巧后也可以在设计师模板中选择自己喜欢的模板并进行完善了。

现在我们先来了解电脑端，即 PC 端的后台装修。点击“PC 端”选项，进入相应的装修界面。

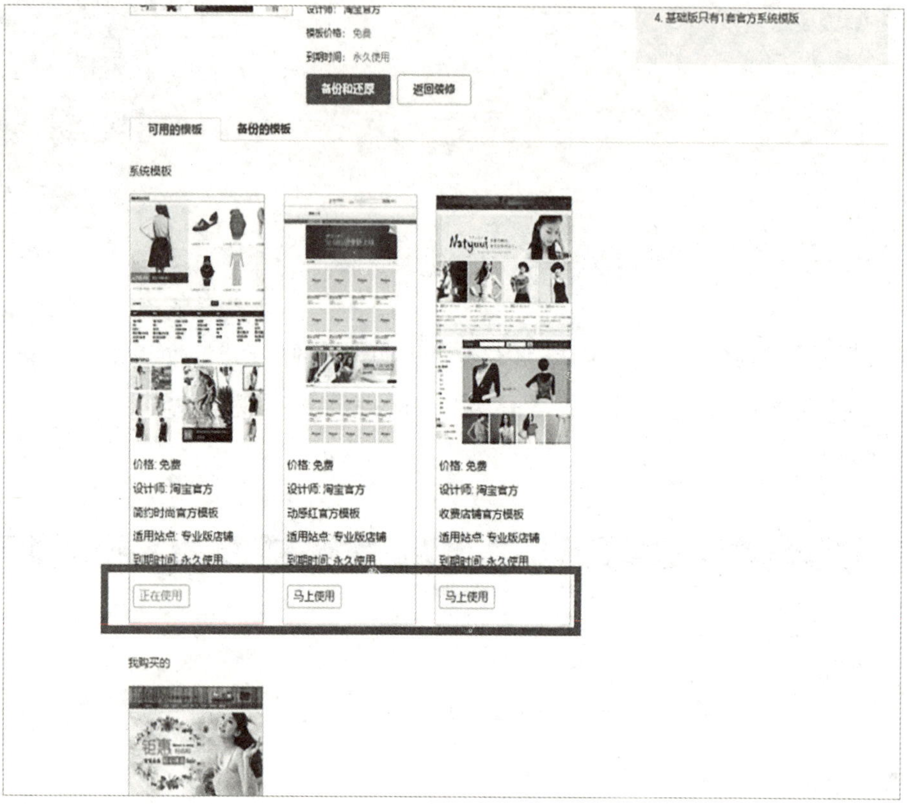

图 2-1.67　淘宝店铺装修（5）

在 PC 端装修界面中，我们可以直接在可用模板中找到官方的免费模板，这里有 3 款模板任我们选择，当我们选择好自己喜欢的模板之后，点击“马上使用”选项，便可以进入模板的装修界面，而这一模板也会显示为“正在使用”。

图 2-1.68　淘宝店铺装修（6）

进入模板的装修界面后，我们便可以对店铺进行自己喜欢风格的装修，其中图片的轮播、店招的风格、店铺的 LOGO 都可以通过简单的图片更换完成，这就是 PC 端店铺装修的基础装修。

下面我们来了解手机端的店铺装修。

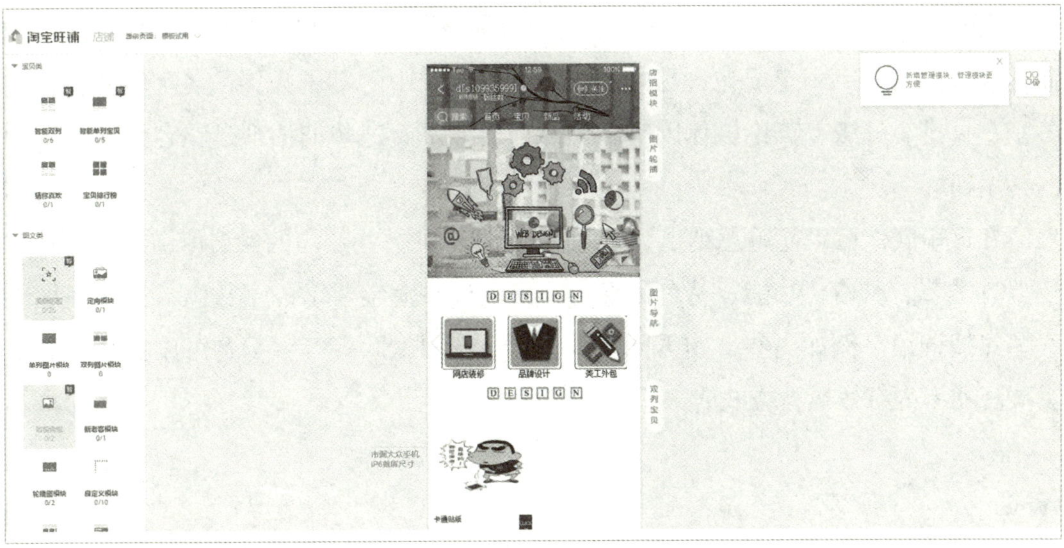

图 2-1.69　手机端的店铺装修（1）

手机端的装修方式与 PC 端装修方式基本相同，唯一一点的不同在于，手机端的官方模板只有一种，没有太多的选择。不过只要我们用心装修，将图片风格统一，将自己商品的个性突出，同样可以装修独特的店铺。

作为一名全新的网店店主，无论我们在哪个电商平台开店，店铺的运营都是一项需要不断学习的技能。现在我们就来学习下，淘宝新店主应该掌握哪些运营技巧。

图 2-1.70　手机端的店铺装修（2）

发布宝贝时一定要起一个“好名字”，所谓好名字并非单纯指名字要优雅好听，而是指宝贝的名字一定要包含热搜的关键词。以图中的鞋子为例，名字中就包含了冬季、百搭、韩版、英伦、休闲等多个修饰词汇，而这些词汇都是顾客搜索鞋子时经常用到的。

在这里我们可以简单总结出，热搜的关键词除了一些热门的网络修饰用语之外，还要有季节、风格、功能、特色的形容，可以说在淘宝要求的字数内，尽量多加入一些热搜词语。例如一些“跑男同款”、“抖音同款”等等，都是可以提高我们宝贝展现几率的有效运营方式。

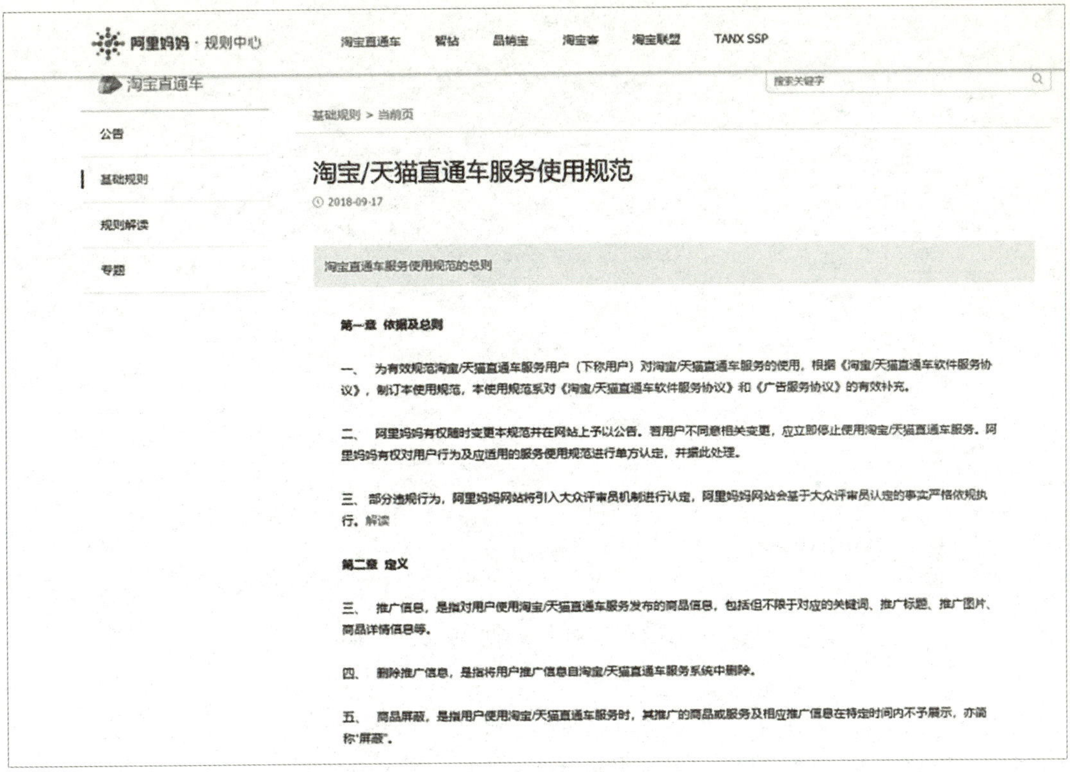

图 2-1.71　手机端的店铺装修（3）

除了宝贝的设定之外，还有一个非常有效的店铺运营方式，这就是淘宝官方提供的“直通车”服务。（注：直通车和淘宝客推广服务都需要一定的资质，即店铺动态评分均大于 4.5 分；店铺宝贝不能少于 10 个；店铺等级必须为 1 心以上）“直通车”是淘宝为卖家提供的一项收费制推广服务，它需要店铺有成交之后才能够开通，开通方法也比较简单，不过我们需要注意的是这项服务虽然展现率非常可观，但属于收费项目，我们需要根据自己店铺的运营状况而制定。

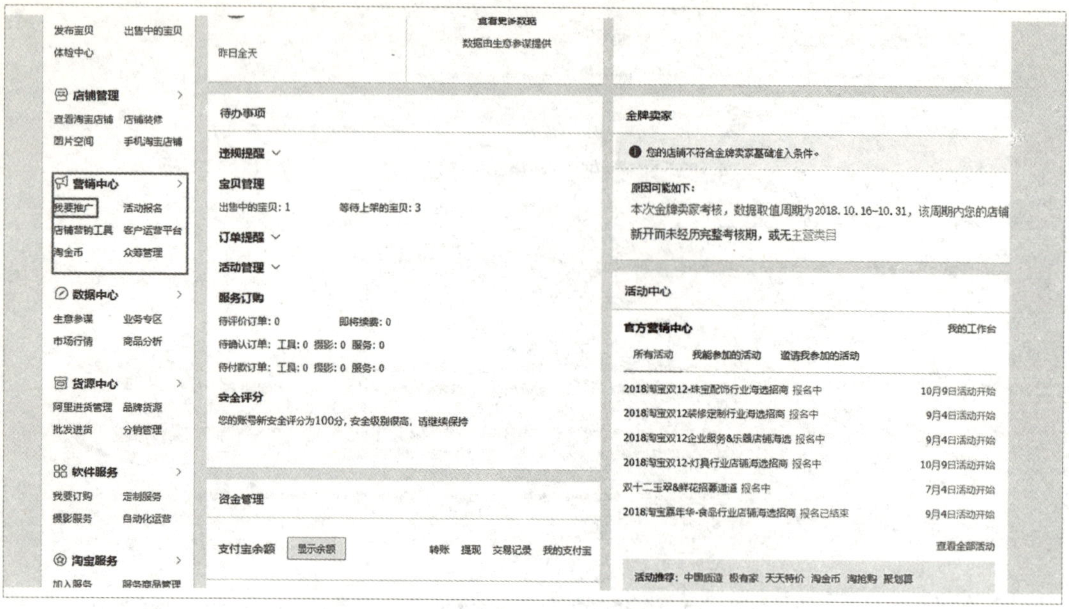

图 2–1.72 手机端的店铺装修（4）

进入淘宝的“卖家中心”，然后在左侧找到“营销中心”，下面子类目中的第一项便是“我要推广”，点击“我要推广”，进入官方推广界面。

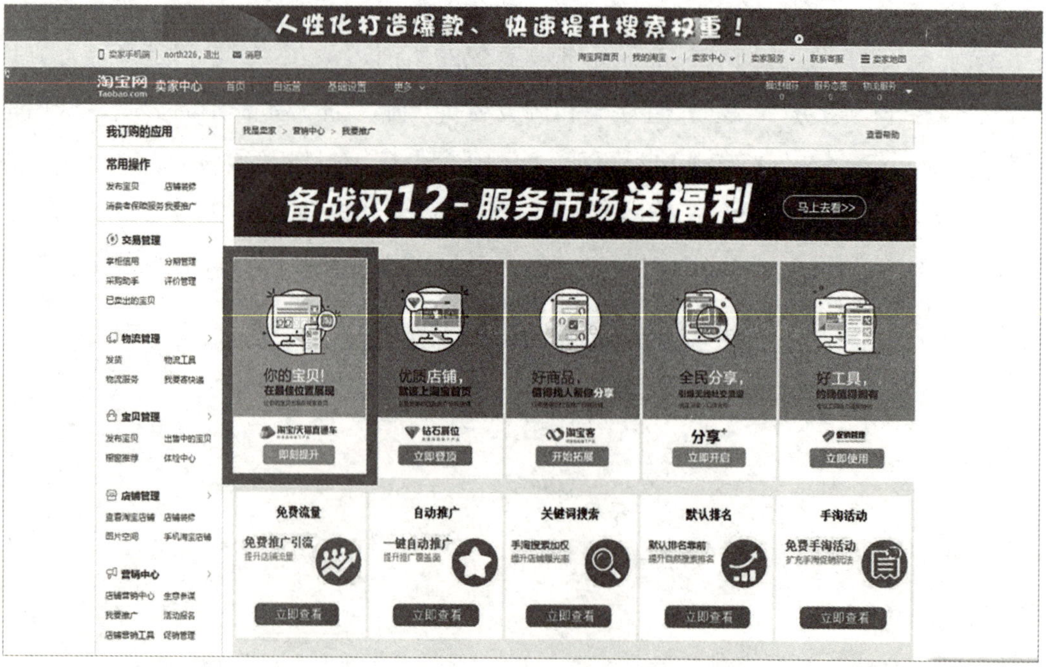

图 2–1.73 手机端的店铺装修（5）

进入当前界面之后，我们可以看到红框内的选项为“淘宝 / 天猫直通车”，点击这项服务下的“即刻提升”，便开始了直通车的开通流程。

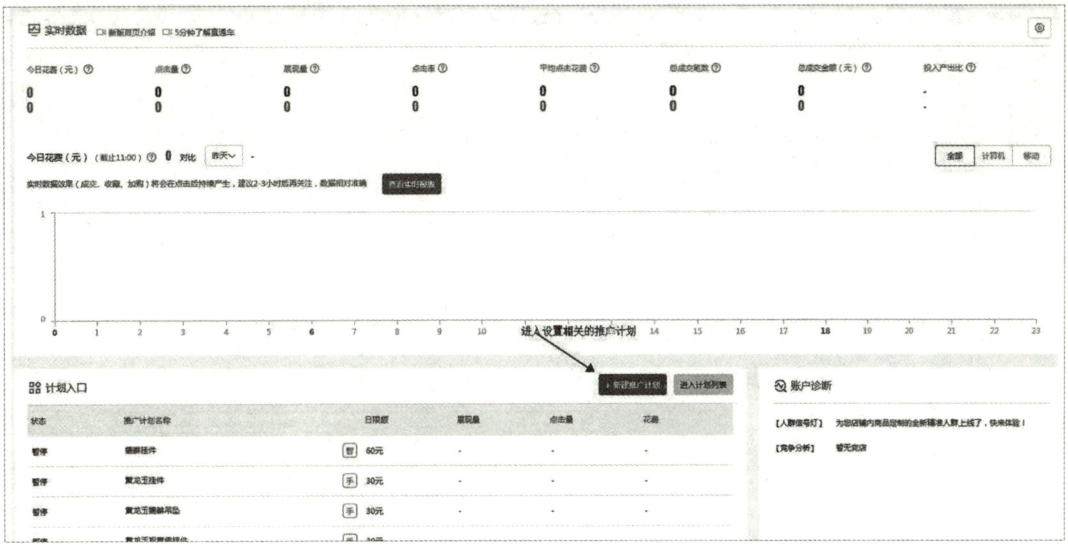

图 2–1.74　手机端的店铺装修（6）

进入开通界面之后第一项选择便是“建立直通车的宝贝计划”，在新建计划设置时，我们可以选择设置多个宝贝的批量计划。

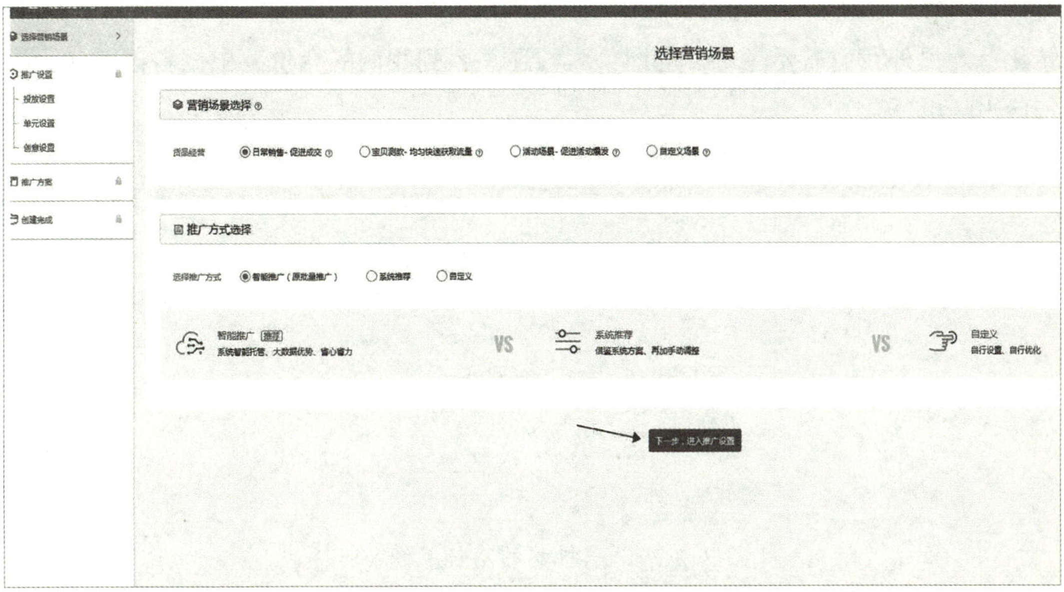

图 2–1.75　手机端的店铺装修（7）

我们制定的推广计划在投放后，最短的日投放限额为最低 30 元 / 天。所以我们在制定计划时一定要选择好自己想要打造爆款的商品，然后进行选词阶段。

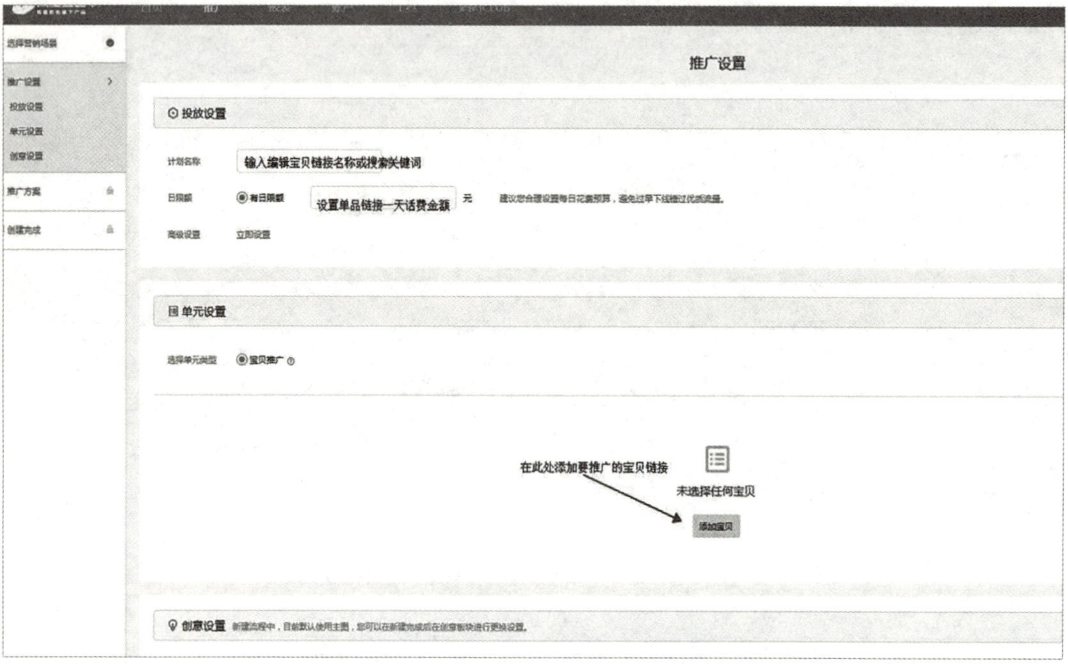

图 2-1.76　手机端的店铺装修（8）

“关键词”的选择尤为重要，因为关键词信息直接影响我们的展现指数、点击量、转化率。另外我们需要注意，选词关联性还关系到我们的竞价，根据自己的实力进行适当的出价。

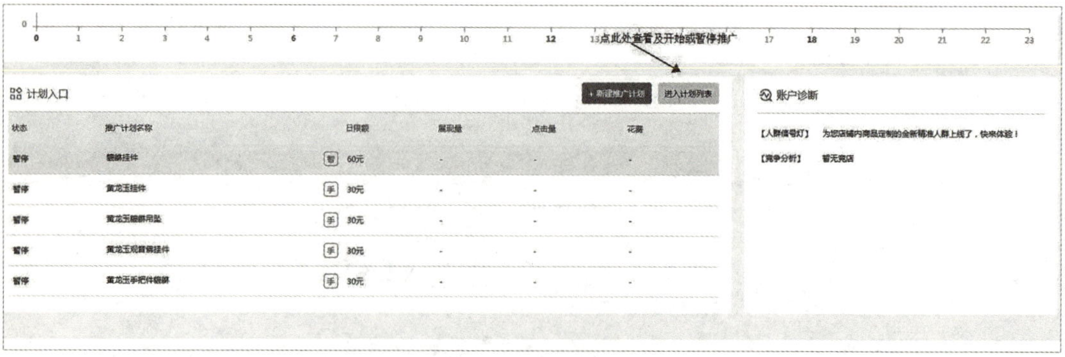

图 2-1.77　手机端的店铺装修（9）

接下来就是宝贝的标题了，为宝贝定一个优质的标题同样可以提高宝贝的转化率，宝贝标题设置完成后，就可以进入人群的选择了，我们可以根据自己商品的属性进行人群的选择，最后就是“直通车”的充值阶段，“直通车”最低充值额度为500元，根据自己的实力适当选择，充值完成后点击“启动计划”，我们的宝贝就可以得到淘宝官方的推广了。

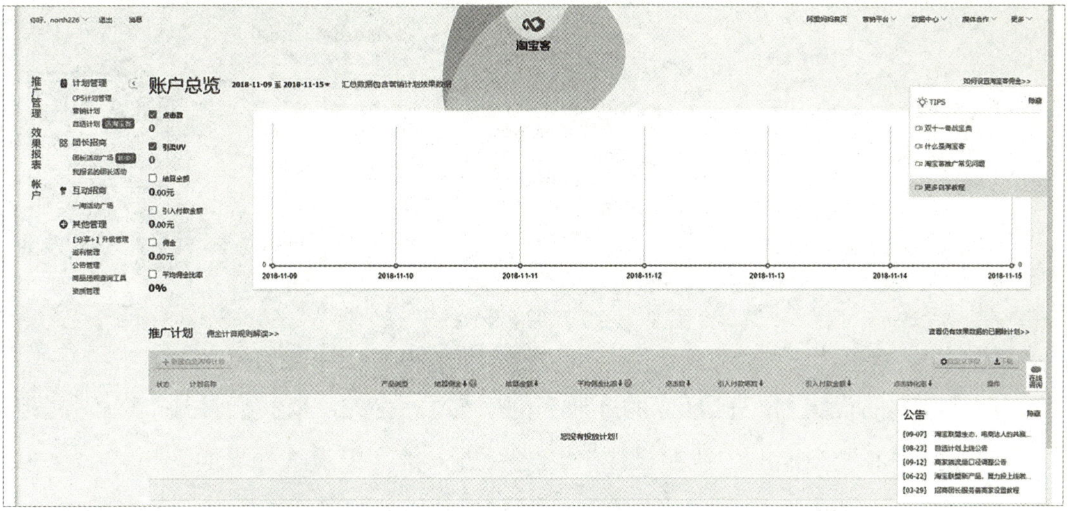

图 2-1.78　手机端的店铺装修（10）

除了“直通车”之外，还有一种流量非常突出的新手运营方式，这就是“淘宝客”，淘宝客和“直通车”不同，虽然它也属于收费推广，但这种推广方式为“佣金制”，即专业的淘宝达人在指定的淘宝渠道内对我们的宝贝进行推广，其中点击量和展现率并非收费，当宝贝成交之后，淘宝达人会按照我们设定的佣金百分比和商品价格，收取一定的佣金。

简单而言就是，当我们的宝贝设定了佣金计划之后，淘宝达人会主动帮助我们进行推广，成交一单收取一单的佣金。

下面我们就来了解下，如何制定我们的佣金计划。

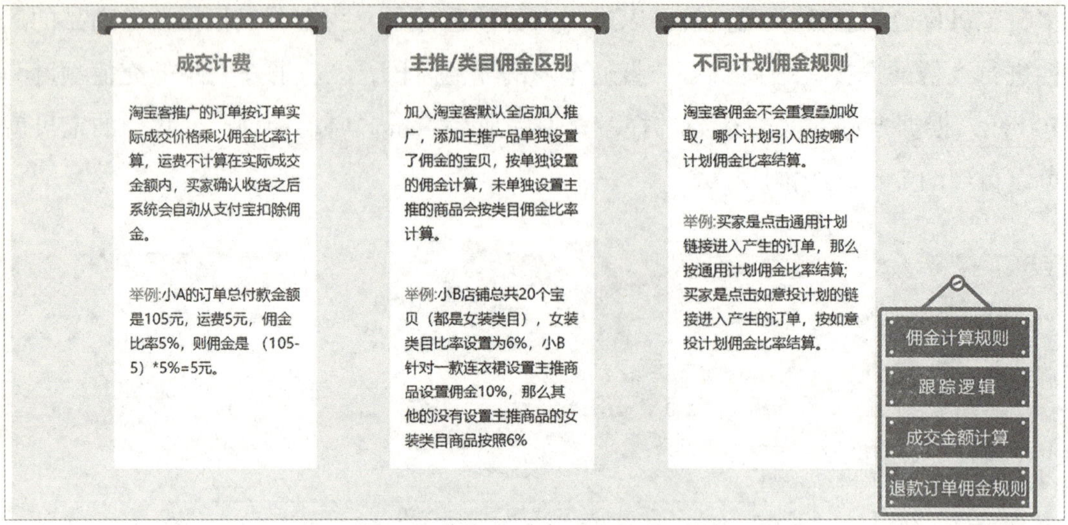

图 2-1.79　佣金计划（1）

佣金计划的设定与“直通车”的开通在同一界面，首先需要我们打开“卖家中心”，找到“营销中心”下面的“我要推广”，之后进入推广渠道选择界面。

图 2-1.80　佣金计划（2）

点击红框内“淘宝客”选项下的“开始拓展”，进入淘宝客页面，新手店铺进入淘宝客页面之后有一个推广协议签订。

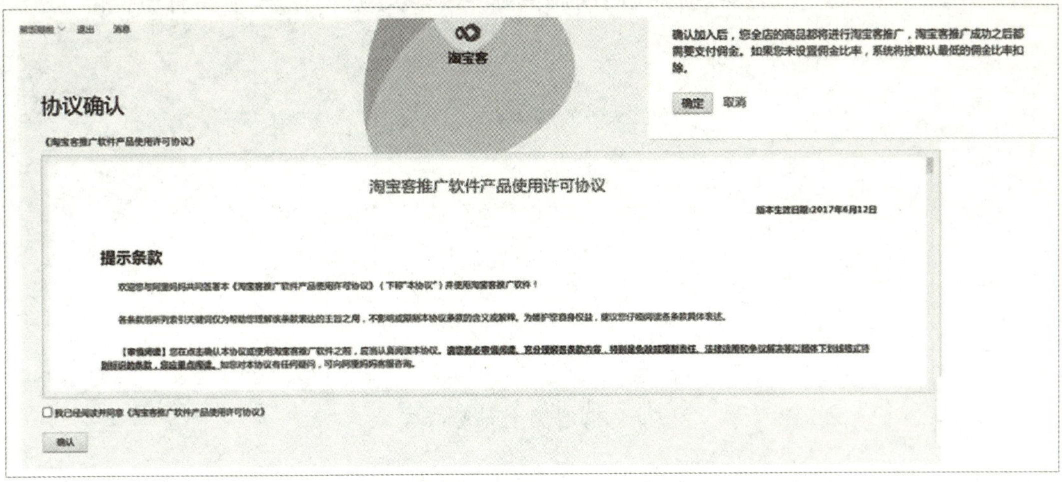

图 2-1.81　佣金计划（3）

推广协议签订之后还有一个支付宝的协议。

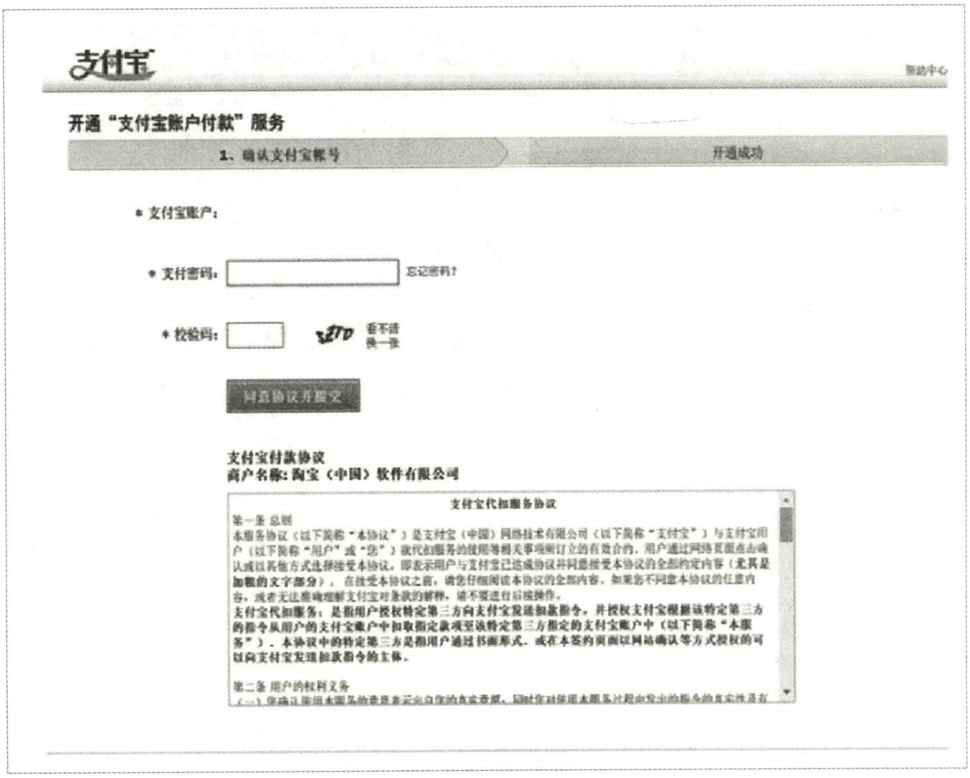

图 2-1.82　佣金计划（4）

在这里我们需要注意，这里的支付宝账户信息就是支付淘宝达人佣金的支付宝账号，所以这一账户一定要选择我们使用的账户，且账户安全一定要有所保障。

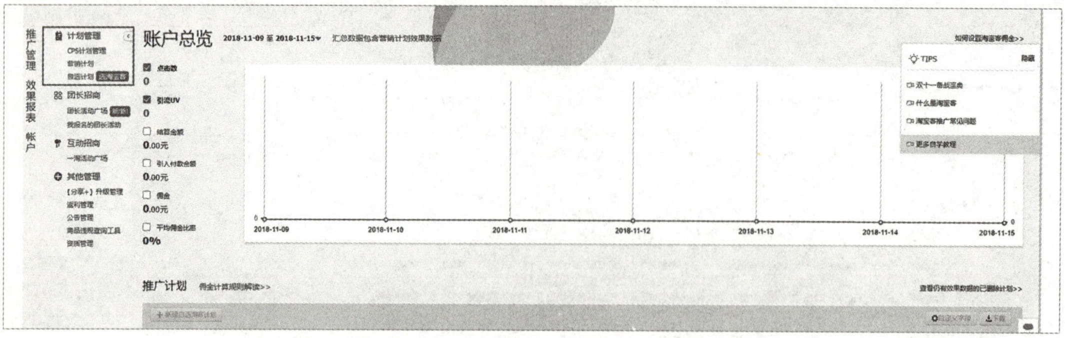

图 2-1.83　佣金计划（5）

协议签订完成之后，我们随后进入推广营销界面，在这里我们需要注意的就是左上角的“计划管理”，在这里面的各个界面都可以指定不同的淘宝客推广计划，其中一共拥有四种不同的选择。

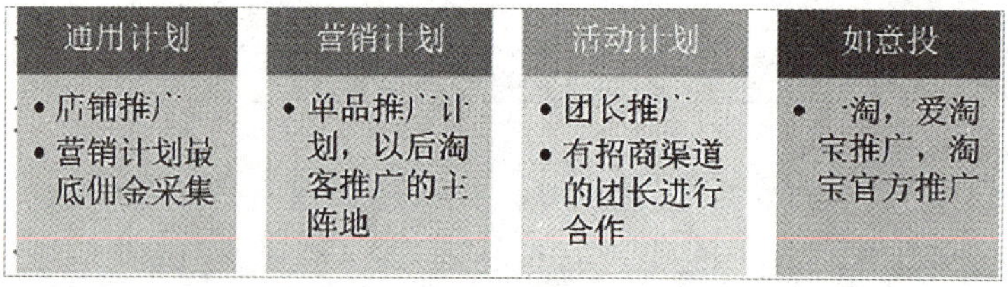

图 2-1.84　佣金计划（6）

这四种不同计划当中最常用的应该属于第一种和第二种了。第一种“通用计划”是为店铺内所有宝贝共同设置佣金，佣金起点为销售价格的 2%（注意此处为销售价格，而并非成本或利润）；“营销计划”是为单一的商品设置推广计划，即为我们主要推广的商品设置计划。

佣金计划的设置也非常简单，直接点击“编辑佣金比”，然后输入自己想要设定的数值即可，不过这里我们需要注意一点，这就是佣金设置完成之后，当日无法生效，生效时间是从次日开始的。

以上三种推广方式就是新手店铺当中经常使用的运营技巧，不过店铺运营需要边运作边学习，且不同行业拥有不同方式的学问，所以在店铺的经营过程中，要用心思考各种其他的运营技巧。

2.2 智能时代电商实操基础及应用——1688 篇

我们知道阿里巴巴公司旗下最大的电商平台就是淘宝，但淘宝绝对不能代表整个阿里巴巴。因为阿里巴巴旗下拥有三大知名电商平台：淘宝、天猫、1688.

相比天猫和淘宝，1688 的知名度虽然略有不及，但 1688 平台规模、发展速度丝毫不逊色，而且在批发业务领域内，1688 是国内屈指可数的一流电商平台。如果我们拥有丰富的商品资源，那么在 1688 上开店可以获得更大的发展空间。

现在我们就来了解下如何使用 1688 电商平台，如何入驻 1688 电商平台成为一名合格的卖家。

图 2–2.1　如何入驻 1688 电商平台（1）

作为与淘宝的“兄弟”电商平台，1688 注册流程也比较简单。

图 2-2.2　如何入驻 1688 电商平台（2）

首先百度搜索 1688 网站，或着在浏览器中直接输入“www.1688.com”，打开页面之后点击左上角的“免费注册”，便可以进入 1688 的注册界面。

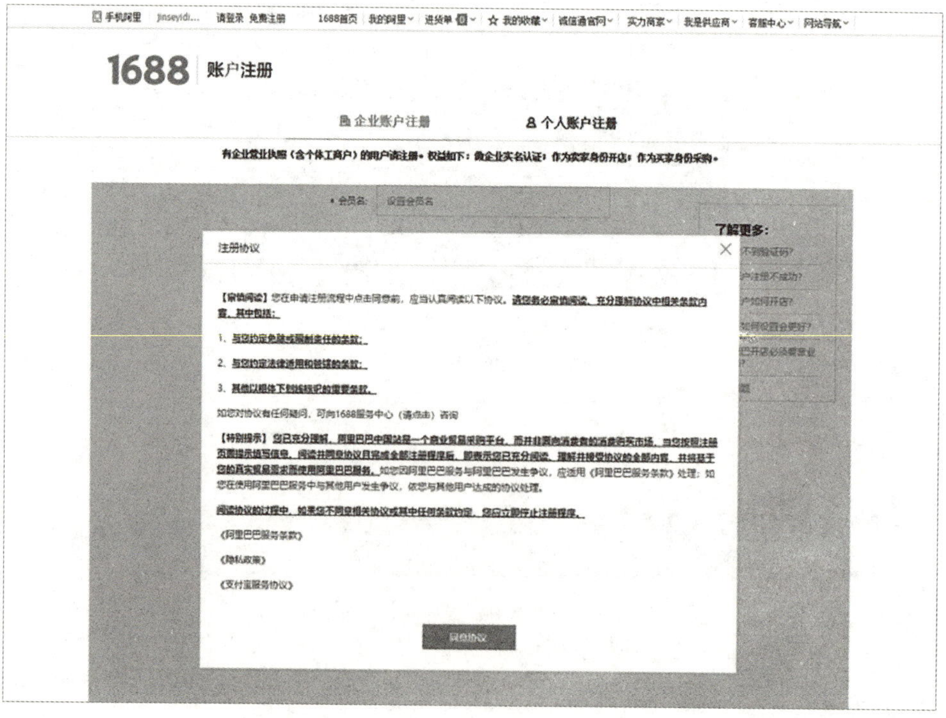

图 2-2.3　1688 的注册界面（1）

进入注册界面之后，首先我们需要同意“注册协议”，而且在这一界面我们可以看到两种注册模式，“企业账户注册”和“个人账户注册”。

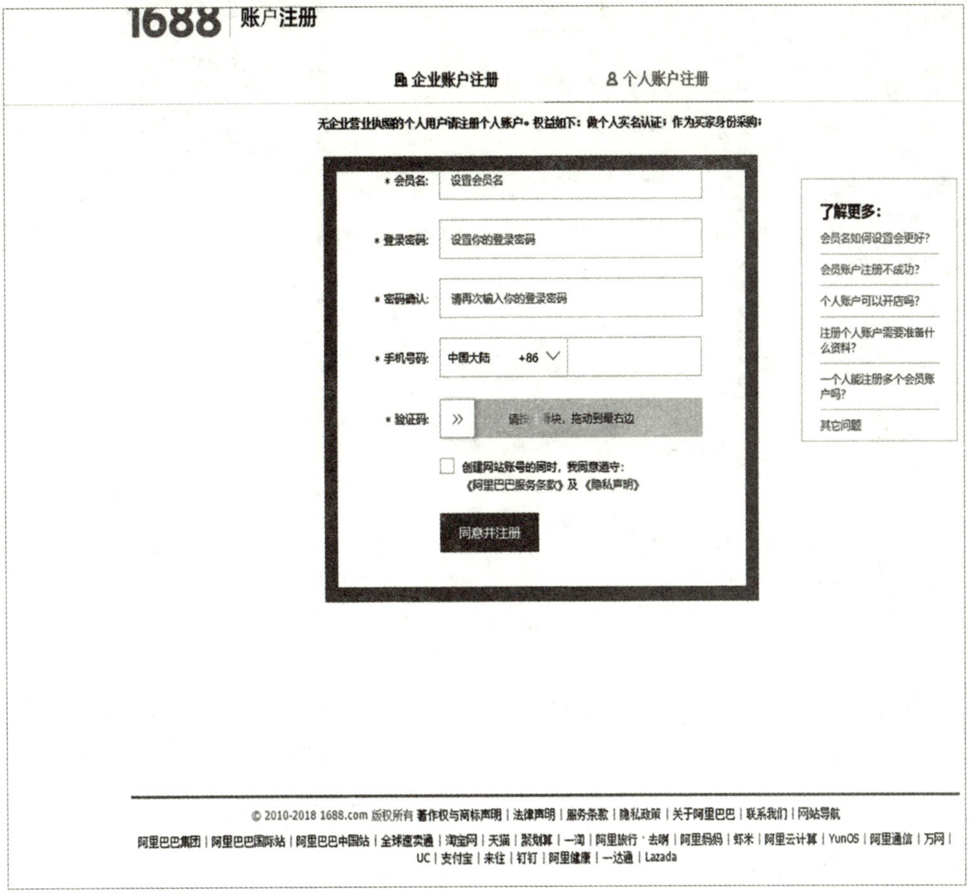

图 2-2.4　1688 的注册界面（2）

如果我们还没有注册自己的营业执照，那么我们可以选择“个人账户注册”，点击之后便进入个人账户注册的界面，按照提示认真填写各个注册信息，并在“创建网站账号的同时，我同意遵守《阿里巴巴服务条款》及《隐私声明》”，点击“同意并注册”，便可以完成账号注册。

图 2-2.5　1688 的注册界面（3）

如果我们已经注册了自己的营业执照，那么我们可以选择企业版的账户注册。点击“企业账户注册”之后，进入企业账户注册的信息填写界面，在这里我们需要注意一点，这就是“企业名称”的信息一定要与营业执照的名字完全相同，这里不能填写自己网店的名称，更不能是营业执照中名字的简写。

以“创展文化数据处理有限公司”为例，如果填写“创展文化有限公司”则无法完成后续的账户认证。

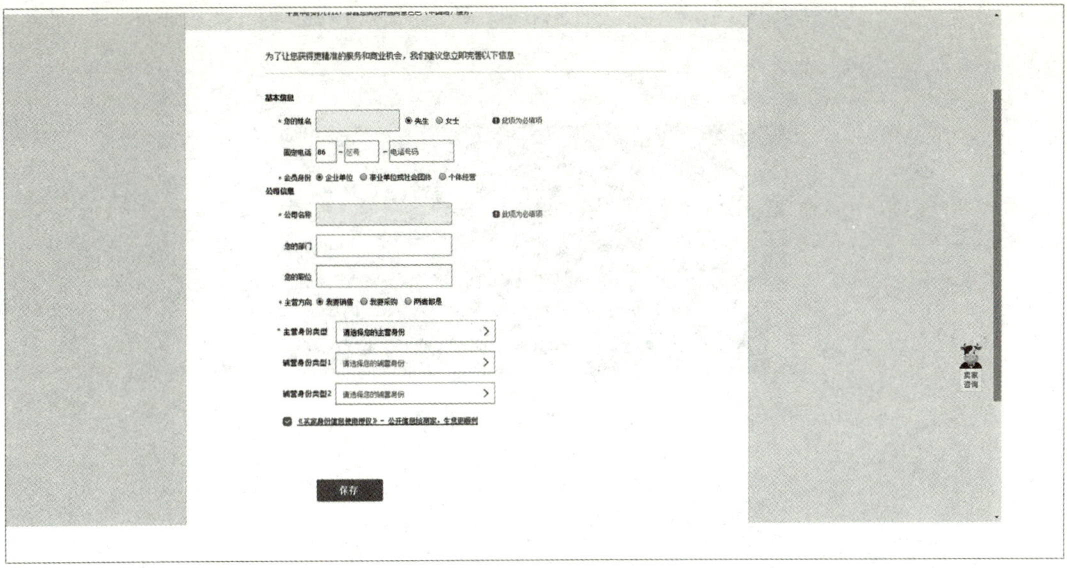

图 2-2.6　1688 的注册界面（4）

在“个人账户”与“企业账户”注册信息填写完成之后点击“同意并注册”后都会进入一个“个人”“企业”信息的补充界面，在这一界面中，我们可以完善自己的信息，随后点击“保存”，这些信息便会记录在我们的后台，成为自己的账号注册信息。

图 2-2.7　1688 的注册界面（5）

除了电脑端的账户注册，手机端也可以轻松玩完成 1688 的账户注册。首先我们在手机上下载好 1688APP，然后点击右下角的“我的”，便会进入 1688APP 的登录界面。

图 2-2.8　1688 手机登录界面

进入 1688 的账号登录界面之后，点击下方的“快速注册”，直接进入注册界面。

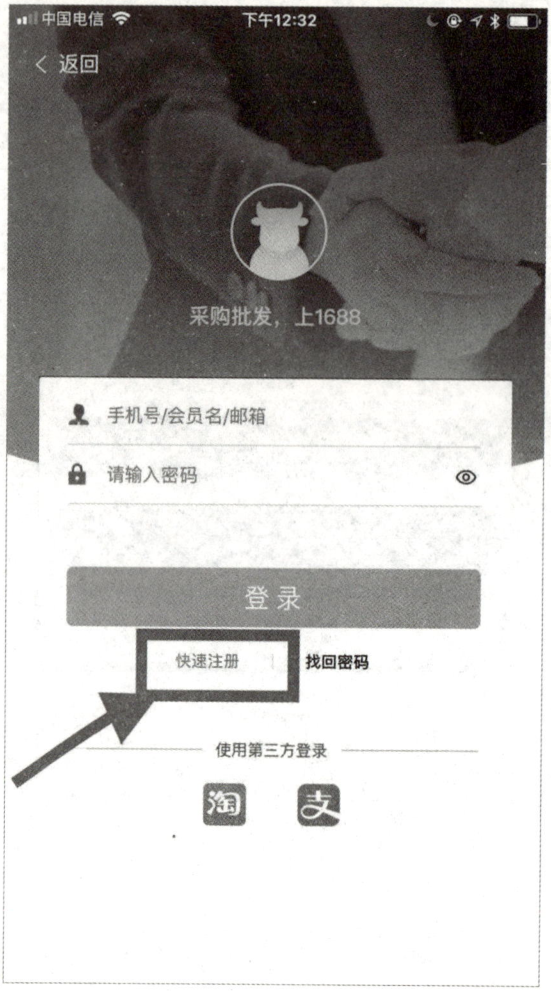

图 2-2.9　1688 手机注册界面（1）

在这一界面我们仍然再点击一次“快速注册”，随后会出现“个人账户注册”和“企业账户注册的”选择信息，如果注册个人账户，我们直接点击“个人账户注册”，就会进入个人账户注册的信息填写界面。

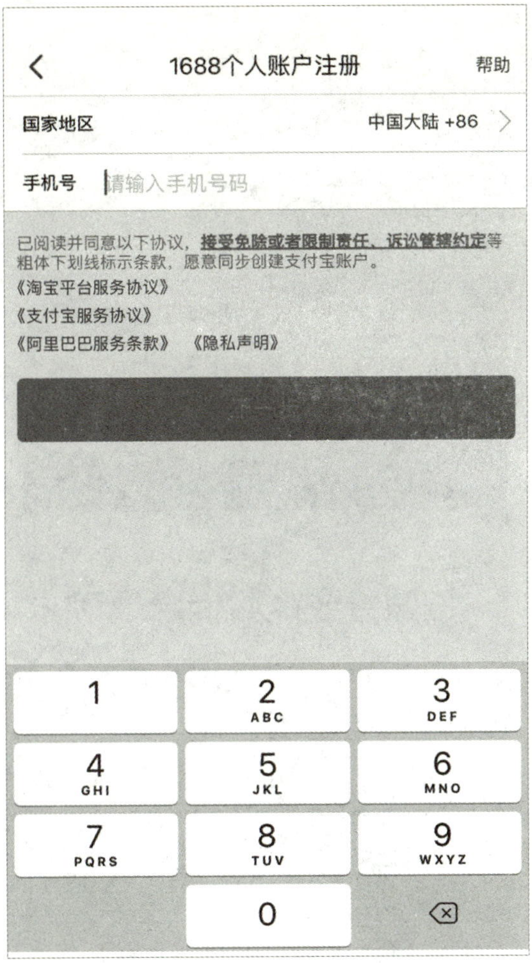

图 2-2.10　1688 手机注册界面（2）

手机端的账户注册首选方式是手机账号注册，而在电脑端我们还有另外一种选择，就是邮箱的注册方式，不过两者的注册结果相同，而且注册之后可以进行信息的合并。输入手机号之后，点击下一步，进入验证码的验证阶段，输入验证码，之后就会进入“设置账户信息界面”。

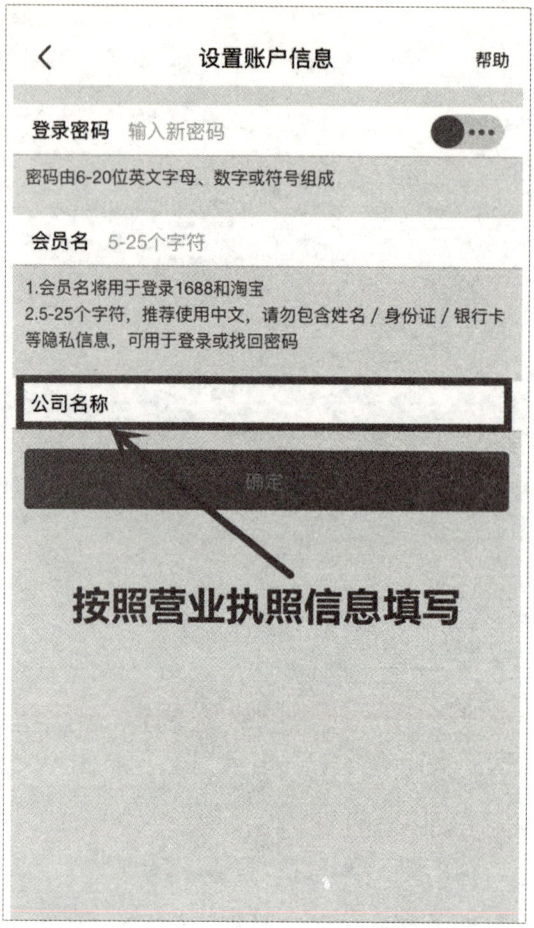

图 2-2.11 1688 手机注册界面（3）

“个人账户”与“企业账户”在“设置账户信息”界面最大的不同在于“公司名称”的填写，个人账户信息当中没有这一选项。这里依然要切记，“公司名称”的信息一定要与营业执照的名字完全相同，这里不能填写自己网店的名称，更不能是营业执照中名字的简写。

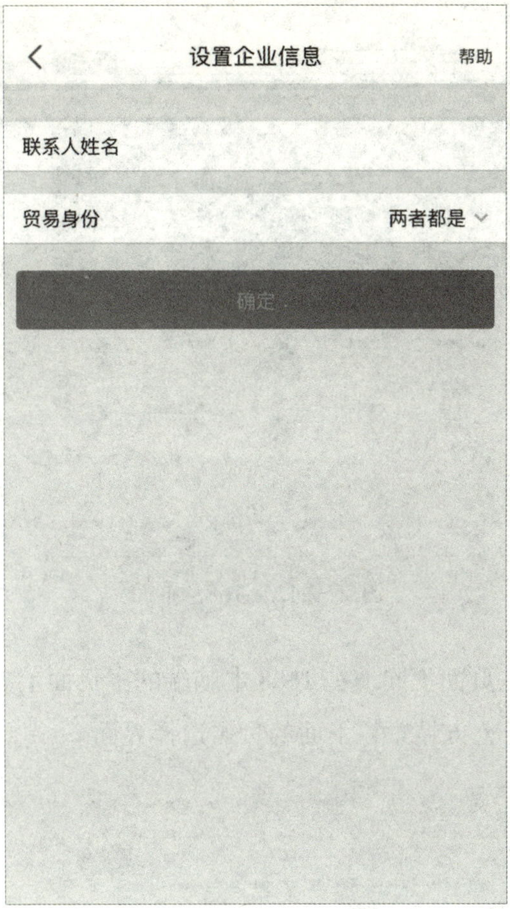

图 2-2.12　1688 手机注册界面（4）

信息填写完成之后，随后还会有设置“个人信息”“企业信息的”填写，认真填写并点击“确定”之后，账号的注册就轻松完成了。

注册完成之后，我们就来详细了解下 1688 这一电商平台的特色。1688 被称为目前国内最大最完善的批发网站，在 1688 当中我们可以获得各类商品的批发信息，而且目前很大一部分淘宝店铺的商品来源，都是来自 1688。

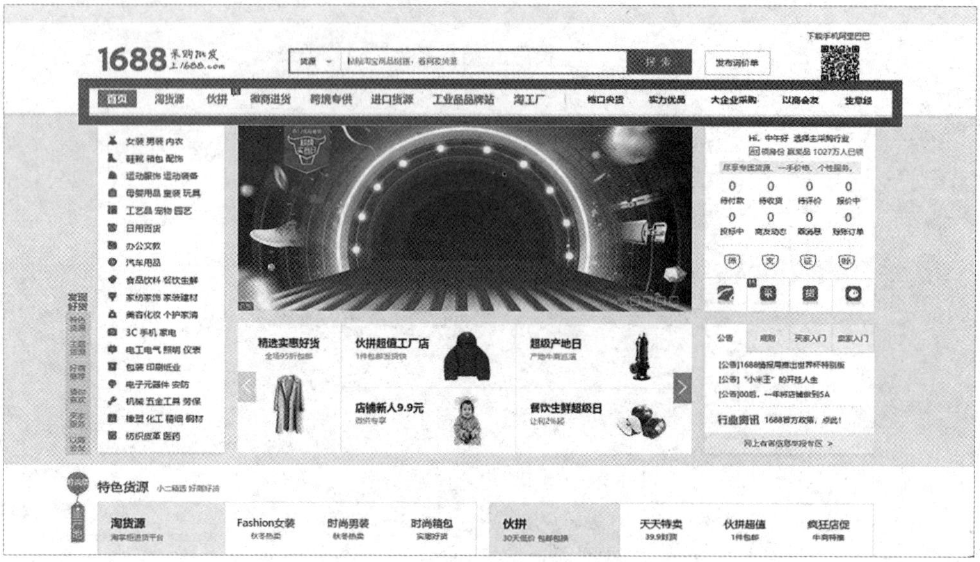

图 2-2.13　1688 界面

与淘宝电脑端的主页面不同，在 1688 电脑端的主页面上有一块界面是我们需要特别注意的，这就是正上方搜索栏下面的货源选择界面。

图 2-2.14　货源选择界面

点击第一项“淘货源”之后，我们可以进入 1688 的商品货源批发界面，在这一界面中，我们不仅可以找到各类商品的最原始货源，而且可以找到各种高品质的进货服务。比如如图所示的“袋发帮”，“袋发帮”里的所有商家都可以提供“一件代发”的服务，如果我们的网店出现缺货的情况，而顾客又已经下单购买了我们网店的商品，那么在这里我们可以让批发商直接发货给顾客。

图 2-2.15 1688 的“伙拼”销售页面

1688 的“伙拼”销售页面当中，拥有各种拼单的批发信息，在这里拼单的信息非常全面，尤其对新手店主而言，如果我的实力有限，无法大批量拿货，完全可以选择“伙拼”当中的拼单拿货方式，既可以享受较低的进货成本，又能够少量拿货。

图 2-2.16 1688 货源“微商拿货”

1688 货源选择版块的第三项就是“微商拿货”，“微商”是当下非常强大的一电商群体，而 1688 的“微商拿货”页面当中不仅有各种微商圈内知名的大牌商品，而且各种拿货规则，各种拿货信息也非常符合“微商”的模式，所以说如果我们想做微商，这里是一个不错的货源地。

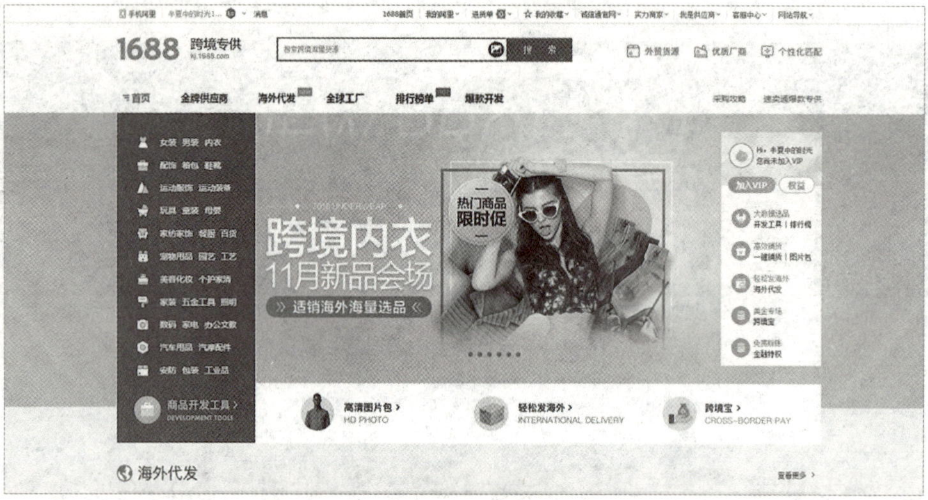

图 2-2.17　1688 货源“跨境专供”

“跨境专供”是一款适合开海外商品店铺店主拿货的货源界面，“跨境专供”的界面当中主要的商品都来自全球各地的商品货源工厂，在这里我们可以搜索到各类的海外商品，而且能获得超低的拿货价格。

图 2-2.18　1688 货源“进口货源”

“进口货源”的名字和“跨境专供”含义有些相似，但其中包含的商品种类却完全不同，如果我们经营的是一些海外品牌的商品，那么“进口货源”的页面我们就要多多关注了，在这里不仅有各种海外大牌商品信息，而且有海外大牌商品的各种排名，关注这些信息，可以让我们了解全球各大品牌的购物导向。

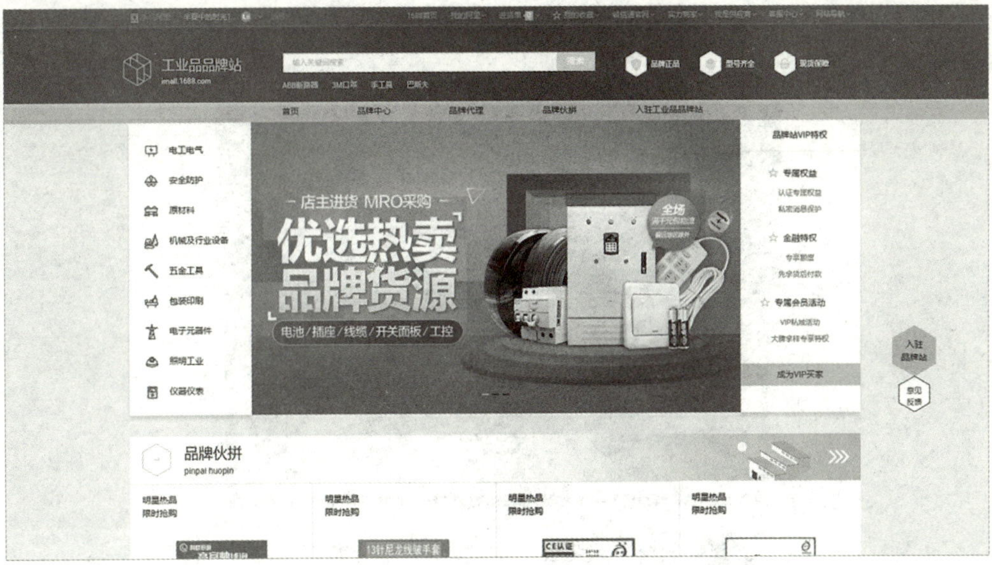

图 2-2.19　1688 货源“工业品品牌站”

“工业品品牌站”顾名思义是一些工业品的商品批发网站，在这里我们可以找到各种与“工业品”相关的商品信息，而且可以了解到工业各个领域内的品牌商品。

图 2-2.20　1688 货源“淘工厂”

对服装行业的电商而言，“淘工厂”一定是非常熟悉的名字，因为这里可以进行商品的定制，而且可以享受商品批发的价格。可以说如果我们想要进入服装电商领域，那么“淘工厂”就是我们紧跟时代潮流，并且融入个人创意的“私人工厂”了。

图 2-2.21　手机端的 1688 界面

当然，手机端的 1688 也有这些板块，而且更加丰富，增加了“挑货”“品牌站”“档口尖货”等多个板块，选货渠道也更加优质。

图 2-2.22 如何在 1688 上开店（1）

了解了 1688 的批发特色之后，下面我们就可以学习如何在 1688 上开店，如何成为一名 1688 电商平台之上的批发商了。

图 2-2.23 如何在 1688 上开店（2）

那么是不是 1688 的开店方式和淘宝一样简单轻松呢？当然不是，在这里我们需要明确一点，淘宝账号注册之后无论是个人账号还是企业账号，我们都可以拥有双重的身份，即买家和卖家，但在 1688 上不同。

因为只有注册了“企业账号”之后，才能成为一名 1688 的店主。

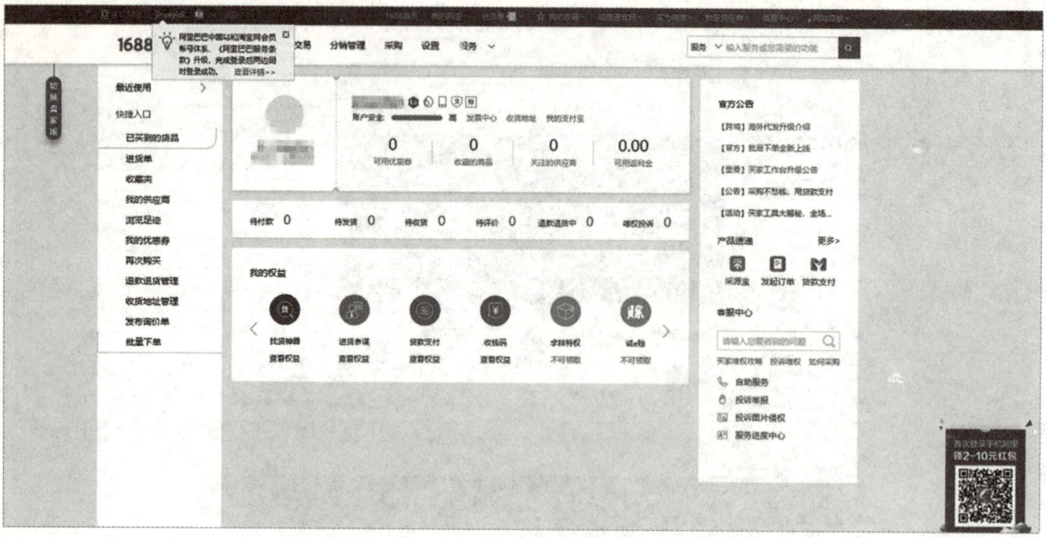

图 2-2.24　如何在 1688 上开店（3）

那么是不是我们注册了“个人账户”完全没有意义呢？当然不是，首先如果我们只是在淘宝上开店，那么个人账户就是我们在 1688 上的进货渠道，而且可以通过在 1688 上的进货信息了解到现代市场的主要发展趋向。

其次，个人账户也可以与企业账户进行连接，即注册完个人账户之后，如果我们想要在 1688 上开店，可以在个人账户的后台内点击“企业账户”的注册，注册之后合并两者的信息。

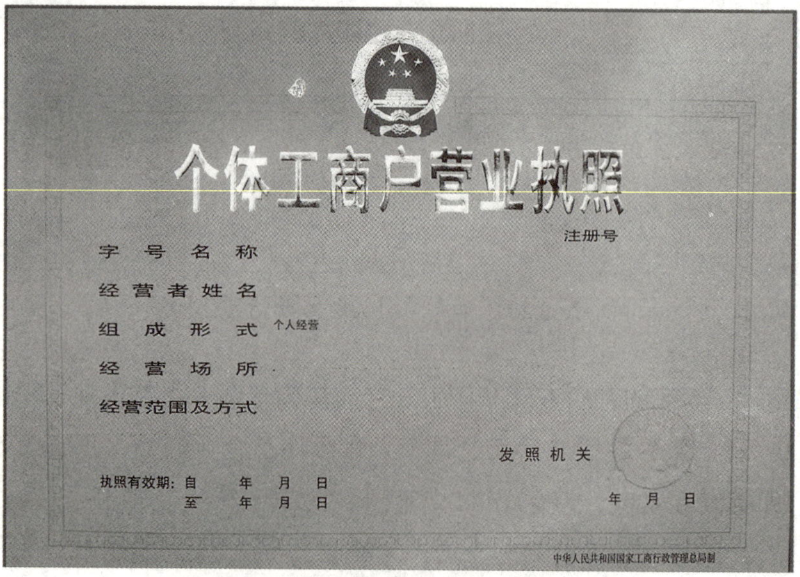

图 2-2.25　如何在 1688 上开店（4）

在学习如何在 1688 上开设店铺之前，我们先来了解下如何注册营业执照。自国家出台各种扶持个人创业的政策，并开设了营业执照办理服务窗口之后，个体营业执照的办理已经变得非常轻松简单。

正常情况下，只要我们资料准备齐全，半个小时之内就可以完成个体营业执照的办理手续。办理个体营业执照需要的手续及流程：

1. 到辖区内工商局营业执照办理窗口申请办理

2. 提交相关材料：经营者个人一寸免冠照片（准备数张）、经营者身份证原件、复印件（准备数张）、经营用地证明（及租房合同、商品用房房产证复印件）。

3. 根据工商局相关法律法规填写各项信息，之后等待个体营业执照的颁发即可。

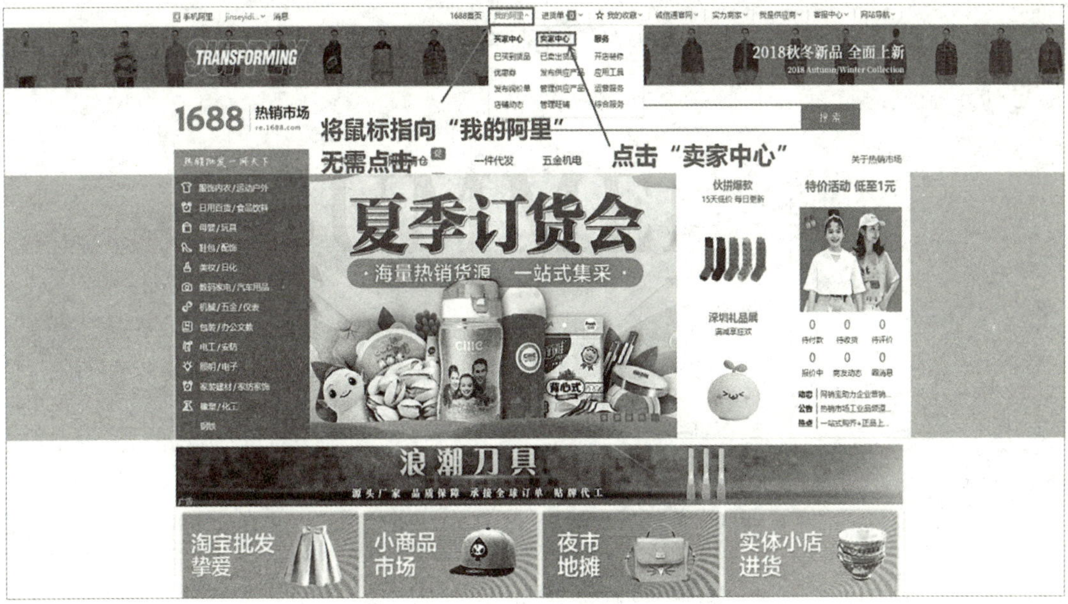

图 2-2.26　1688 卖家中心

拥有了个体营业执照之后，我们就可以在 1688 上开设自己的店铺了，不过如果我们是个人账户的用户，先需要到自己的后台完善企业账户信息。打开 1688 网站首页，将鼠标移动到“我的阿里”选项上，无需点击。随之下方会出现各种子选项，然后点击“卖家中心”即可。

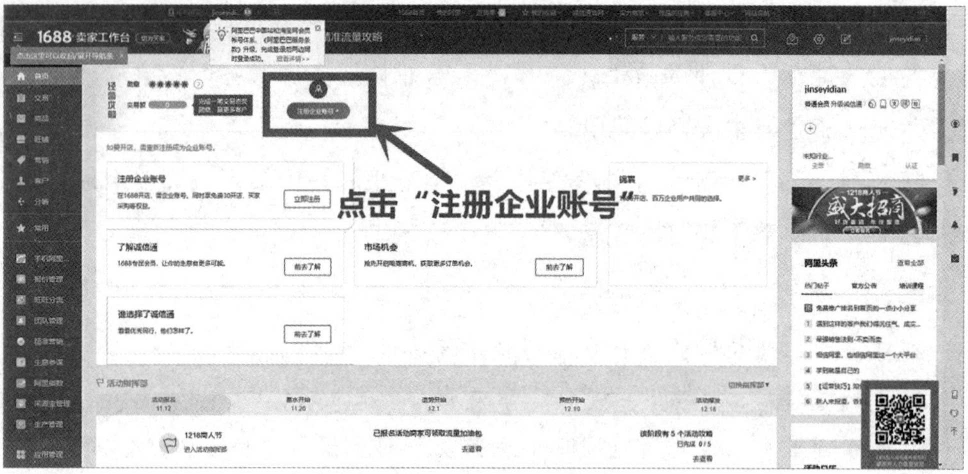

图 2-2.27　注册企业账号

进入“卖家中心”后点击框内的“注册企业账号”，随后马上进入企业账号的信息补充界面。

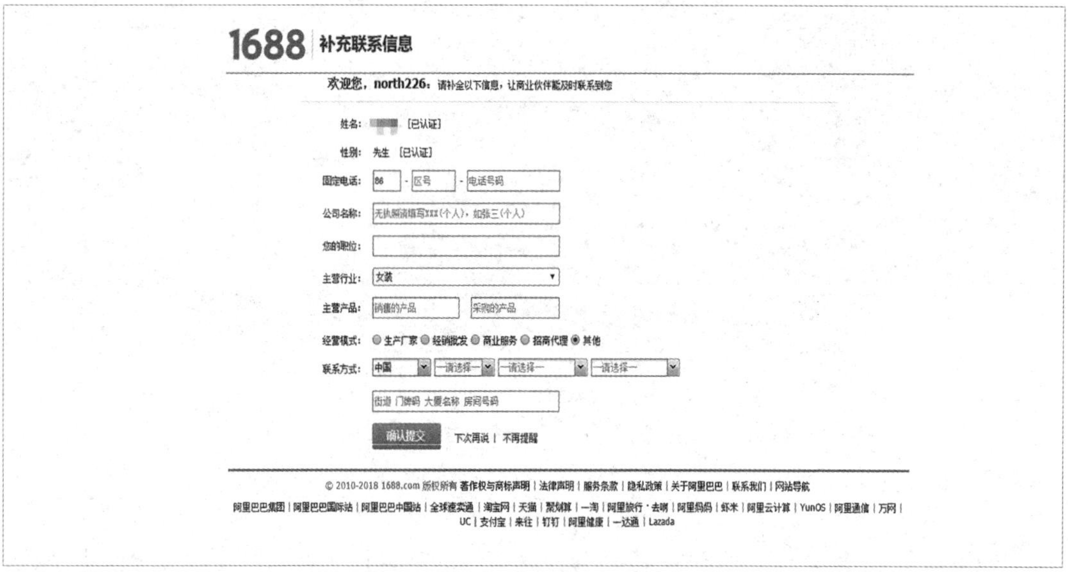

图 2-2.28　确认提交

在信息补充界面中认真填写相关信息，随后点击“确认提交”，便可以完成企业账户的注册。

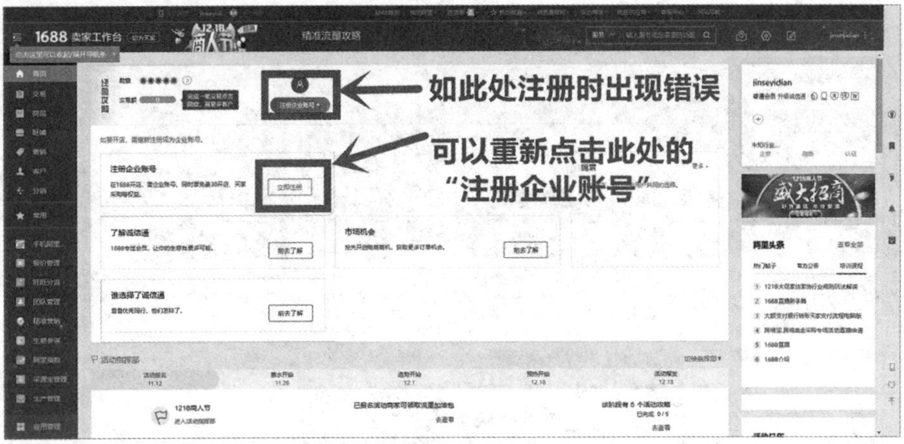

图 2-2.29　注册信息补充和修改

如果我们在上述步骤中出现了注册信息的错误填写，导致“企业账户注册”失败，也没有关系，在下面仍有一处“注册企业账户”的信息，而且此处“企业账户”的注册信息更加全面，此处“企业账户”的注册会从最初的协议开始，然后填写各种企业信息，各项信息及营业执照填写、上传完成之后，才会跳到补充信息界面，各项补充信息填写完整，随后点击“确认提交”我们的店铺就开设完成了。

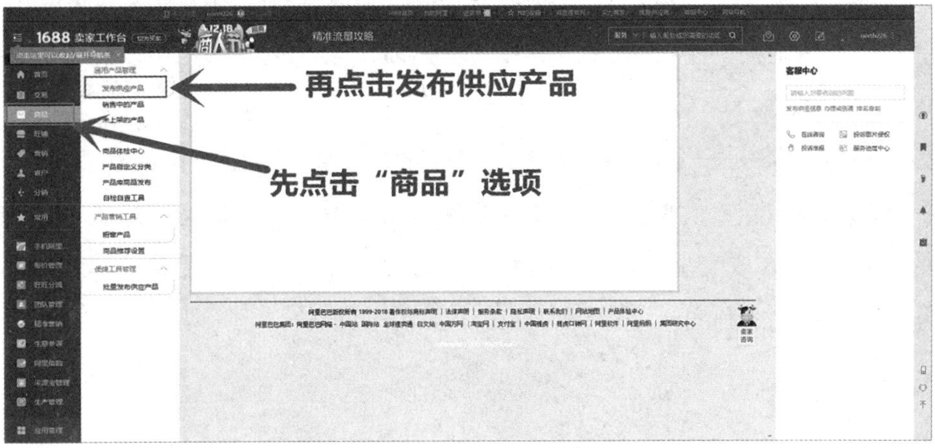

图 2-2.30　发布供应产品（1）

店铺开设成功之后，在后台选项中点击“商品”选项，随后点击“发布供应产品”，之后根据自己产品的属性，填写各项信息资料，最后点击“发布”，我们的店铺就正式开始运营了。

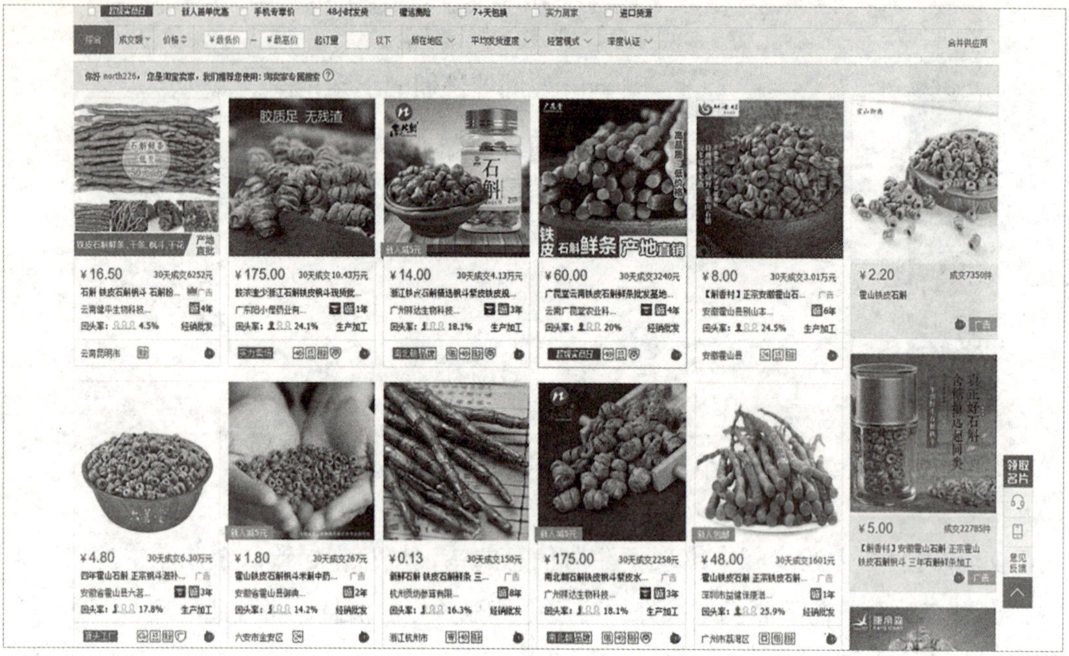

图 2-2.31　发布供应产品（2）

讲解完开设店铺的流程，成为一名 1688 的店主之后，我们再来了解下作为 1688 的一名新手店主，后续的运营过程中，可以采取哪些技巧快速、健康成长呢？

第一点，店铺商品不宜太杂，要有一个主体，这一主体甚至可以是某一种单独的商品。

这是因为 1688 是一个以批发为主的电商平台，它与淘宝不同，在 1688 当中商品竞争远比淘宝激烈，价格战以每分为衡量单位，所以第一步经营好店铺的主体尤为重要。因为 1688 成交量一般数量较大，所以哪怕是单一的商品只要运作得巧妙，一样可以带来巨大的利润。

图 2-2.32　1688 界面

第二点，店铺的公司注册信息一定要完整，并且详细有品质。

因为 1688 属于批发性质的网站，任何一种商品都以成批的规模形式交易，店铺中公司注册信息就是顾客衡量店铺品质的第一直观印象。拥有一个完整有品质的公司信息是我们销售产品的重要保障。

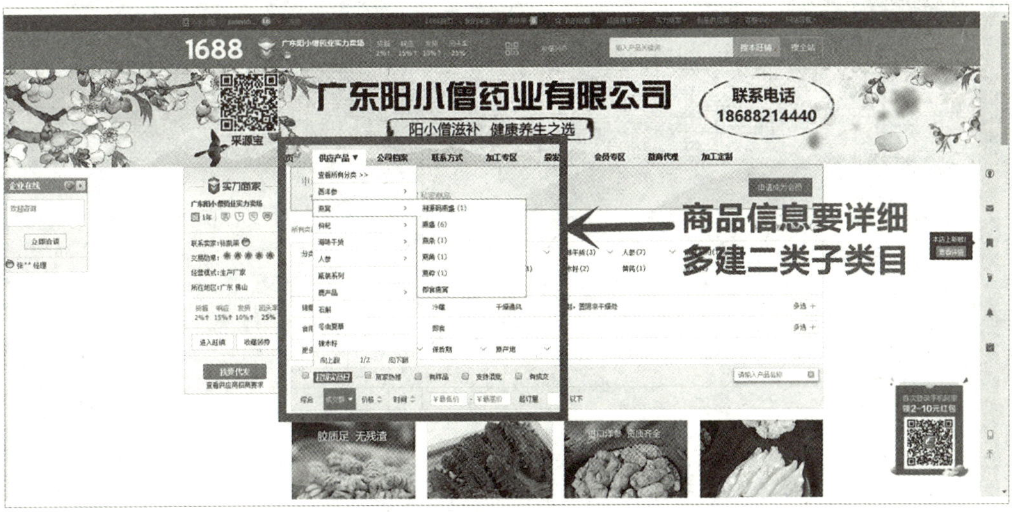

图 2-2.33　商品信息

第三点，商品信息一定要详细，尤其种类的选择，尽量详细到极致。

在 1688 当中详细的商品信息可以帮助顾客快速定位自己最想要的商品，而且可以在详细的商品信息中突出自己商品的优势。

以云南保山龙陵的铁皮石斛为例，如果顾客不能在一家主营石斛的店铺中快速准确地定位到“铁皮石斛”的信息，那么顾客的流失率将会增加。

以上三点就是 1688 新店主在前期运营过程中需要多多注意并运用的技巧，在现代电商市场中 1688 的客户流量丝毫不逊色淘宝，而且在批发领域中实力屈指可数，用心的运营才能够在 1688 当中斩获自己的一席之地。

2.3 智能时代电商实操基础及应用——拼多多篇

智能时代到来之后，电子商务在中国市场高速发展，总结过电商发展迅猛的各项因素之后，我们不难得出这样的结论。对大众消费者而言，选择网购的原因主要有三点：

1. 轻松，无需逛街，节省时间，无地域限制随时随地购物；
2. 服务，从商品的选择到购买再到送货上门一条龙式服务带来了更高端的享受；
3. 便宜，因为网购无需支付高额的店铺租金，所以销售成本较低，进而商品的售价也会比实体店低。

针对以上三点，现在各大电商平台也在进行着各种发展战略的调整，而说到主打低价、促销为发展重点的电商平台，我们一定会联想到拼多多购物 APP 了。

图 2-3.1 拼多多界面

“拼多多”是 2015 年成立的一家专注于 C2B 拼团购物模式的电商公司，这一电商平品台打造成功后形成了一种独特的电商思维，它不再局限于传统的定位性互联网销售模式，而开始主打随机性拼团购物。即在拼多多平台之上，重点展示的是各种打折、促销商品信息，用户浏览“拼多多”产生购物欲望主要针对一些打折幅度较大的商品，而并非特定的搜索商品。

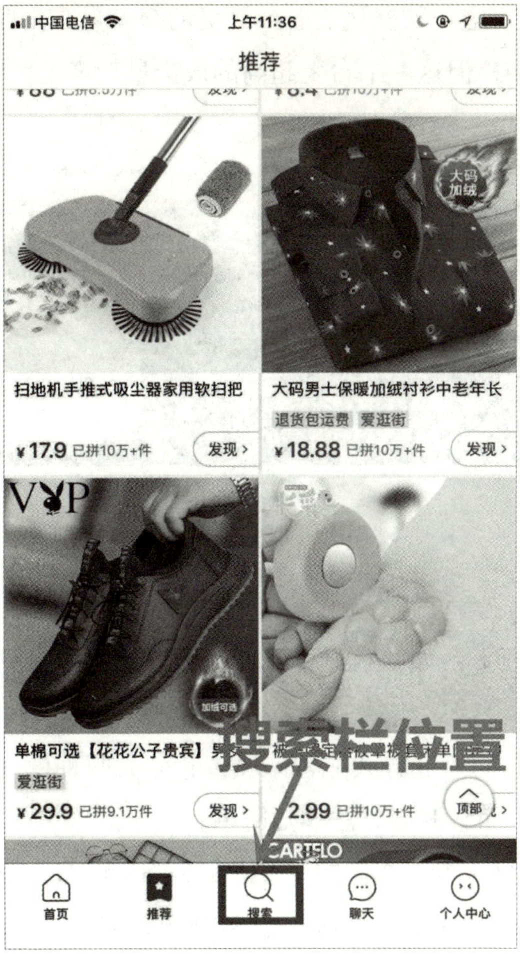

图 2-3.2　搜索栏

使用过“拼多多”的用户都非常清楚，与淘宝、天猫、京东等平台不同，在“拼多多”的首页中并没有商品搜索的“搜索栏”，而搜索栏的位置位于屏幕下方功能栏的中间位置。由此可见“搜索”功能并不是“拼多多”的主要销售渠道。

在这种全新的电商思维模式下，拼多多招揽大批商家在这一平台上开展拼团团购活动，从而获得了更多大众消费者的青睐，因为消费者可以在这一平台上享受到前所未有的折扣福利。

那么这种电商模式中是否真的蕴藏着巨大的财富呢？超低的折扣是否给商家带来了足够的利润呢？

答案是非常肯定的。仅2018年第三季度，拼多多官方给出的平台GMV（成交总额）

数据就高达 3448 亿元，这一数据代表着数百亿的交易量，由此可见虽然“拼多多”商家单一商品的利润小，但这一平台上超高的成交量带来了巨大的利润。

图 2-3.3 拼多多开店（1）

既然这一新型电商平台如此火爆，我们应该怎样入驻、开店，成为“拼多多”的商家呢？

事实上“拼多多”的入驻方式非常亲民，它分为两种模式，一种为个人开店，另外一种为企业开店，而且开店方法非常简单。

首先在浏览器上输入“拼多多”的官方招商平台网址“https://ims.pinduoduo.com”，然后直接输入手机号和验证码，就可以进入开店申请界面。

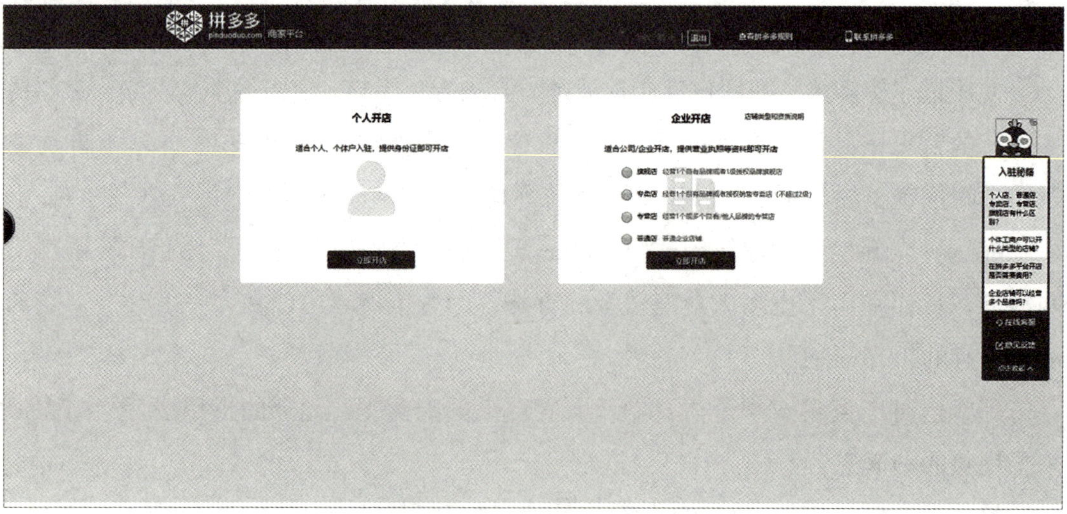

图 2-3.4 拼多多开店（2）

输入完成之后，直接进入开店类型的选择。就是我们上面提到的个人店铺与企业店铺的选择。以个人店铺为例，点击个人开店下面的“立即开店”，进入信息填写界面。

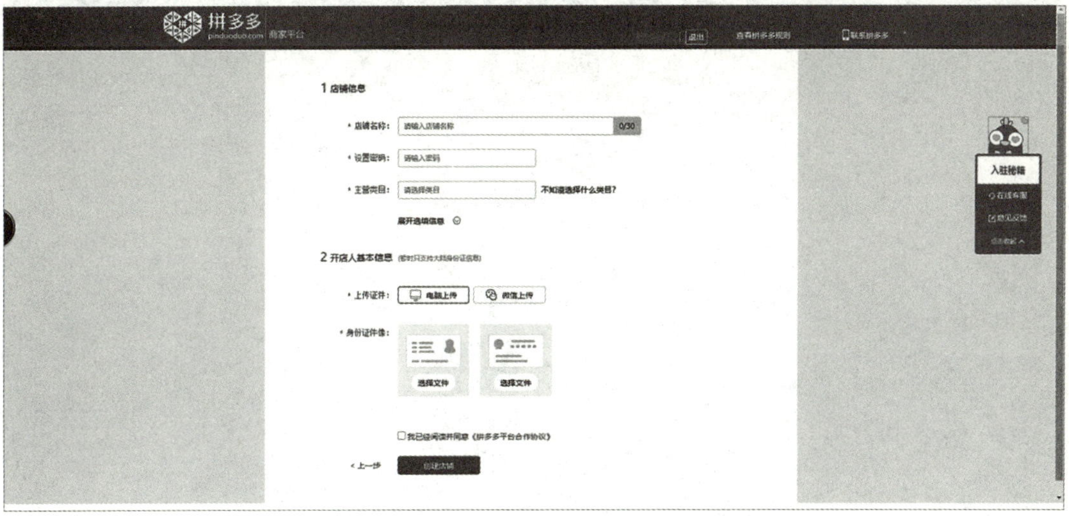

图 2-3.5　拼多多开店（3）

“拼多多”的信息填写界面也非常简单，所有选项均为身份信息认证时需要填写的必填项，同时需要手机配合进行人脸验证。

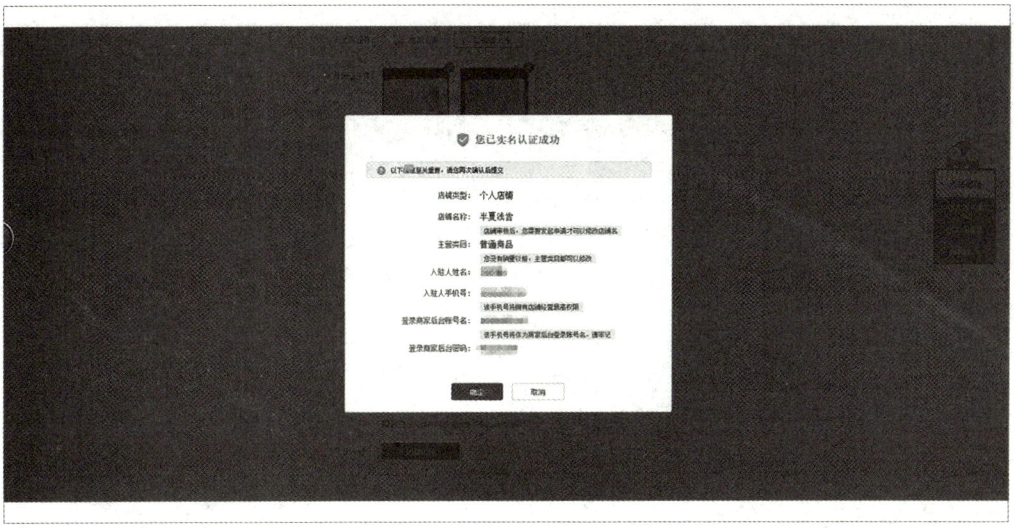

图 2-3.6　拼多多开店（4）

注册信息通过验证后，随后进入信息的确认阶段，当我们确认信息无误后点击“确定”即可。

图 2-3.7　拼多多开店（5）

“拼多多”店铺开设成功后需要手机微信关注拼多多公众号进行店铺的绑定，随后才可以进入拼多多商家后台。

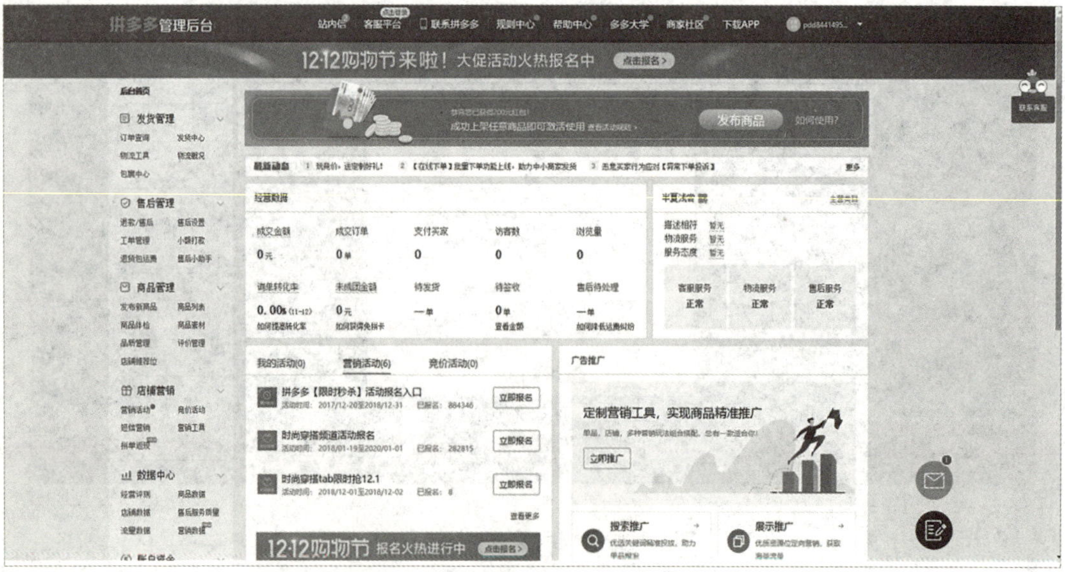

图 2-3.8　拼多多开店（6）

“拼多多”的后台操作界面十分详细，可以根据自己的风格设置自己的店铺。

图 2-3.9　拼多多开店（7）

既然“拼多多”是一款手机拼团购物 APP，那么手机端自然也有店铺的操作平台。不过这个操作平台没有在“拼多多”购物 APP 当中，而是一个单独商家版的“拼多多”APP。下载好商家版“拼多多”之后，直接进入后台操作界面。

图 2–3.10　拼多多开店（8）

对“拼多多”的新手店主而言，我们可以发现自己虽然开店成功了，但似乎自己的店铺还很多功能无法正常使用。这是因为我们的新店铺也需要激活，而激活方法就是发布一件商品，并通过官方审核。

打开商家版拼多多操作后台之后，很多人认为“发布宝贝”的功能板块应该在“工具”功能栏当中，但进入“工具”功能栏之后，我们却找不到“发布宝贝”的选项。

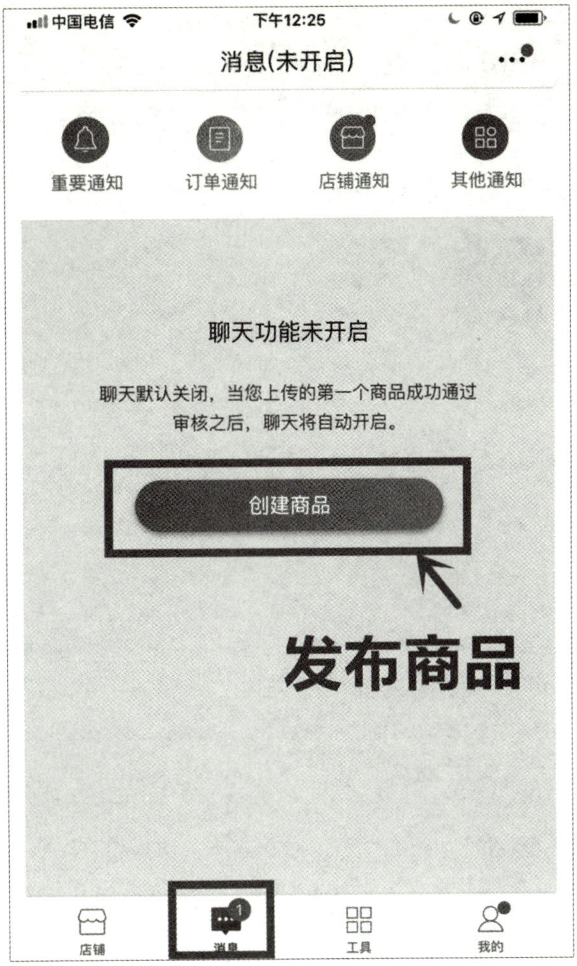

图 2-3.11　拼多多开店（9）

事实上，拼多多商家版后台中，发布宝贝的功能在“消息”的功能栏当中。点击“消息”功能栏，我们可以看到“聊天功能未开启”的提示，而下方就是“创建商品”的选项，也只有商品发布通过审核之后，“消息”功能才能正常使用。

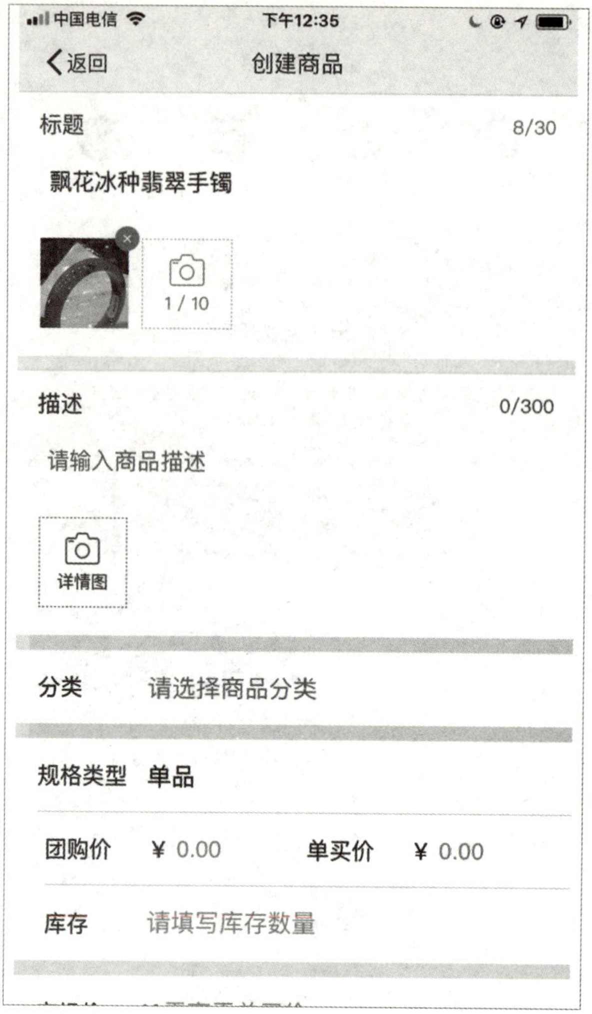

图 2-3.12　拼多多开店（10）

创建商品的信息填写需要谨慎，因为第一款商品的上架对于店铺的发展非常重要，所以尽量选择自己主打的商品进行发布，同时在图片选择时要保持清晰、完整、美观，且商品描述要完整，打折促销信息要全面。

商品发布成功之后，我们的店铺才能正式激活，后台各种操作才能正常进行，而对于拼多多店铺的上货而言，一个小技巧我们可以使用，这就是拼多多店铺的各种上货工具。

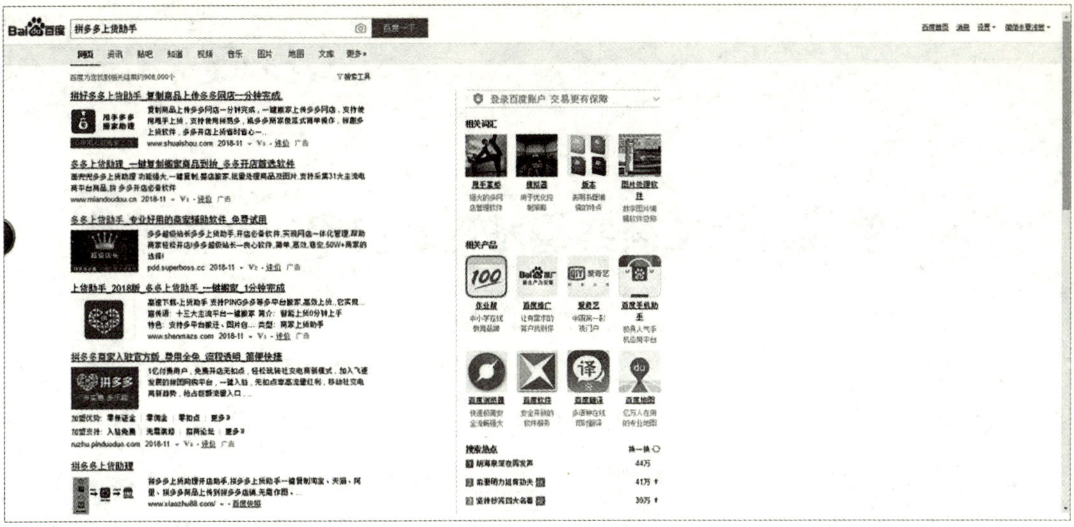

图 2-3.13 拼多多开店（11）

百度、谷歌搜索引擎中搜索“拼多多上货助手”，我们可以搜索大量相关软件，这些第三方服务软件是基于拼多多上货功能研发的智能软件，而且其中很多软件可以实现多个电商平台上同一家店铺的商品复制，轻松完成各个平台之间的商品“搬运”。

2.4 智能时代电商实操基础及应用——微信篇

智能时代的电商平台中有一个非常特殊的平台，虽然它不是专业的电商交易市场，但在这一平台之上却诞生了一个新时代的电商群体，虽然最初它只是一个智能通讯服务软件，但却借助社交功能衍生出了一种智能时代的新商业，这就是微信。

微信从 2011 年诞生，经历了短短 7 年时间用户人数已经突破了 10 亿，在 2018 年当中据腾讯第一季度报表数据显示，用户的日送达微信次数已经超过了 380 亿，在活跃度如此火爆的智能终端当中，产生新商业也就成为自然而然的事情。

图 2-4.1　微信界面

提到微信中的商业群体，就是我们熟知的微商了。虽然微商的发展事态已经度过了最佳的井喷时期，但如今的微商依然呈现出欣欣向荣的局面。究其主要原因在于微商是一个将生活、娱乐、社交、服务、商业于一体的电商群体，在这一群体当中，商业运作与其他元素并存，商业活动形式也更加丰富多彩，因此微商才会经久不衰。

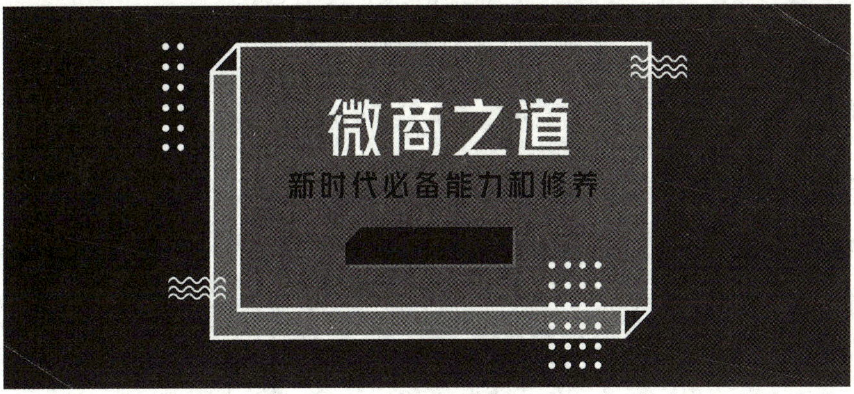

图 2-4.2　微商之道

很多人认为，微商就是在微信朋友圈上发一发商品，利用现代人喜欢刷朋友圈的生活习惯增加商品的展示率，进而产生的商业活动。

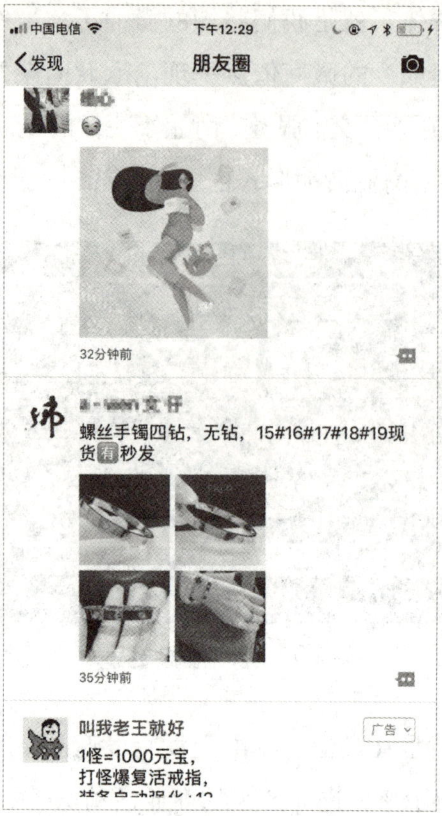

图 2–4.3　微信朋友圈发布内容（1）

然而有这种想法的微商们却始终无法盈利，甚至还会被朋友圈中的朋友所屏蔽，从而让微信成为一款无用的生活软件。因为微商发展的井喷时期已经度过了，新时代的微商必须要有成熟的商业头脑，拥有一定的微商运作技巧，才能够在微信平台之上流畅地进行各种商业活动。

图 2–4.4　微信朋友圈发布内容（2）

下面，我们就来详细地了解如何成为一名现时代的合格微商，如何维护微信账号，如何正确使用朋友圈。

图 2-4.5　微信账号注册

微信账号的注册十分轻松简单，在这里我们就不多做讲解了，当我们的微信账号注册成功后，就会进入这一界面，而这代表我们拥有了进入微商团队的基本资格。

作为新的微信用户，我们想要直接迈向成熟微商领域，还需要一定时间的维护与经营，而且有几项注意点是我们一定要了解的。

首先我们来了解下如何运用微信来加好友，同时在这过程中我们需要注意什么？

图 2-4.6 微信加好友（1）

微信加好友的方法非常简单，首先点击右上角的“+”，之后会出现“发起群聊”“添加朋友”“扫一扫”“收付款”的选项，其中“添加朋友”和“扫一扫”都是常用的添加好友方式。

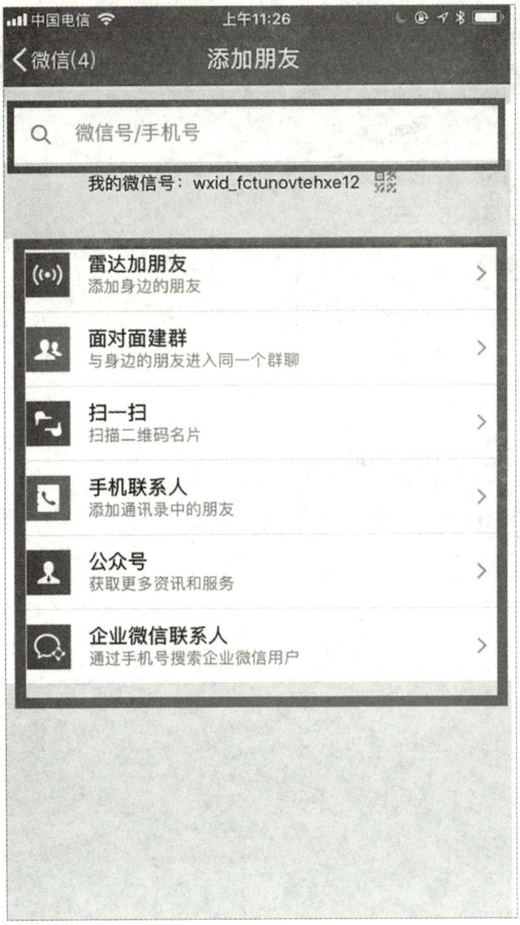

图 2-4.7　微信加好友（2）

点击“添加朋友”之后会进入功能选择的界面，这一界面当中最上方是通过“微信号”“手机号”添加朋友的方法，除此之外下面还有其他 6 种添加微信好友的方式。其中“扫一扫”的微信好友添加方式需要我们先拥有对方的二维码，扫描之后便可以发送好友申请了。

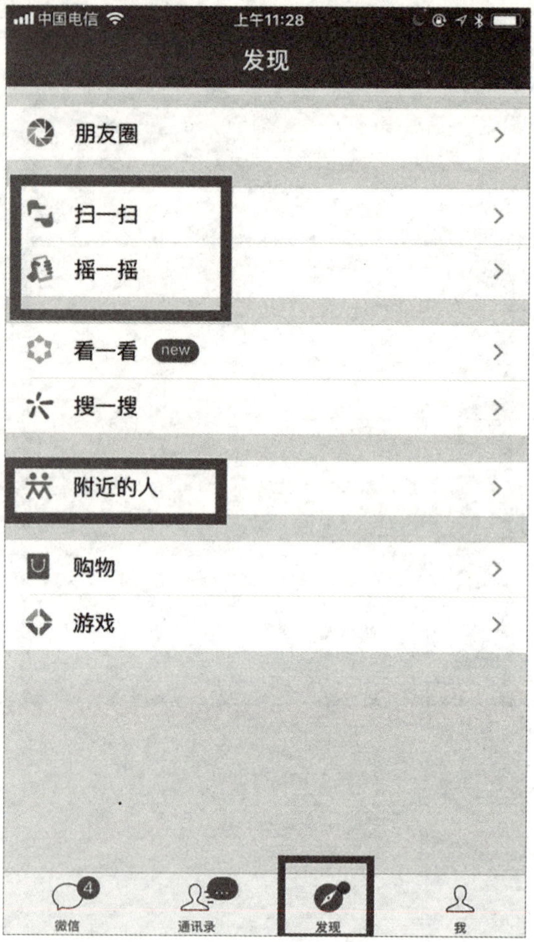

图 2-4.8　微信“发现”中的功能

另外在微信主页面的下方我们可以看到一个“发现”的选项，在这一选项当中，还有两种随机加好友的方式，这就是“附近的人”和“摇一摇”，点击“附近的人”会出现附近微信用户的信息，而“摇一摇”则是通过轻轻摇动手机匹配互联网范围内，同一时间摇动手机的微信用户，这两种方式同样可以用来增加我们微信好友的数量。

在这里我们需要了解一点，作为微信的新用户，每天添加好友的方式是受到限制的，除去“通讯录”“扫一扫”的添加好友方式之外，“摇一摇”“附近的人”这两种方式每天可以发送的好友申请数量为 20 条（我们可以发送好友申请数量没有限制，但超过 20 条之后对方将无法收到好友申请的信息），且微信账号刚刚申请的第一天，是“附近的人”“摇一摇”等功能是虽然可以发送好友申请，但对方是无法收到的。

这种设定是微信优化交友环境而设置的隐藏规定，新账号需要维护一段时间之后，才能够拥有更多的好友拓展空间。同时我们需要注意一点：新账号禁止每天大量发送好友申请，禁止朋友圈刷屏式的内容更新，被微信检查系统发现或者被举报，账号将会被封禁，封禁时间一般以 12 日为起点，根据实际情况封禁时间有所延长。

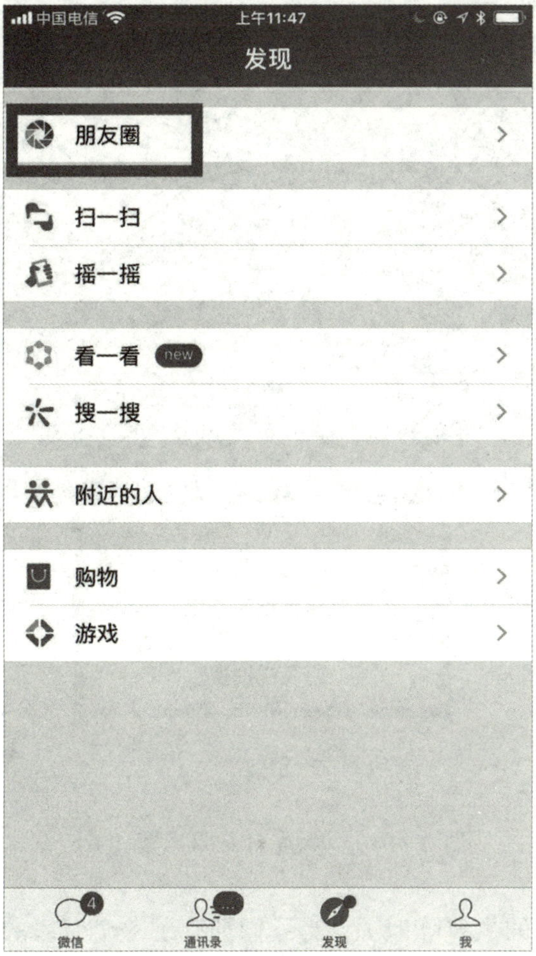

图 2-4.9　微信朋友圈

微信账号的健康成长与活跃度成正比，如果我们想要快速地将新账号维护成微商账号，就需要每天使用微信，而且在微信当中保持活跃，主要方法有两点：

1. 多与微信好友进行微信信息的发送。

2. 保持朋友圈的活跃度，其中包括适当发朋友圈，多在好友的朋友圈中点赞、留言。同时避免发广告性质的朋友圈，因为一旦被举报则会直接影响到微信账号的成长。

图 2-4.10　微信朋友圈发布（1）

微信圈就是微商的主要阵地了，当我们拥有了一个健康的成熟微信账号之后，发朋友圈就是每天的重要工作了。下面我们就来了解下如何发朋友圈，以及发朋友圈过程中的一些微信运营技巧。

首先点击微信主页面的“发现”，在发现界面中点击“朋友圈”，进入朋友圈界面之后点击右上角的“相机”图标，随后出现提示“拍摄”“从手机相册选择”“用微视拍摄 ”，其中“微视”是微信官方推出的一款短视频制作软件，在当下的朋友圈当中非常实用。

一般情况下，微商的商品图片都是事先用模板拍摄好，然后在“手机相册中选择”

发送的，而且图片一定要清晰，同时突出商品的特色。

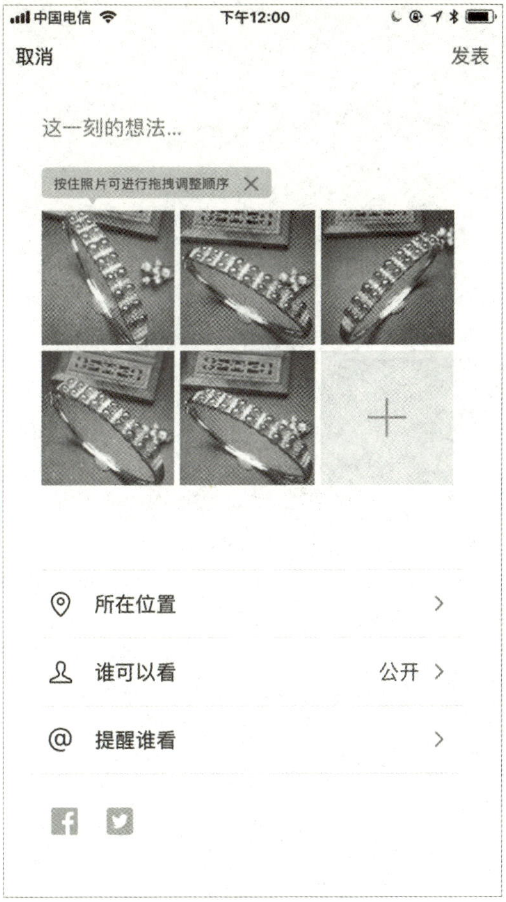

图 2-4.11　微信朋友圈发布（2）

对刚刚进入微商群体的新手而言，有几点微商朋友圈的运营技巧需要我们牢记。首先发朋友圈的时间要清楚：

1. 不要在早晨和晚上睡前发广告性质的朋友圈。保持自己在朋友圈的活跃度，是微商发展的重要基础，朋友圈的性质也要有选择。早晨和睡前时间尽量避免发广告性质的朋友圈，因为大多数人不愿意在早晨一睁眼的时间看到广告，睡前的困倦状态也不会对广告产生太大兴趣，选择一些问候或者情感抒发的朋友圈内容在早晨和睡前时间发布，这样才能保持自己在朋友圈内的良好形象。

2. 商品类朋友圈发送的最佳时间为午饭前后和下午 4 点—7 点之间。因为在这两个时间段，属于人们一天中日常休息时间，这段时间内一些商品信息，尤其与生活息息相关的商品信息才会引发话题和兴趣，进而产生购买欲望。

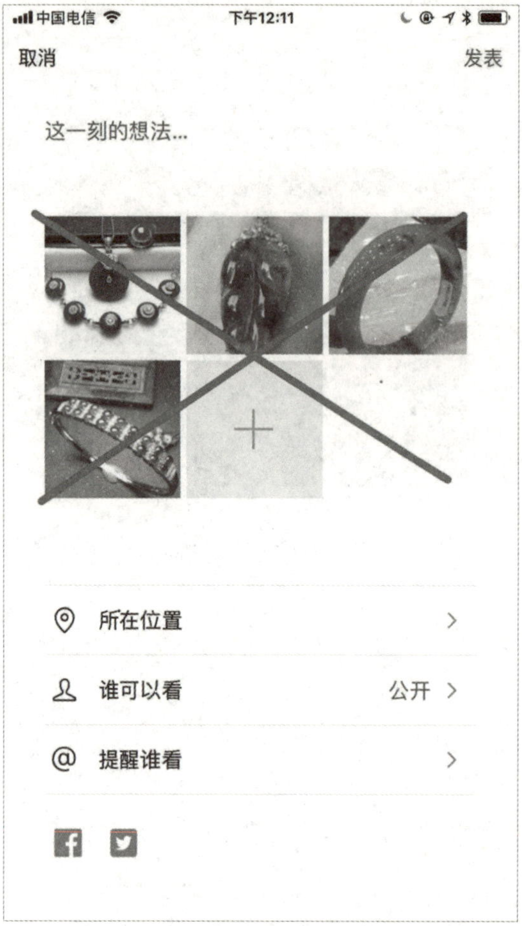

图 2-4.12　微信朋友圈发布（3）

其次，朋友圈内容的发送方式也是一个需要注意的重点。发朋友圈不能太急，一定要有品质，有特色。如图所示，这种一次性将多个商品集合的朋友圈属于非常不受欢迎的典型，即便是同一种类的商品，也不能同时发布，因为此类朋友圈中单一商品特色无法突出，更不具备商品竞争力。

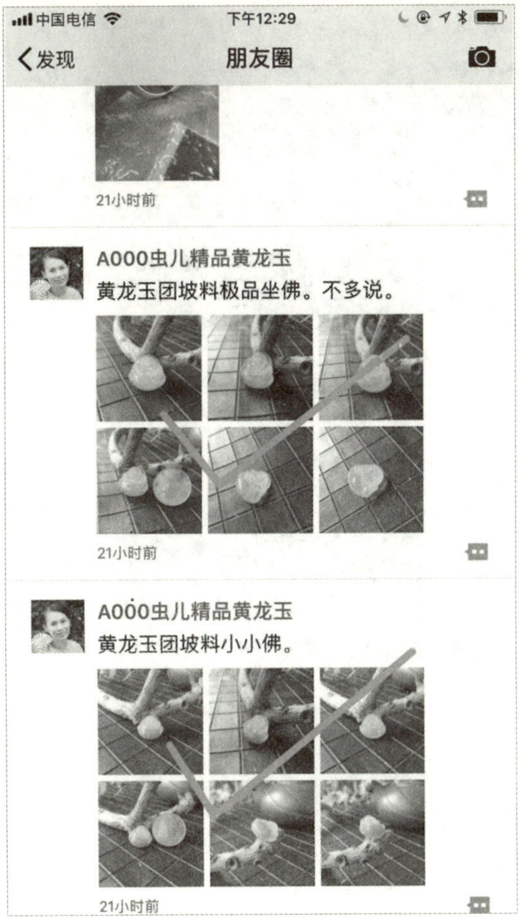

图 2-4.13 微信朋友圈发布（4）

朋友圈商品的发送一定要多角度，有美感，有衬托，一些商品还要把商品的尺寸对比出来。如图所示的朋友圈在整体感，商品特色凸出感，以及产品尺寸大小的对比上就非常到位，属于现代微商中非常典型的优质朋友圈。

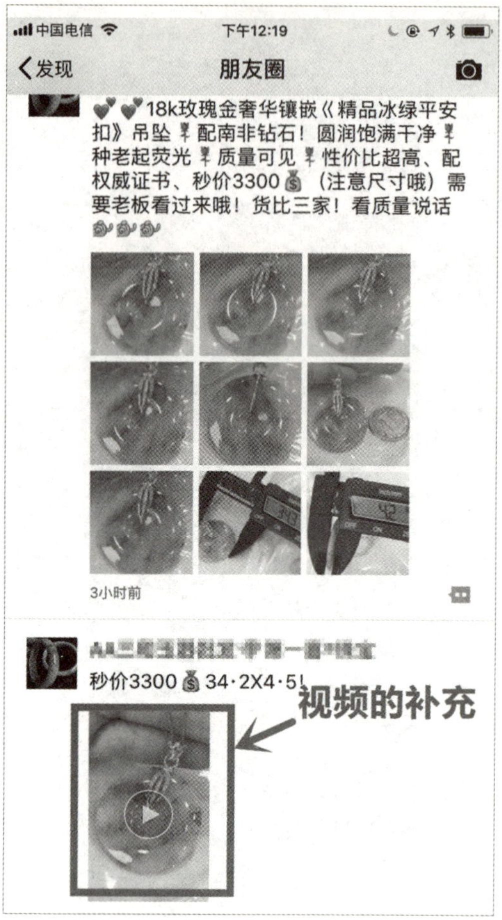

图 2-4.14　微信朋友圈发布（5）

随着时代的发展，仅仅以商品图片形式发布的朋友圈已经不能满足顾客的视觉需求，而这也催生了“微视”“美图”等多种短视频制作软件的诞生。由于视频和图片无法在同一朋友圈内发布，所以在发布图片朋友圈时，匹配商品视频，也是一种运营技巧。

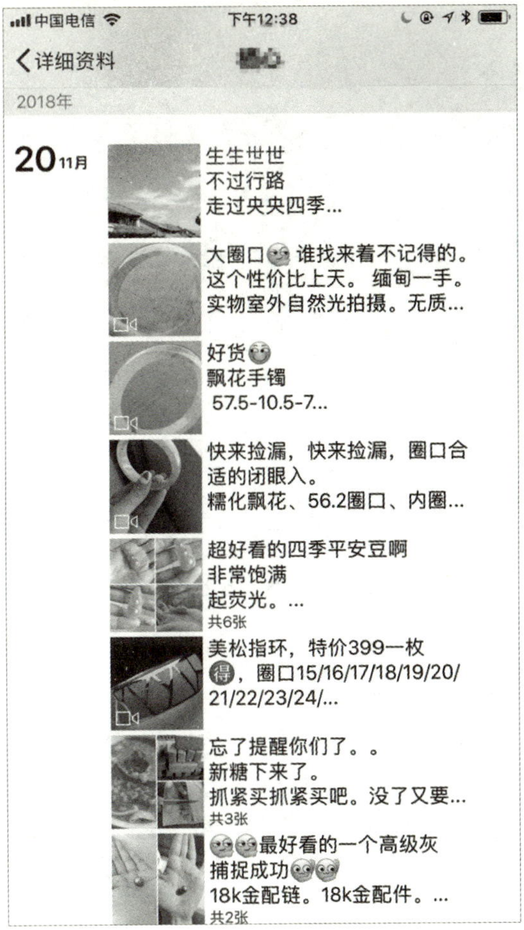

图 2-4.15　微信朋友圈发布（6）

再次，发朋友圈的频率及内容形式要根据自己微信朋友圈的类型进行选择。一般情况下如果我们只是单纯发布一些商品广告类型的朋友圈，那么很容易被朋友屏蔽，所以保持在发朋友圈的同时一定要注意频率和内容形式。

商品的发布时间不要太过集中，同时内容上要穿插一些生活感悟、心情抒发、唯美景色等内容，将这些内容穿插在一起，既可以保证朋友圈的健康程度，又可以保持良好的客户粘性。

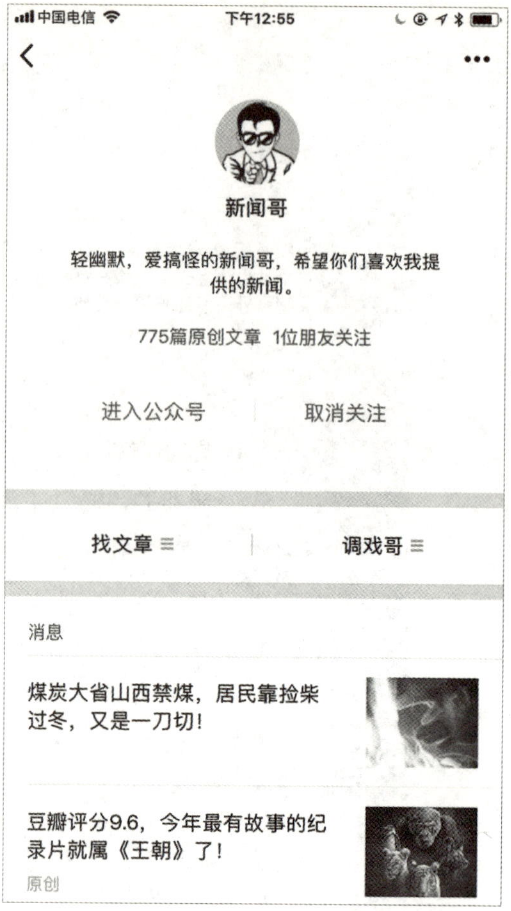

图 2-4.16　微信公众号

在微商团队中，个人微信账号中朋友圈的发布只是微商运作的一种方式，除此之外还有一种“平台式”的微商运作，这就是微信公众号。

微信公众账号与微信朋友圈不同，它的展现方式是以消息方式送达，而不是朋友圈内。在内容的编辑与展示上更加多样化，与粉丝的互动也更加轻松，同时还可以增添一些小程序作为辅助，它属于现代“自媒体”领域中一种非常有代表性的平台。

正如微信公众号的主打口号一般“再小的个体，也有自己的品牌”。拥有了自己的微信公众号之后，我们可以更加系统的运作自己的微商事业，同时随着微信公众号的粉丝积累，账号自身也可以产生更大的商业价值。下面我们就来学习下，微信公众号的注册、操作、维护。

图 2-4.17　微信公众号的注册（1）

微信公众号的注册并不复杂，首先在电脑浏览器各大搜索引擎上搜索“微信公众平台”，或者直接在浏览器中输入“https://mp.weixin.qq.com/”，进入官方网页之后点击右上角的“立即注册”，便开始了微信公众号的注册流程。

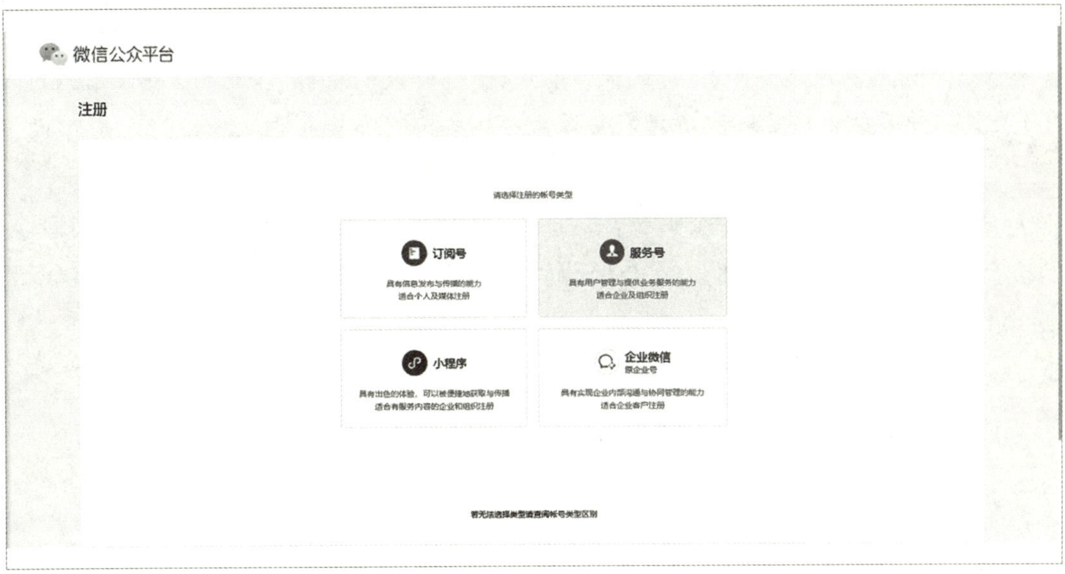

图 2-4.18　微信公众号的注册（2）

点击“立即注册”之后，我们将进入微信公众号的类型选择界面，在这一界面当中，我们需要注意两个选项，这就是“订阅号”与“服务号”。这两种类型的公众号是当下比较主流的微信公众号。

其中“订阅号”更多适用于个人或个体的初步自运营，而服务号则更适用于成熟类型的个人或个体的电商运作。

两者的具体区别如下：

1. 群发数量不同：“订阅号”每天可以群发一次。而“服务号”每月可以发表四次。

2. 信息展现位置不同：“订阅号”的消息折叠出现在“订阅号”的文件夹中，不会收到微信提醒。“服务号”的消息出现在微信聊天列表中，会像收到消息一样有微信提醒。

3. 支付功能不同：“订阅号”无论认证与否都不能进行微信支付。“服务号”认证成功后可以建立微信商城，进行微信支付功能。

4. 自定义功能不同：“订阅号”完成认证之后才有自定义菜单功能。而“服务号”无论是否认证都会有自定义菜单功能。

5. 客服服务功能不同：“订阅号”不支持多客服服务。“服务号”支持多个客服后台在线与粉丝们进行及时交流。

在这里我们需要注意：如果订阅号粉丝成长迅速，单一客服很难有效维护好大批量的粉丝互动。

6. 收费不同：“订阅号”的申请不收费，但后期认证需要收费，收取 300 元服务费，如果认证申请没有通过，那么“订阅号”有 3 次免费修改的机会。3 次之后仍没有通过，300 元服务费不退还，后续申请仍需要再交 300 元。

“服务号”的申请同样不收费，认证也需要交 300 元服务费，但没有任何修改的机会。如果认证申请不通过，300 元服务费不退回，如果认证通过，以后每年缴纳 300 元服务费。

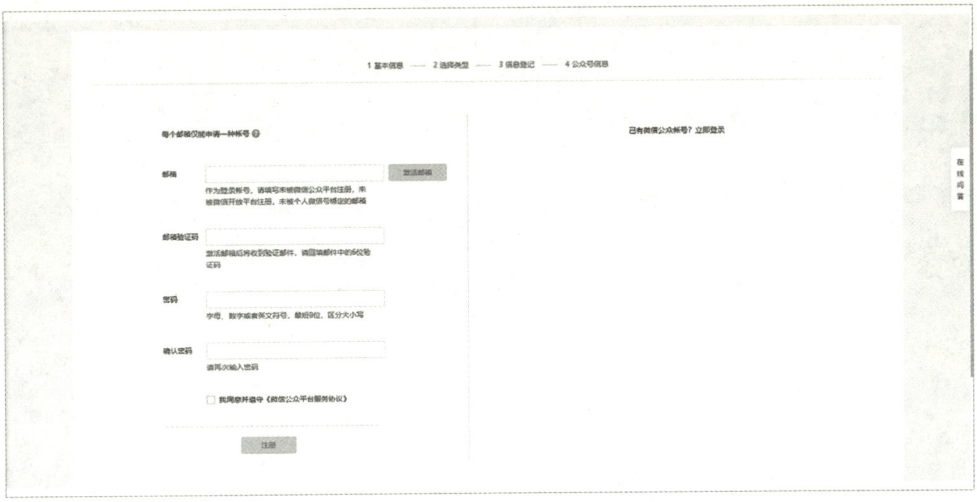

图 2-4.19　微信公众号的注册（3）

作为刚刚进入微商群体的新手，“订阅号”是开设微信公众平台的不错选择。注册微信公众平台“订阅号”的流程非常简单。在类型选择中点击“订阅号”进入基本信息的填写界面。

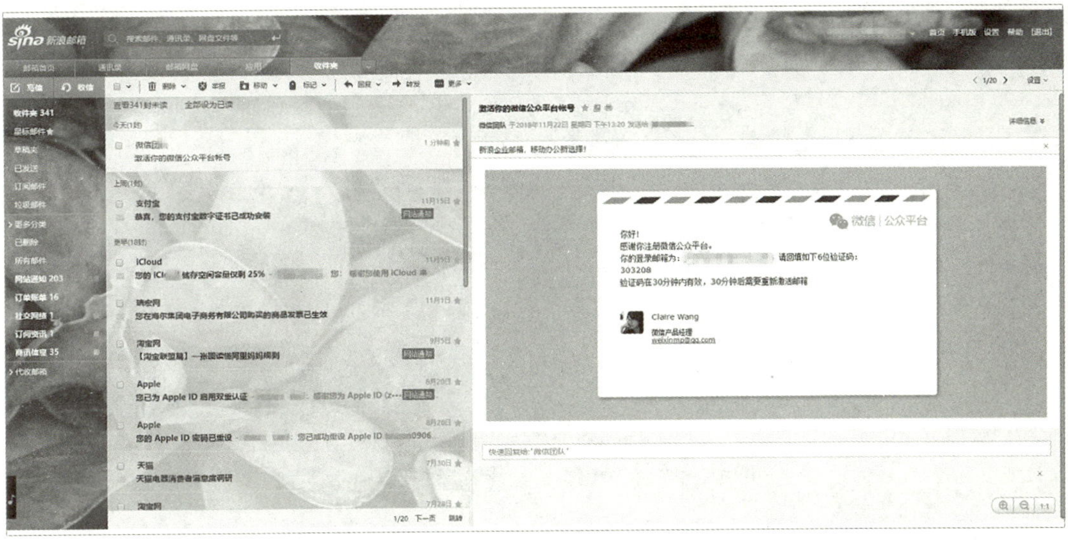

图 2-4.20　微信公众号的注册（4）

基本信息填写的第一项便是邮箱的认证，到自己的邮箱中填写微信公众平台发送的验证码，完成后续注册信息的填写。

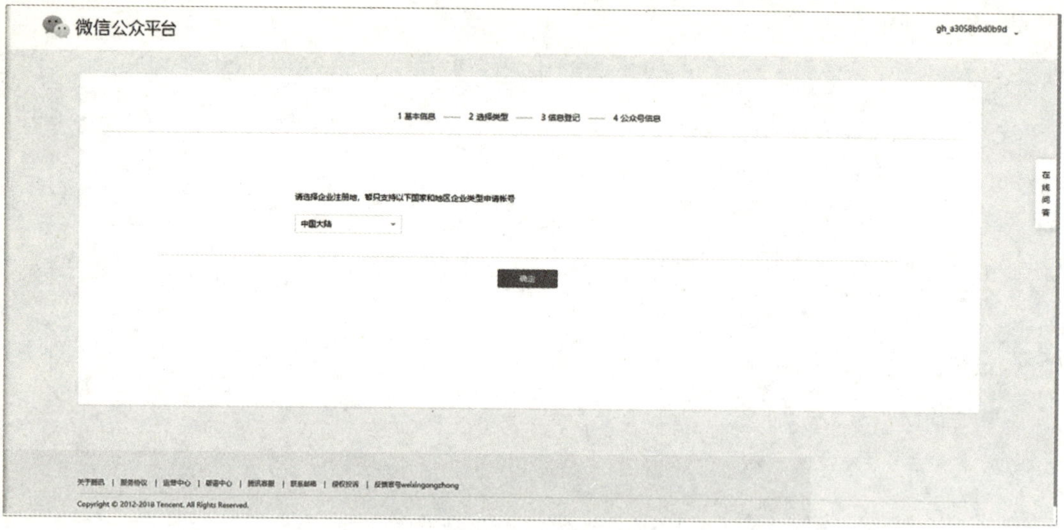

图 2-4.21　微信公众号的注册（5）

邮箱认证完成并填写完相关信息之后，点击“注册”，会再次进入类型选择界面。

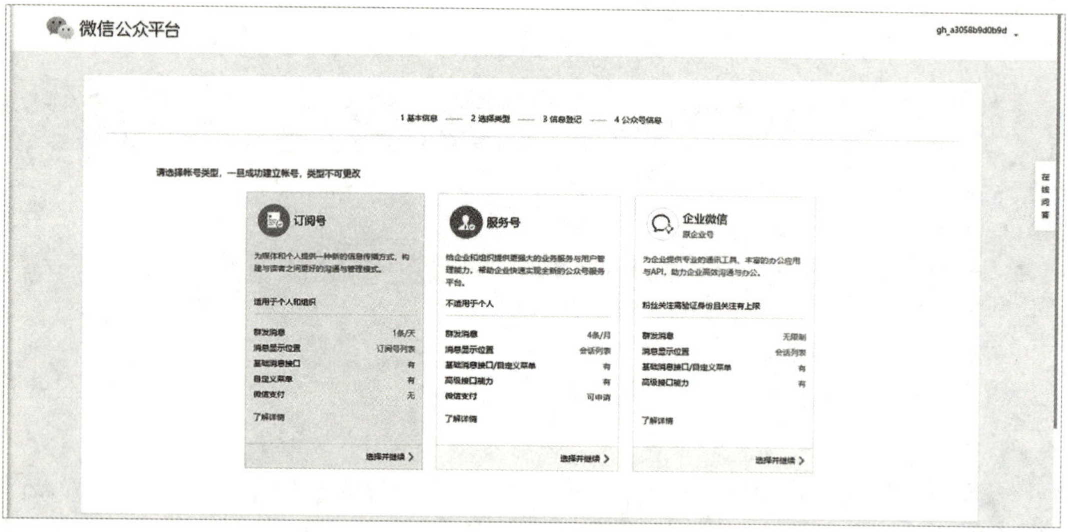

图 2-4.22　微信公众号的注册（6）

在这里，我们确认自己选择的公众号类型，以“订阅号”为例，点击订阅号之后进入最后的类型确认界面。

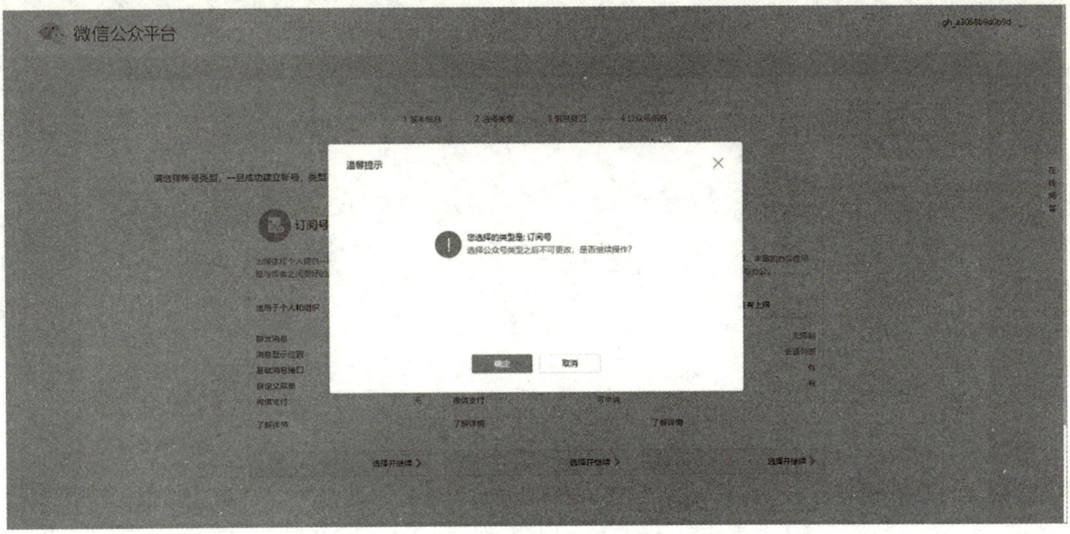

图 2-4.23　微信公众号的注册（7）

由于类型选择确认之后无法更改，所以在这一界面会有一次最终确认的机会，当我们确认自己注册“订阅号”后，点击“确认”，将进入随后的信息登记界面。

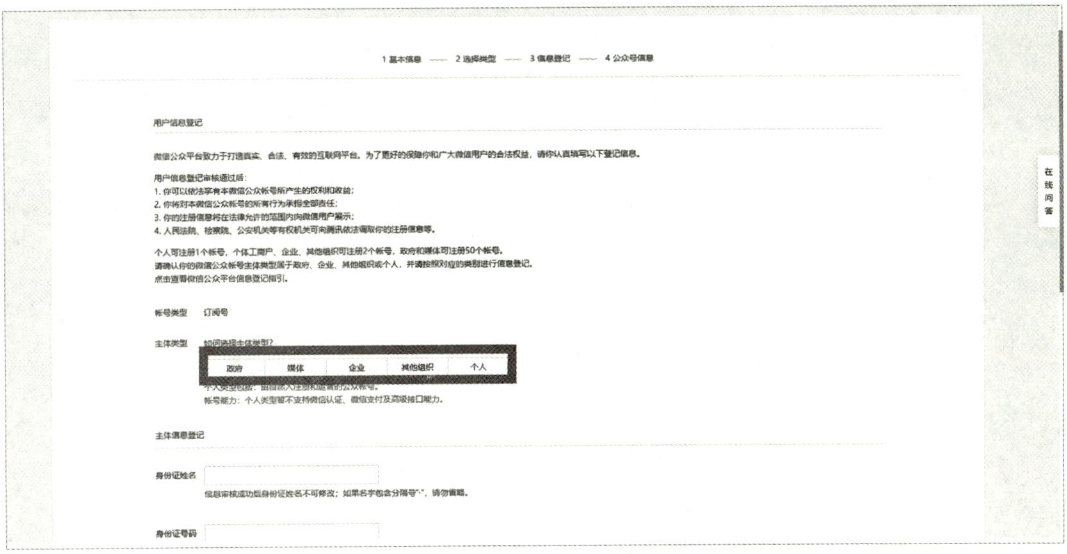

图 2-4.24　微信公众号的注册（8）

信息登记界面中我们要确认自己的主体类型，以个人注册的微信公众号为例，点击“个人”之后下方会出现需要填写的个人信息。

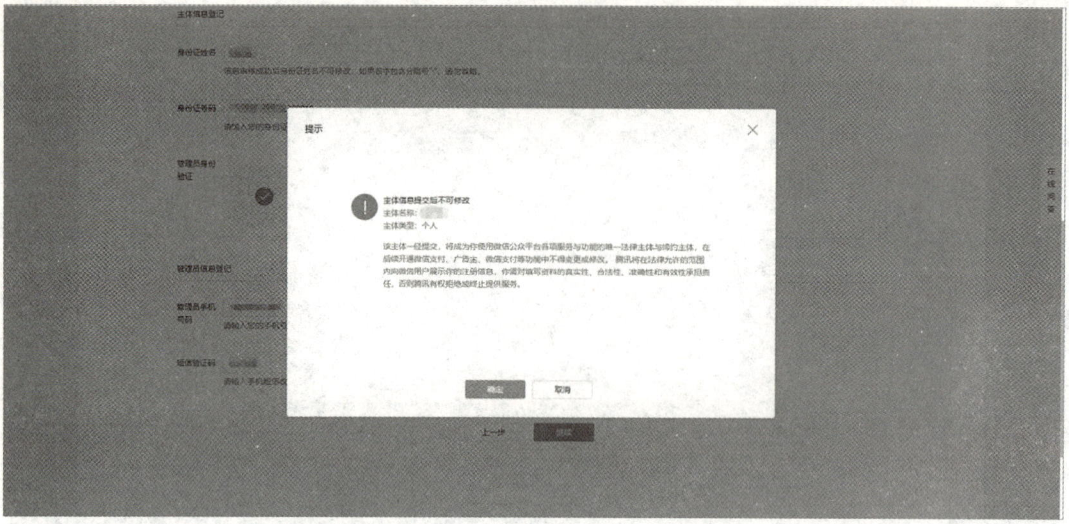

图 2-4.25　微信公众号的注册（9）

信息填写的过程中会出现一项“管理员身份验证”，这项操作需要我们用手机操作，打开手机的微信“扫一扫”，扫描“管理员身份验证”提示中的二维码，手机微信上会显示出相关的注册信息。

图 2-4.26　微信公众号的注册（10）

确认注册信息无误之后，点击“我确认并遵从协议”，会显示随后的验证结果。

图 2-4.27　微信公众号的注册（11）

在这里我们需要了解，一个微信个人账号最多可以同时关联 5 个微信公众账号，即一个微信个人账号最多成为 5 个微信公众账号的管理员。

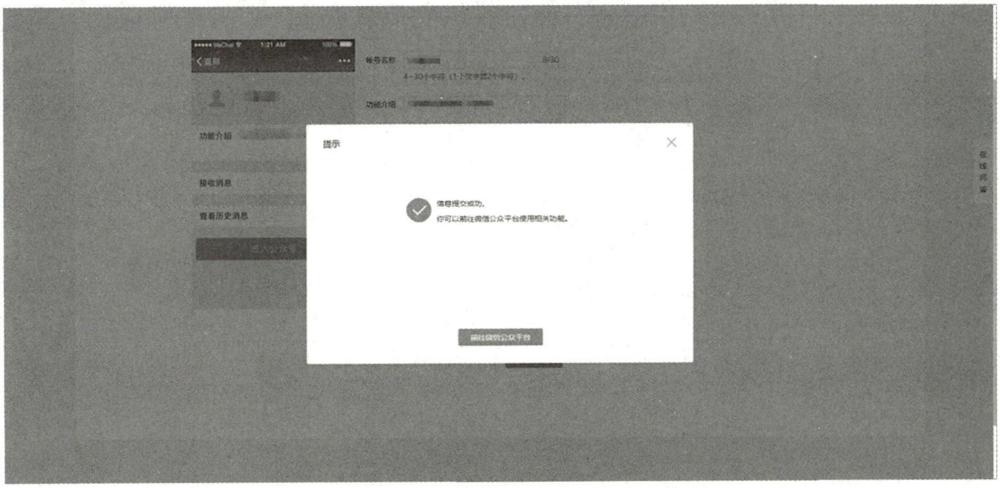

图 2-4.28　微信公众号的注册（12）

管理员身份确认并且相关资料填写完成之后，会进入最后的微信公众号信息填写阶段，其中包括公众号的名称、公众号的介绍等等，根据自己公众号的类型填写完成之后点击“前往微信公众平台”。

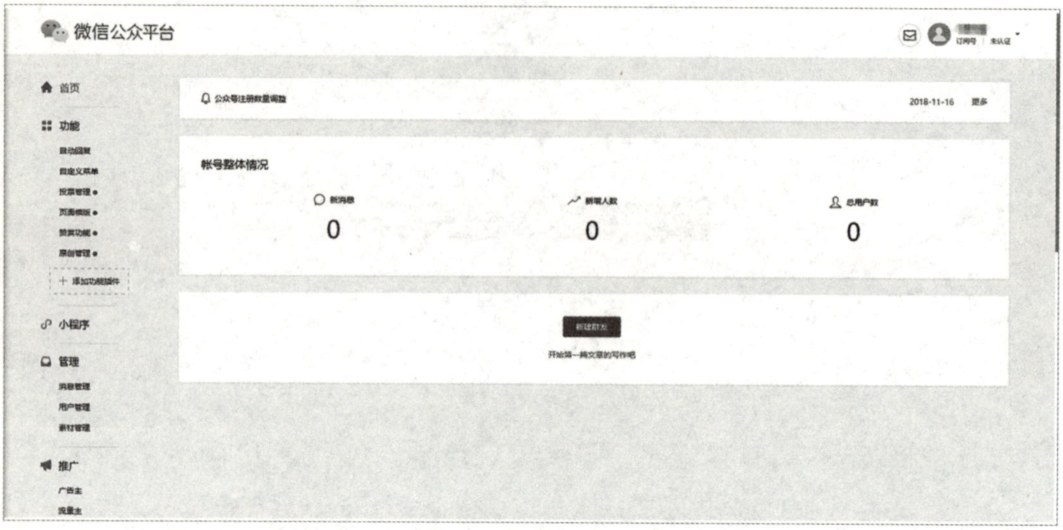

图 2-4.29　微信公众号信息填写

这样我们个人微信公众号的“订阅号”便注册完成了。

如果我们选择注册“服务号”的公众号类型，则可以在类型选择阶段点击“服务号”，然后根据信息提示完成信息的填写以及 300 元服务费的缴纳，就可以完成服务号的注册。不过对微信公众平台的运营新手而言，“订阅号”才是更好的选择，因为“订阅号”可以每天群发消息，便于我们的信息展示，以及账号成长。当我们掌握了一定的微信公众号运营技巧之后，可以再注册“服务号”进行微信公众平台的升级。

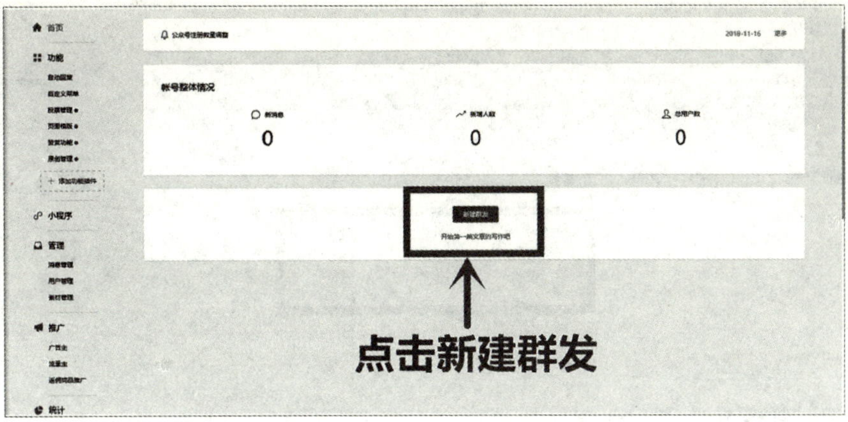

图 2-4.30　微信公众号群发

微信公众号注册成功之后，我们则需要学习如何每天群发内容了。新注册的微信公众号，我们可以首先点击公众号后台中间部分的“新建群发”，来签订微信公众号的文章发布协议。

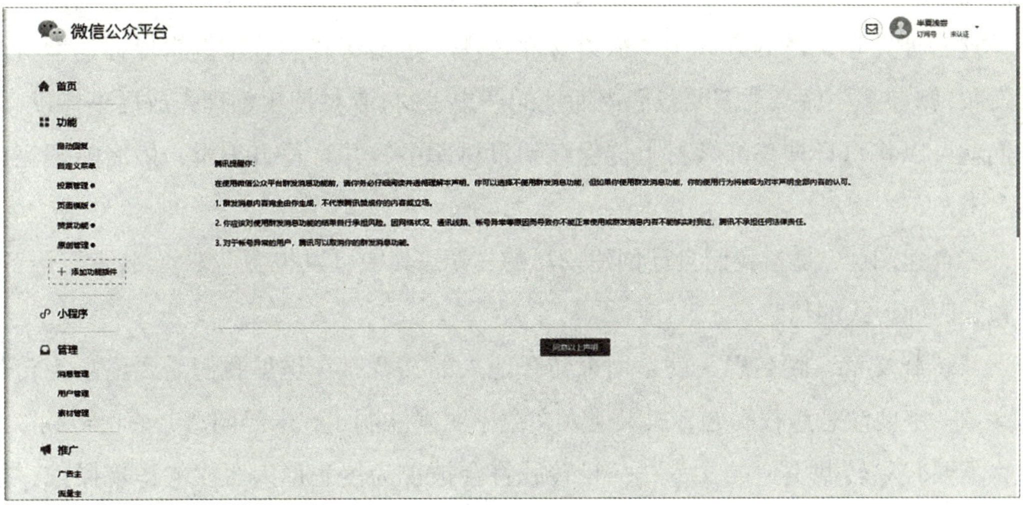

图 2-4.31　发布协议

随后点击“同意以上声明”，进入微信公众号文章发布的方式选择界面。

图 2-4.32　素材选择

微信公众账号中发布文章的方式有三种，分别为：从素材库选择，自建图文，转载文章。

这三种发布文章的方式中“从素材库选择”是指将我们日常编辑保存的素材进行发布，例如某一篇文章需要我们周期性的搜集素材，素材搜集整理完成后整体发布，我们就可以将每日搜集的素材上传保存到素材库中，并且每日编辑，最后整理完成后点击发布。

“自建图文”是指我们自己创建撰写的文章，其中可以包含“文字、图片、语音、视频”四种形式的信息。

“转载文章”顾名思义就是用来转载他人的文章，在这里我们需要注意，转载的文章一定要注意版权问题，如果他人文章中明确注明了“未经同意，禁止转载”，那么不要轻易转载类似的文章，一旦转载将会被视为侵犯他人版权的违规操作，很容易被处罚，情节严重者还会承担相应的法律责任。

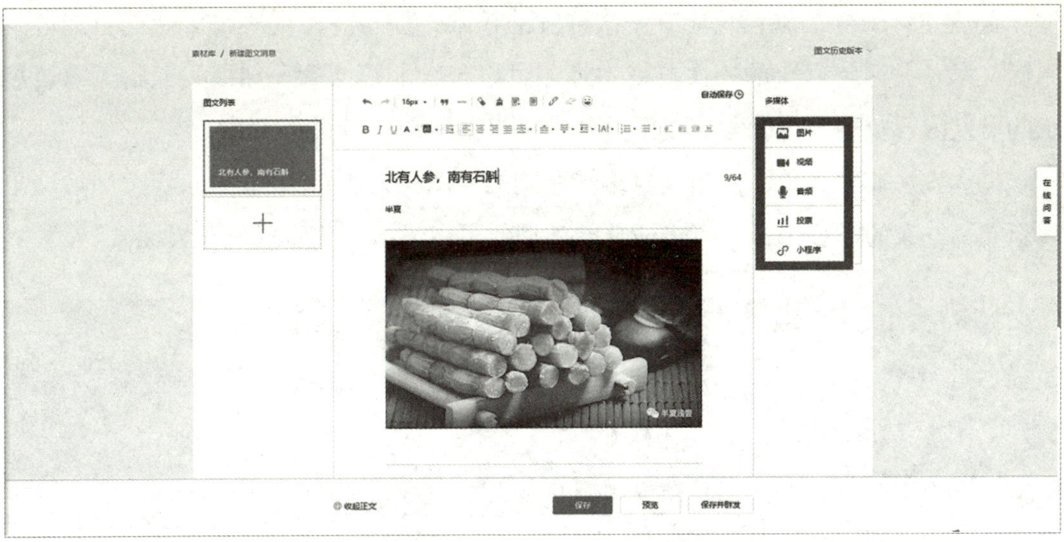

图 2–4.33　自建图文（1）

现在我们就来重点学习下“自建图文”的文章发布方法。首先点击“自建图文”进入文章发布的详细界面。

进入这一界面之后，首先需要填写文章标题，随后下面填写文章的作者，下面就是正文的撰写了。在正文撰写的过程中，如果我们想要添加图片、音频、视频、投票功能等都可以点击右侧“多媒体”下面的选项进行添加，在这里我们需要注意图片一定清晰，不可有水印或者文字广告等“牛皮癣”。

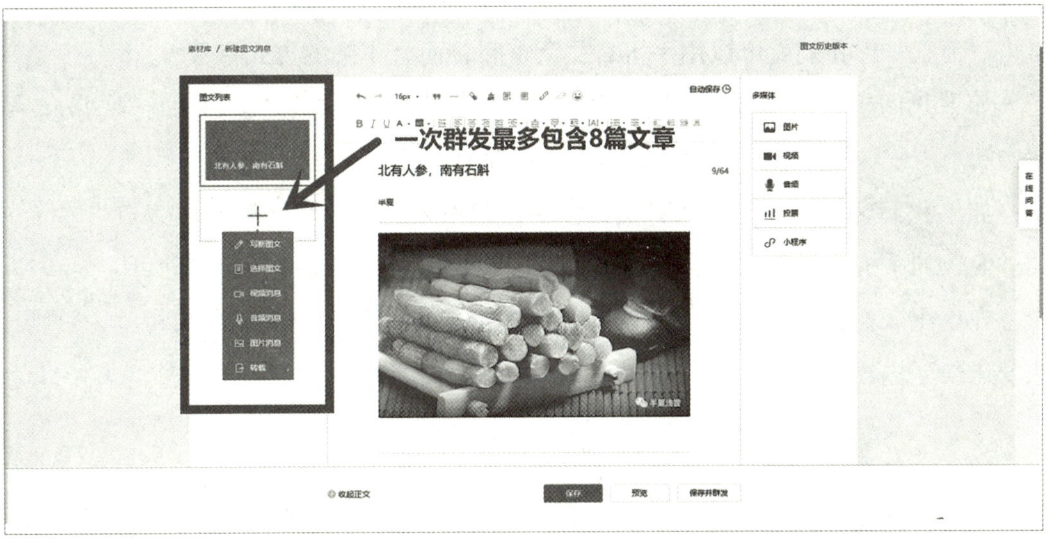

图 2–4.34　自建图文（2）

虽然“订阅号”每天只能有一次群发的权限，但这并不代表每天我们只能群发一篇文章。“订阅号”的一次群发中最多可以包含 8 篇文章，如果我们每天需要展示的信息内容较多，可以尝试按照类型，编辑不同的文章进行发布。

操作方法非常简单，点击文章编辑左侧的“图文列表”下面的“+”，随后会出现新文章发布的类型选择，点击适合的类型便可以进入新文章的发布界面。

图 2-4.35　自建图文（3）

虽然微信公众账号使用电脑编辑，但阅读方式却是用手机阅读，两者格式不同，文章编辑完成之后我们如何检查确认呢？在文章编辑的下方有一个“预览”功能，点击“预览”，我们就可以用手机对文章审阅，而且审阅的方式有很多。

如果我们想要把文章发给朋友预览，则可以从左上方的“会话消息”“分享到朋友圈”“发送给朋友”中选择适合的方式请朋友预览。

如果我们想自己预览，或者发给并非微信好友的人阅览，那么可以点击左下方的“发送到手机预览”，随后填写想要发送的手机号，点击“确定”即可。

在这里我们要注意，预览文章的好友一定是关注我们公众账号的粉丝，否则无法发送预览。

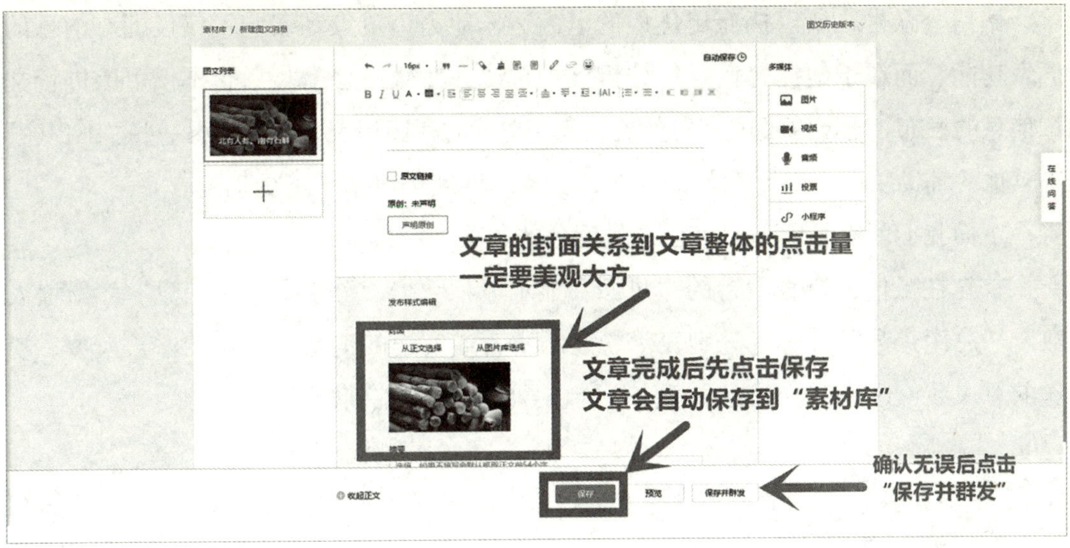

图 2-4.36　自建图文（4）

当文章撰写完成后，就是选择封面的选项，第一篇文章封面的选择一定要慎重，因为这一封面是整条群发信息的主封面，它直接关系到整条群发信息的点击量，所以封面一定要美观、大方、清晰。

之后在文章封面选择完成之后，一定点击“保存”，确保文章保存到“素材库”当中，以免出现断网、停电时文章丢失，最后文章确认保存并且检查无误后，点击“保存并群发”，点击完成后文章便发送到粉丝的“订阅号消息”当中了。

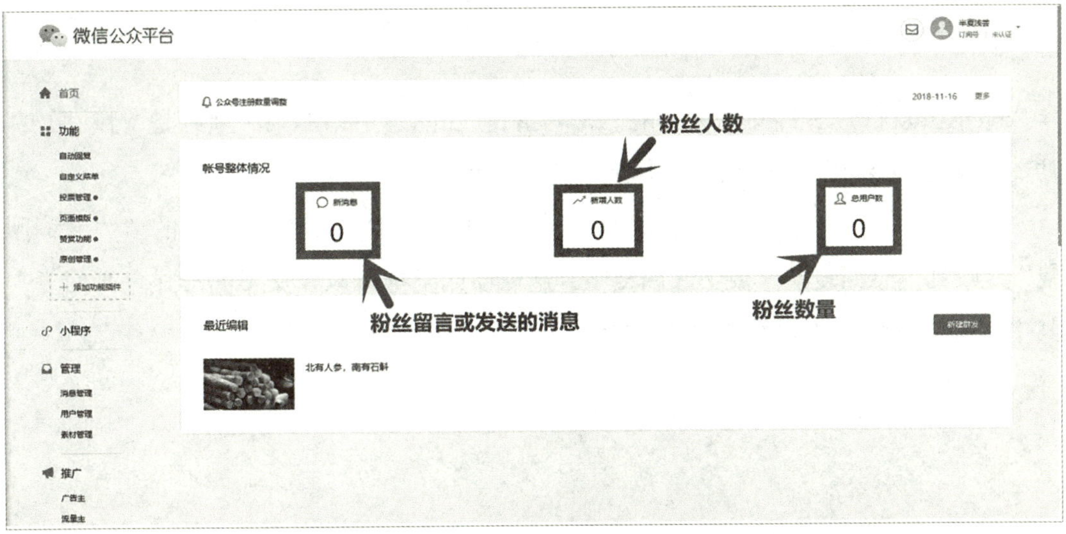

图 2-4.37　微信公众号后台信息

微信公众号之所以拥有更优质的电商运作能力，重点在于它不仅仅拥有消息的群发功能，而在于他拥有良好的分析维护系统，在微信公众号后台不仅可以进行文章信息的发布，还可以了解到粉丝的动态，文章的阅读情况，以及增添一些“小程序”等其他的辅助功能，对于粉丝的维护，自身的发展都增添了不少动力。

下面我们就来了解下微信公众号后台的各项功能。

首先在微信公众号后台的主页面会显示三项数据，分别是“新消息”“新增人数”“总用户数”，三者分别表示粉丝的留言或发送的消息、粉丝的增长人数、粉丝的总人数。这三项数据也是微信公众账号的成长的基础数据。

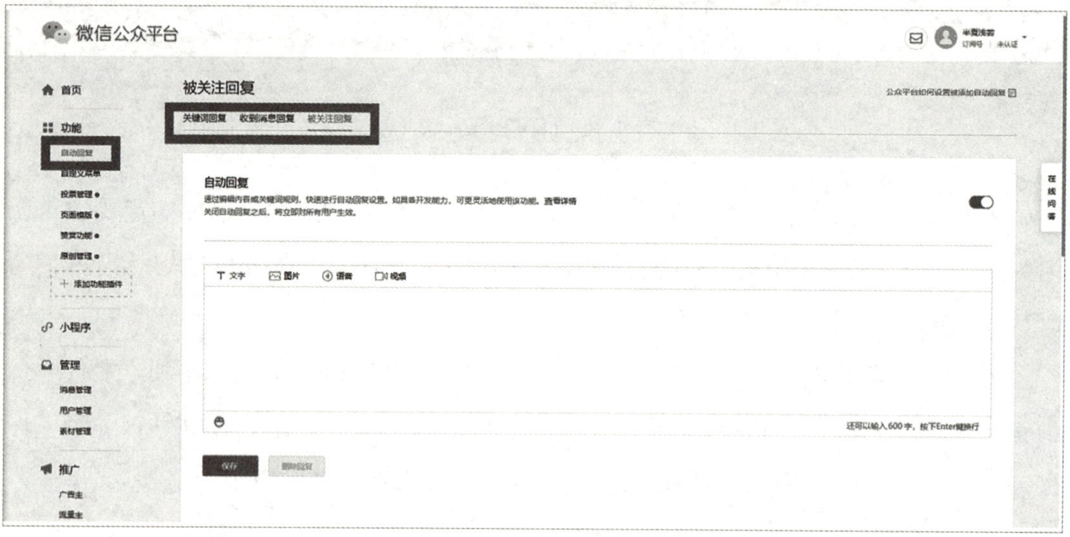

图 2-4.38 “自动回复”功能

微信公众账号后台的各种功能非常丰富，在功能选项中的第一项则是“自动回复”功能，这也是智能管理微信公众号最常用的一项功能。

在这里我们要注意，自动回复功能分为3项子功能，分别是上方的“关键词回复”“收到消息回复”“被关注回复”，这三项回复都可以以文章的形式进行回复，其中包含了图片、音频、视频的方式。

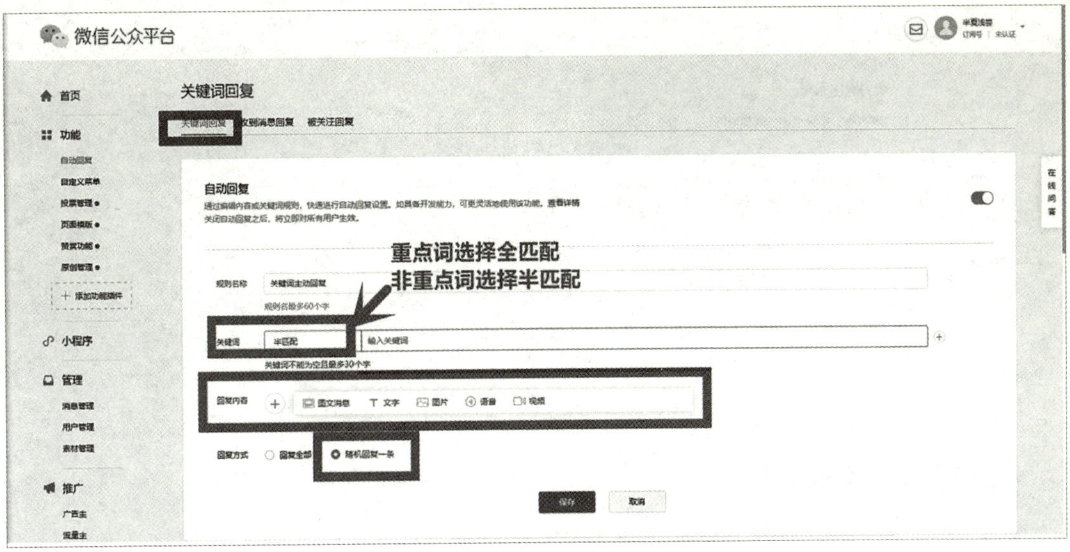

图 2-4.39　关键词回复

其中关键词回复主要针对一些粉丝发送的消息进行自动回复。在这里需要注意的一个重点就是关键词回复的类型选择：全匹配与半匹配。所谓全匹配回复的意思是用户发送的信息中关键词全部匹配时我们的微信公众号才会自动回复；而半匹配则是指用户发送的信息中含有关键词，有一定比例匹配关键词时，后台系统会自动回复。

在这一选项设置时，对于重点词语，比如某一个商品的名称，尽量选择全匹配回复，便于我们准确为用户提供有用的信息。

而对于一些非重点的泛类词语，则选择半匹配自动回复。例如，对于“您好”这一词语，只要用户发送包含“您好”的信息，我们都会自动回复设置好的信息，以确保我们的礼貌性。

在关键词自动回复页面的下面选项中有一条“回复方式”的选择：全部回复与随机回复一条。

这里的设置正常情况下选择随机回复一条，因为如果同一用户发送消息数量过多时，大量的自动回复相同信息，会引起用户厌烦的情绪。

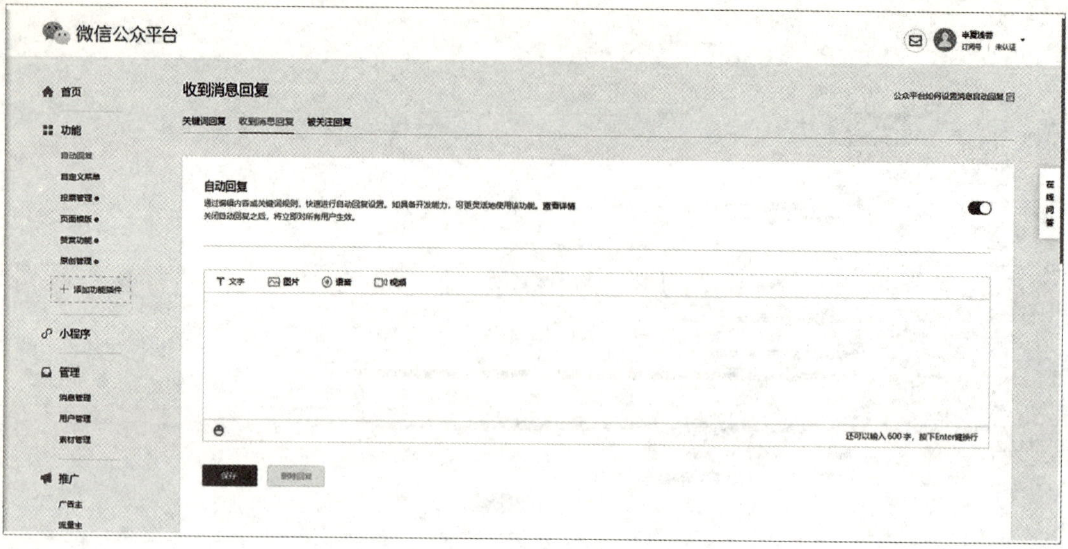

图 2-4.40　人工回复

关于第二项收到消息回复，是我们很少用到的一种回复功能，正常情况用户的消息我们都要人工正确回复，而在一些特定的节日，或进行某些商品大型促销活动时，用户信息量过大，比如“双十一”开展促销活动时，人工无法完成全部信息的回复任务，这时我们可以采用 “收到消息回复功能”。

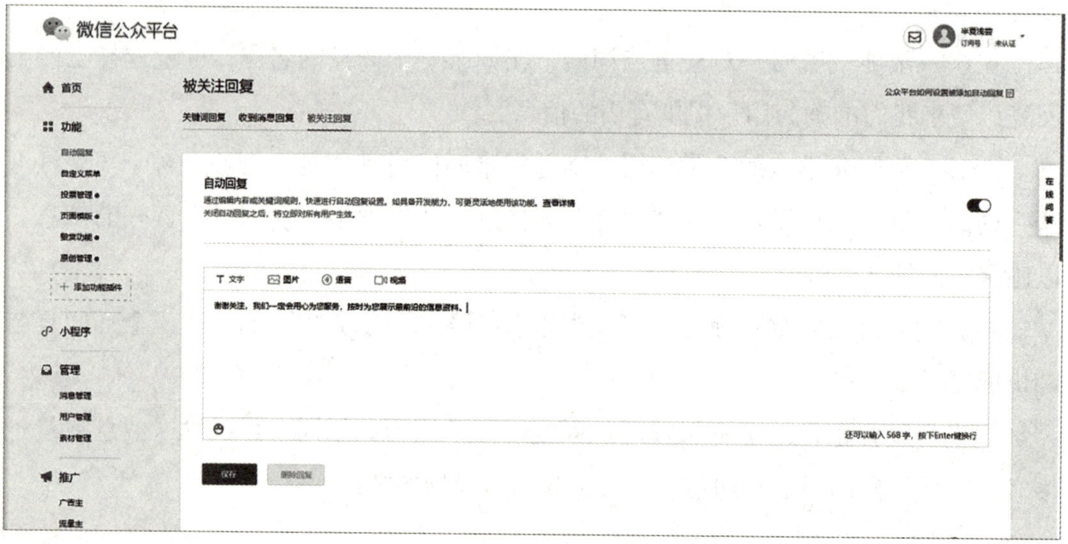

图 2-4.41　被关注回复

“被关注回复”是微信公众账号必须设置的一项功能，这是我们对用户的尊重与感激。这项回复设定的回复内容最好选择感谢的表达，同时向用户承诺未来一定会用心经营自己的“订阅号”，为其带来更多优质的文章。

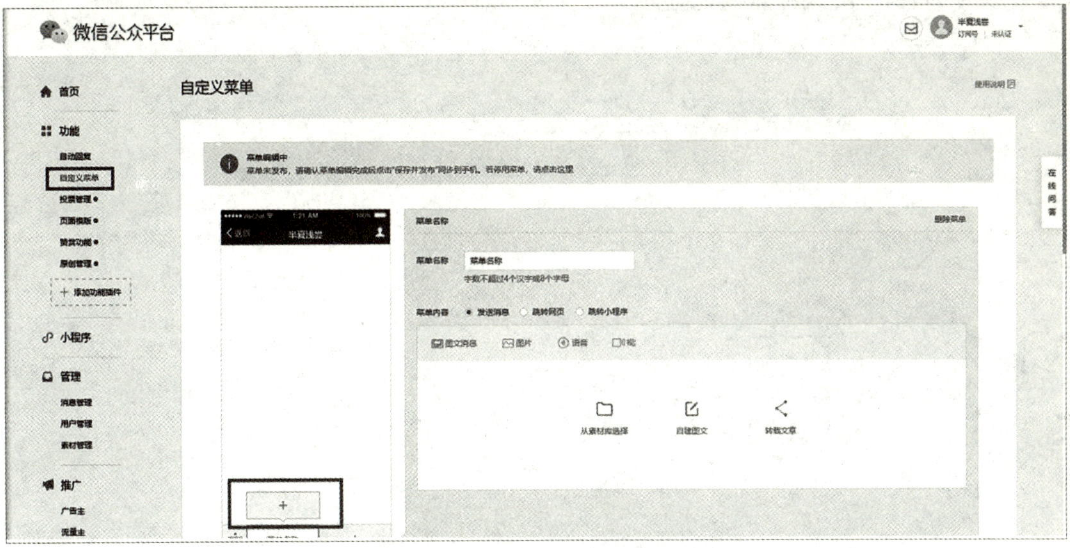

图 2-4.42　自定义菜单（1）

除了自动回复之外，“自定义菜单”算得上我们最常用的微信公众后台功能了。“自定义菜单”类似淘宝的后台板块装修，在这里我们可以添加微信公众号的内容类目，为微信公众号增添更多的功能。

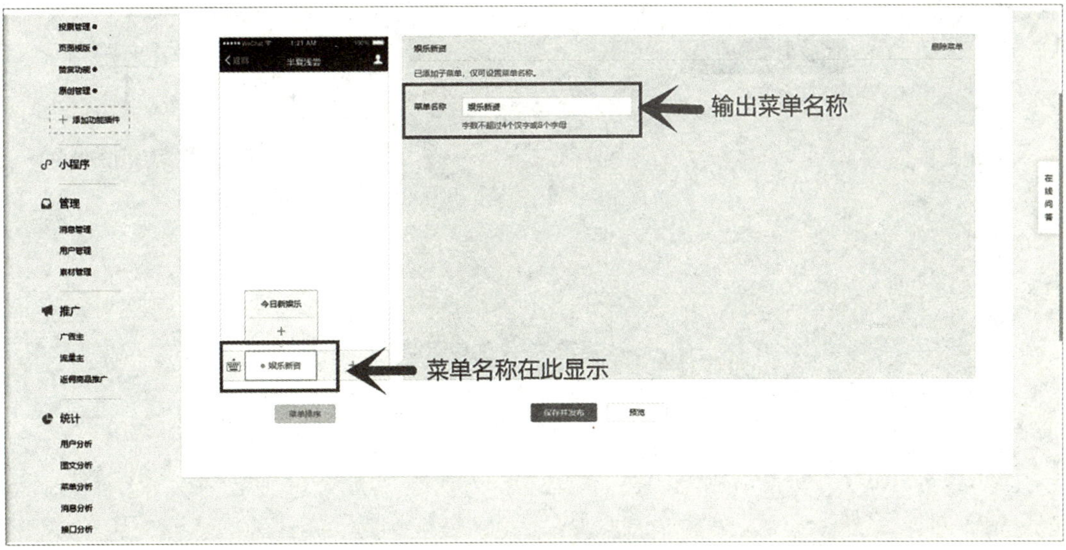

图 2-4.43　自定义菜单（2）

“自定义菜单”设置非常简单，点击进入“自定义菜单”界面之后，我们首先需要设置的就是菜单的名字，在“菜单名称”处输入自己想要设置菜单的名称，微信公众号前台的菜单名称随之显示。

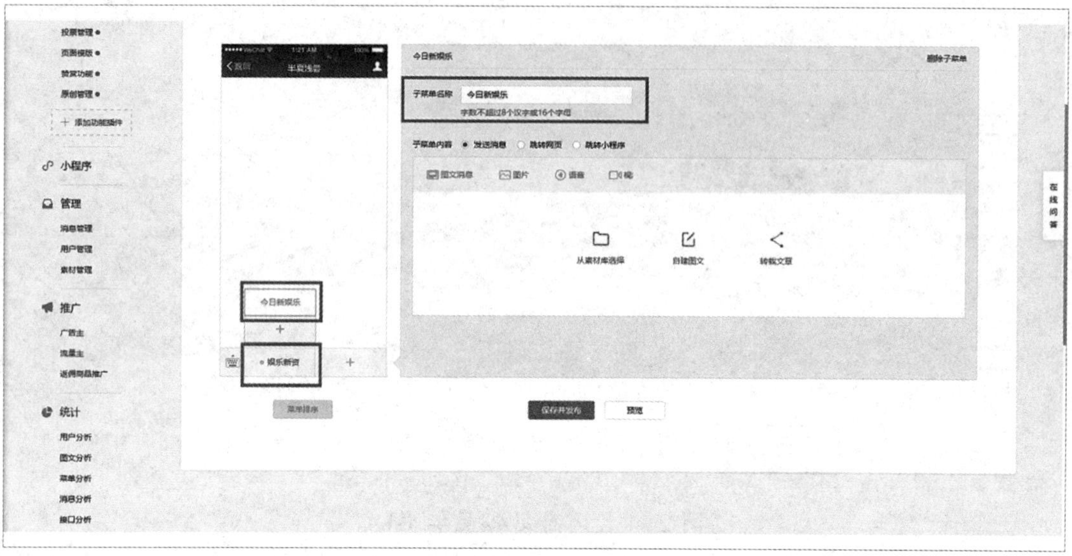

图 2-4.44　自定义菜单（3）

在自定义设置的菜单内还可以设置子菜单，点击菜单名称上面的“+”，便可以生成子菜单，子菜单的名称设置与主菜单相同。

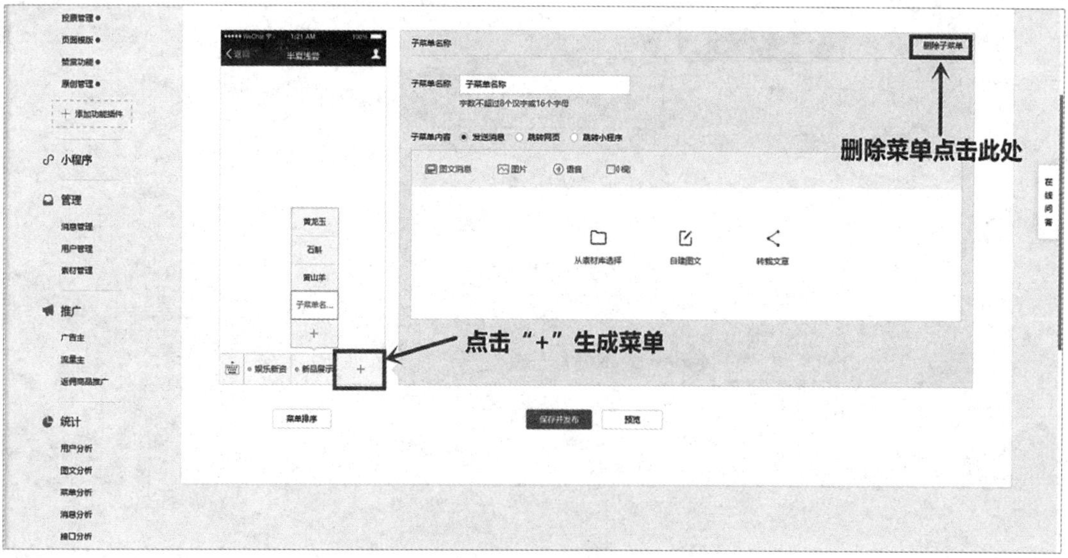

图 2-4.45　自定义菜单（4）

微信公众号主菜单的数量最多可以添加 3 个，在主菜单设置栏上点击“+”，便可以生成主菜单类目，无论主菜单还是子菜单，删除的方式都是相同的，点击界面右上角的“删除（子）菜单”，菜单便可删除。

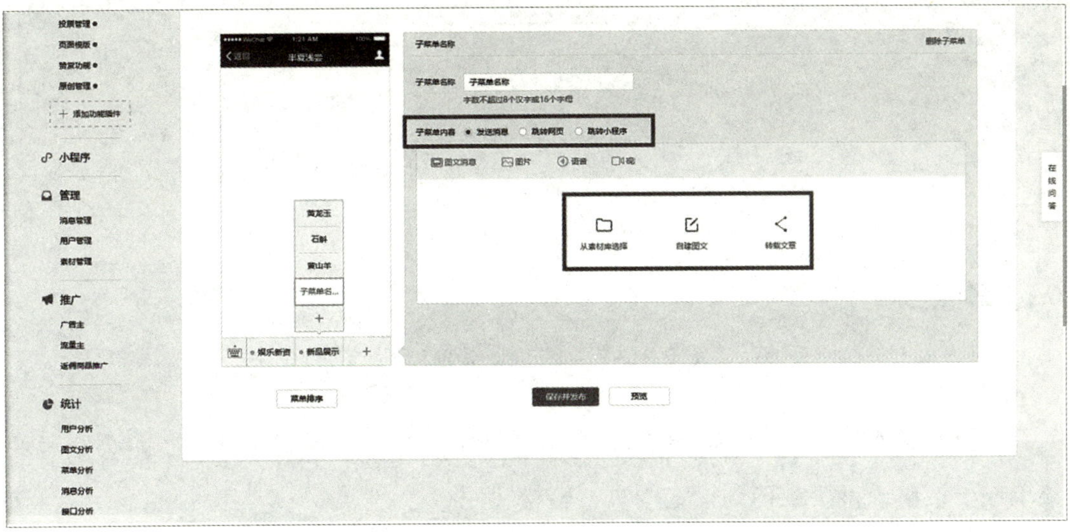

图 2-4.46　自定义菜单（5）

设置好自己后台的菜单之后，下面学习菜单内容的设置。菜单内容的设置方式有 3 种，分别是“发送消息”“跳转网页”“跳转小程序”，目前对于新手而言，最常用的子菜单内容设置为“发送消息”，通过消息的发送展示我们的商品信息或者其他资讯。

而对一些成熟的微信公众号，尤其对于一些有自己网页的公众号，网页和小程序的跳转非常适合引流与吸粉。

“发送消息”的方式与我们发送文章的方式相同，可以采用图文，也可以转载文章，当用户点击我们设置好的子菜单时，消息会自动发送。

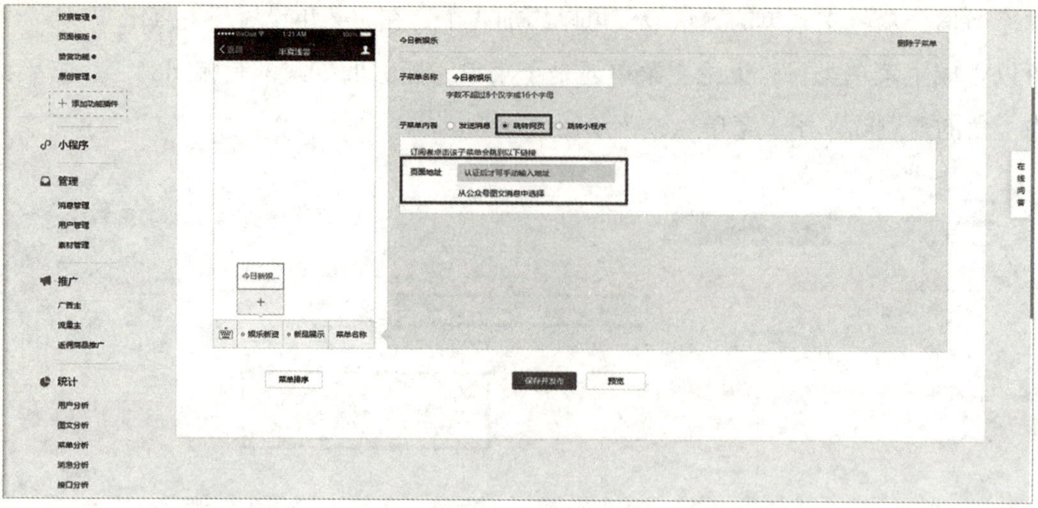

图 2-4.47　自定义菜单（6）

“跳转网页”是目前一些电影公众号上最常用的菜单设置方式，点击公众号的菜单或子菜单，直接跳转到指定网页，轻松实用。

但这里我们需要了解一点，并非所有网页都可以直接跳转，微信公众号要进行“认证”之后才能进行网页的手动输入。

由于腾讯官方与很多其他公司的网站还未达成此项目的合作协议，所以大多数网店、站点是无法直接跳转的。例如，微信公众号目前仍无法直接跳转到我们的淘宝店铺当中。

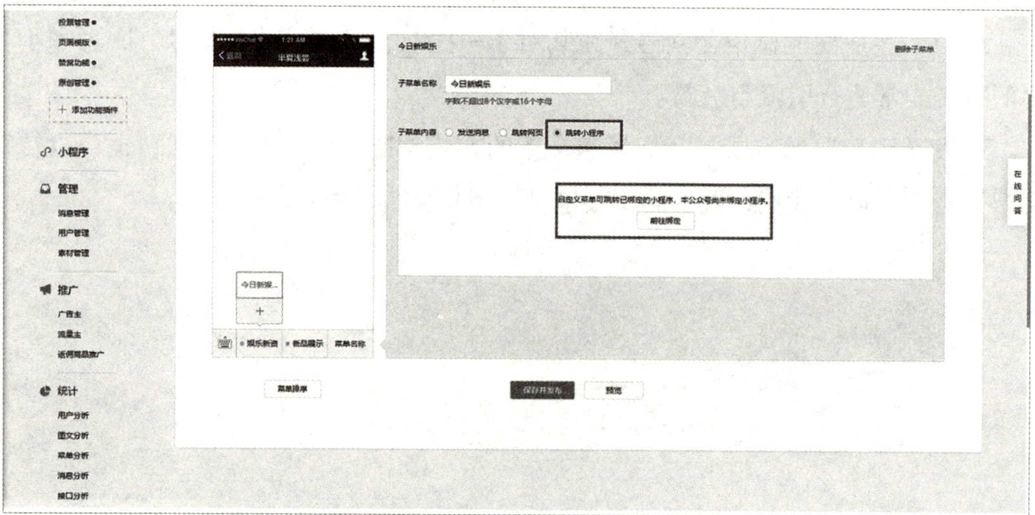

图 2-4.48　自定义菜单（7）

如果我们已经拥有了自己的小程序，那么在（子）菜单设置的过程中可以选择“跳转小程序”，小程序是当下非常流行的微信功能，因为其操作简单，流量消耗小，内容形式丰富，所以当我们的微信公众平台拥有一定的用户基础后，小程序是一个不错的菜单内容选择。

对于微信公众号后台的功能而言，“自动回复”与“自定义菜单”足以满足账号的初期与中期成长，其他功能在这里我们不再做过多介绍，我们可以在微信公众号的成长过程中，学习了解其他功能的使用。

在“功能”内容学习完之后，下一个我们来了解微信公众号后台日常常用的一项功能——管理。

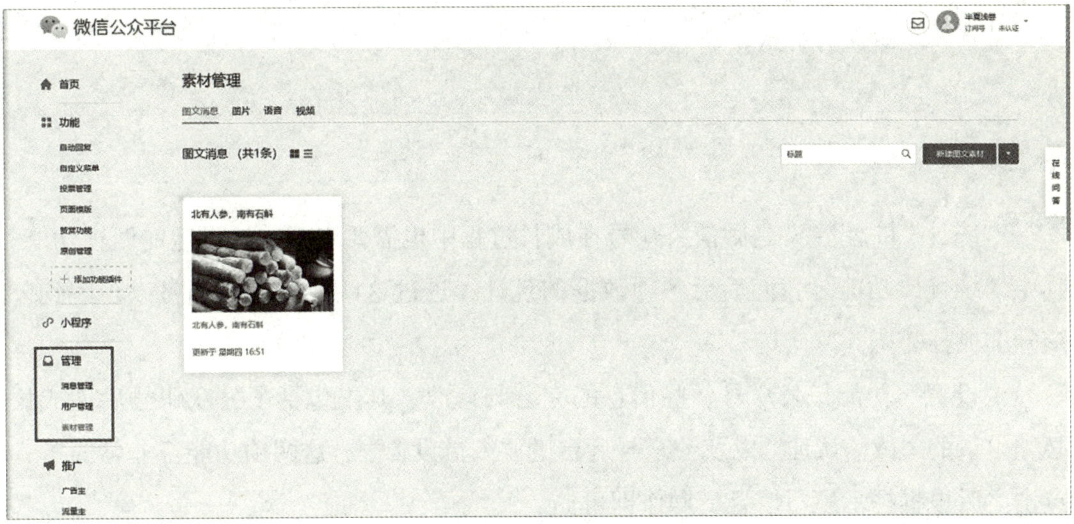

图 2-4.49　微信公众号后台“功能”

微信公众号后台“功能”的选项中有三个管理项，分别为“消息管理”“用户管理”“素材管理”。

其中“素材管理”是我们在学习发布文章时提到过的，而其他两项是我们日常维护过程中需要随时关注的。

“消息管理”是用户发来的各种消息展示，其中包括留言和直接发送的信息，及时回复用户信息才能够确保我们公众号的活跃度与粉丝粘性。

“用户管理”是对我们粉丝定位功能，用户管理中我们可以根据用户的属性进行分类，哪些是忠实粉丝，哪些是游客，哪些是竞争对手扮演恶性粉丝，在这里我们都可以进行管理分类。而且对于一些恶性粉丝，我们可以直接拉入黑名单。

图 2-4.50 “统计”和“设置”

“统计”和“设置”是微信公众号在成长过程中也需要定期关注设定的两项功能。其中“统计”功能是我们后台各项数据的统计，透过这些数据，我们可以了解到公众号的成长势态。

“设置”功能是公众号一些信息的完善与修改，其中包括了公众账号后期成长必须申请的“微信认证”以及公众号后台的“人员设置”，这两项功能都非常简单，点击之后根据提示填写信息、操作即可。

2.5 智能时代电商实操基础及应用——自媒体篇

随着智能时代的发展，越来越多的特色网络商业模式不断涌现，而对于电子商务而言，其中有这样一个独特的模式非常值得关注，这就是自媒体。所谓自媒体是指私人化、平民化、自主化的传播方式，在自媒体发展过程中，出现了无数的商机，而且自媒体的发展模式非常适合现代大众，对于思维活跃的青少年而言，自媒体更是一种成长的契机,从自媒体的发展势态中不难看出,青少年才是自媒体的核心力量。

自媒体虽然看起来高端化，但发展的基础力量大多来源于生活，且基于互联网产生的商机丰富，同时当下流行的自媒体平台也非常丰富，我们可以根据自己的特色选择适合平台，并寻找发展机遇。

下面，我们就来了解学习下当下流行的主流自媒体平台运营方式。

2.5.1 今日头条

近两年提到自媒体平台我们能联想到的一定有今日头条。今日头条是一款基于现代咨询数据挖掘的推荐引擎产品，在今日头条平台上大量吸引人眼球的实时资讯高速传播，而且今日头条拥有非常现代的发展模式，仅 2016 年就在短视频板块的完善上投资了 10 亿元，2017 年又全资收购美国短视频应用 Flipagram 未来发展，在功能模块之上，今日头条体现了高速化、人性化、轻松化的特色，在短短 6 年时间斩获了 2.4 亿活跃用户，一举超越腾讯新闻成为新闻资讯 APP 用户榜的第一名。

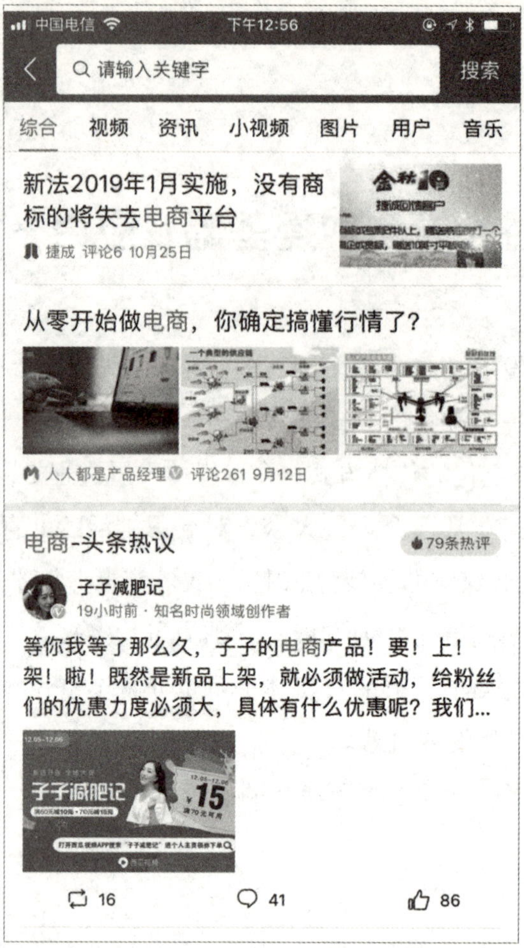

图 2-5.1　今日头条界面

就是在这样一个高速发展的平台上，“新零售”“新电商”等名词随之诞生，越来越多的用户开始利用这一平台轻松获利，甚至基于这一平台的自媒体运营公司，也赚取了更多利润。

现在我们就来了解下如何成为今日头条的用户，并且如何通过今日头条低成本赚钱。

对今日头条而言，适合自媒体新手运营的方式主要是头条号的文章、视频发表，文章、视频的点击率就是赚钱的主要来源。而注册头条号的方法也非常简单。

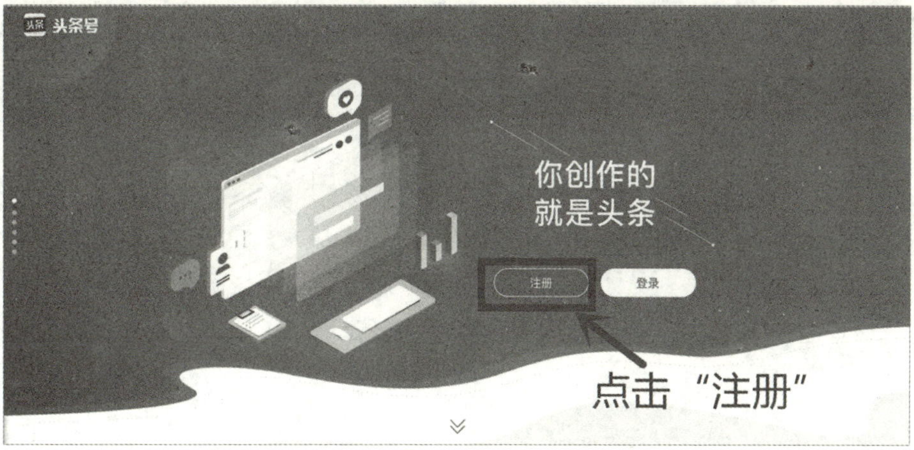

图 2-5.2　注册头条号（1）

首先在电脑浏览器之上输入“https://mp.toutiao.com”，进入头条号的官方界面，然后点击“注册”选项。

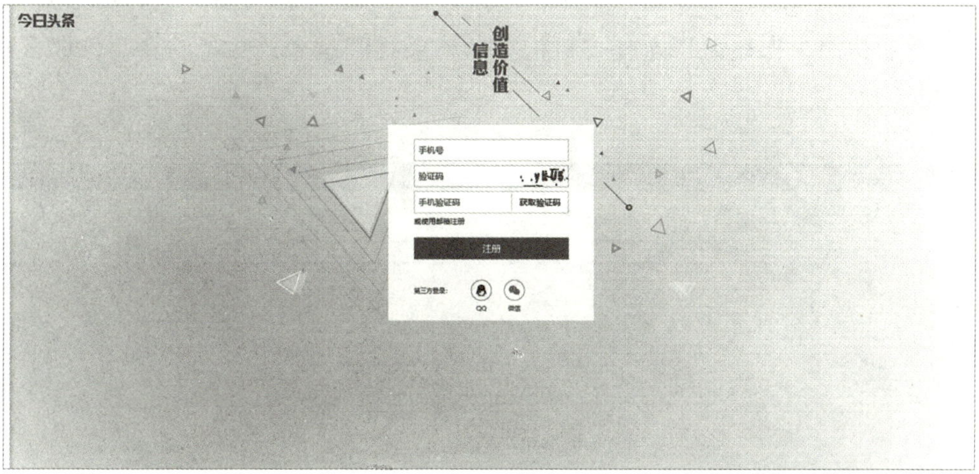

图 2-5.3　注册头条号（2）

在注册界面首选注册方式依然是手机号码注册，不过在下面还有两个其他的选项，这就是“QQ”“微信”账号的绑定注册方式。考虑到网络安全问题，尽量选择手机号注册。

图 2-5.4 注册头条号（3）

与微信公众号相同，头条号的类型也分为“个人”与“机构”两种，如果已经办理了营业执照，那么可以选择“机构”，如果我们是今日头条的新手，那么可以选择个人。

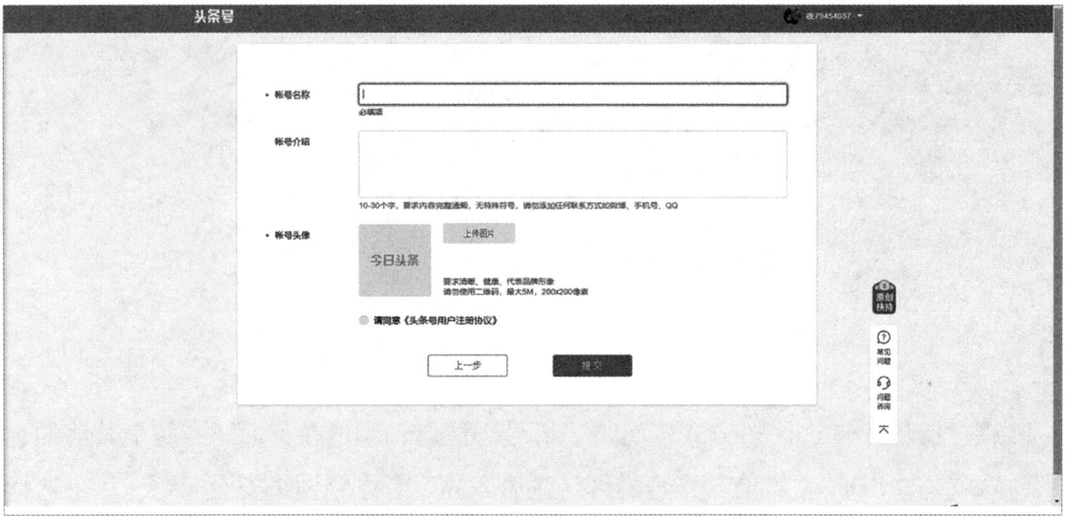

图 2-5.5 注册头条号（4）

在填写完注册账号的各项信息之后，点击“提交”便轻松完成了头条号的注册。

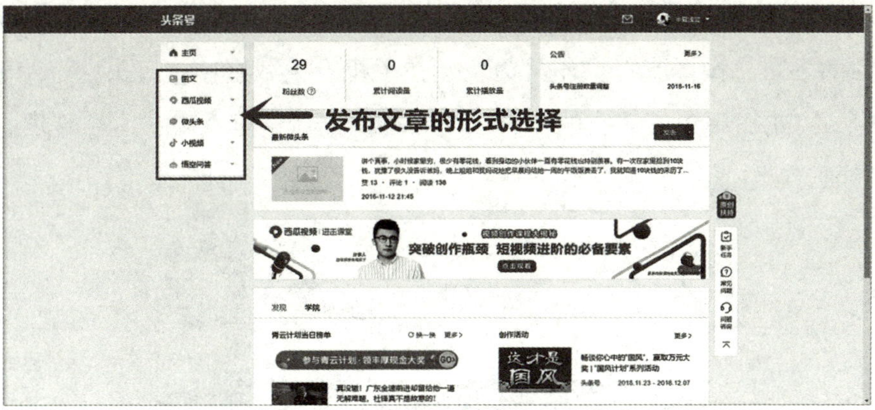

图 2-5.6　头条号的操作后台

账号注册完成之后，直接跳转到头条号的操作后台。而头条号的操作后台也非常简单明了，页面左侧展示着各种内容发布形式，我们可以根据自己的能力与喜好，发布精品内容。

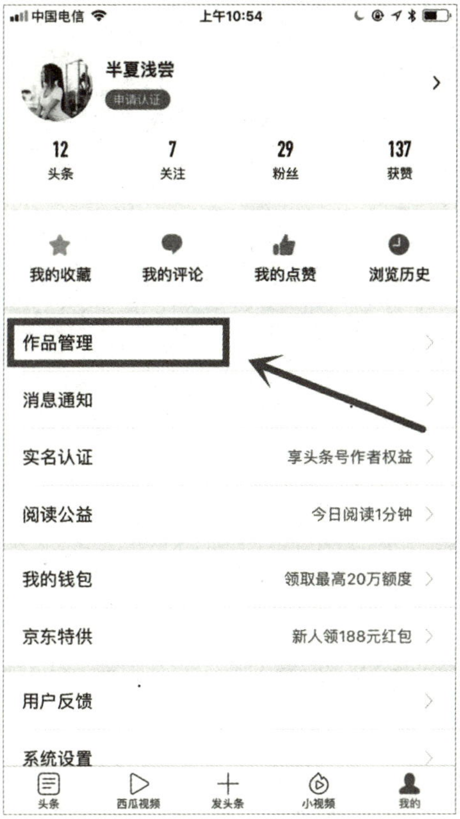

图 2-5.7　头条号手机端操作（1）

头条号注册成功之后，我们不仅可以用电脑进行内容的发布，同样可以用手机进行文章的发布，操作流程也非常简单。在手机上下载好“今日头条”APP，然后登陆账号，点击右下角的“我的”进入个人界面，在这里点击“作品管理”进入作品发布界面。

图 2–5.8　头条号手机端操作（2）

进入“作品管理”界面之后，点击右上角的铅笔图片，便可以进入内容的编辑、撰写与发布了。

对“今日头条”的新手而言，我们经常遇到这样一个问题，这就是流量与数据的增长不理想，找不到快速成长的方法。在这里我们在一起了解几个新手，运营今日头条应该遵循的要点。

图 2–5.9　头条号手机端操作（3）

在这里我们需要明白一个道理，这就是今日头条作者与读者存在巨大的不同。作为读者用户，我们可以随机浏览文章，可以漫无目的地浏览各个领域的文章。但作为作者，我们必须有自己的专属领域。

因为今日头条对新手有文章推荐福利，这种扶持针对单独账号的单独领域，即我们在一个领域内发布了优质文章，则后续在这一领域内会获得更多的扶持与关注，而在其他领域内的推荐量则会被相对削弱。所以，如果没有专注的领域，我们很难在新手期获得更多的流量。

图 2-5.10　头条号手机端操作（4）

有了专注领域之后，文章的口碑就成为了我们需要注意的另外一个关键点。虽然自媒体的内容发布大多来源于随性的生活，但正能量才是正确的价值导向，一些太过小众的内容尽量需要避免，同时要注意我们发布内容类型的用户反馈，“点赞”的数量可以衡量出文章的口碑，留言也要及时查看，注重良好的口碑才是头条号发展的关键。

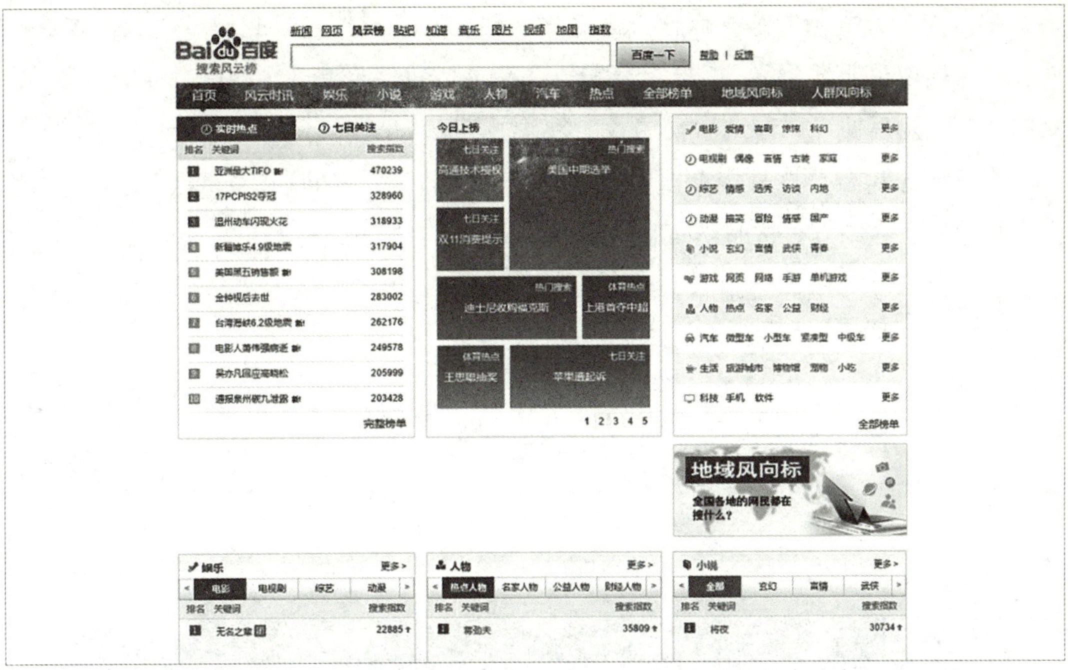

图 2-5.11　如何寻找热点

对于大多数自媒体平台，“热点”“热搜”话题都占据了大量的版面，而这些焦点话题就是很多头条账号的重点内容。时事焦点的话题总容易引起他人的关注，及时发布一些热点信息，可以帮助我们的账号获得更多的关注与浏览。

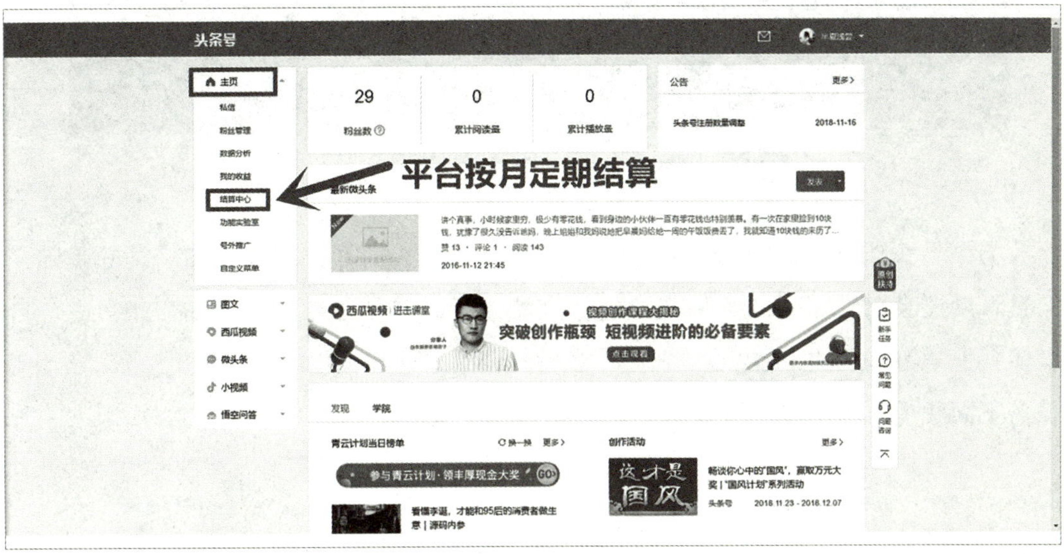

图 2-5.12　结算中心

学习完今日头条的基本操作方法之后，通过发布各种内容我们可以获得收益，而收益的提取也非常简单。点击头条账号后台的“主页”菜单，然后点击菜单当中“结算中心”，随后便可以看到后台的各项收益了。

今日头条后台会按月定期对收益进行结算，绑定好我们的银行卡、支付宝、微信信息之后，在结算日按时结算自己的收入即可。

2.5.2 百家号

除了今日头条，当下还有一个非常火的自媒体平台——百家号，百家号是全球最大搜索引擎百度旗下的自媒体平台，百家号拥有一个非常独特的口号：从这里影响世界。

图 2-5.13　百家号界面

与今日头条不同，因为百家号源自百度，所以它的客户拥有更加广阔的基础，而且百度还会对百家号的各种文章进行推荐，所以“百家号”也是一个非常适合自媒体新手学习发展的平台。

下面我们就来学习下百家号的运营和操作。

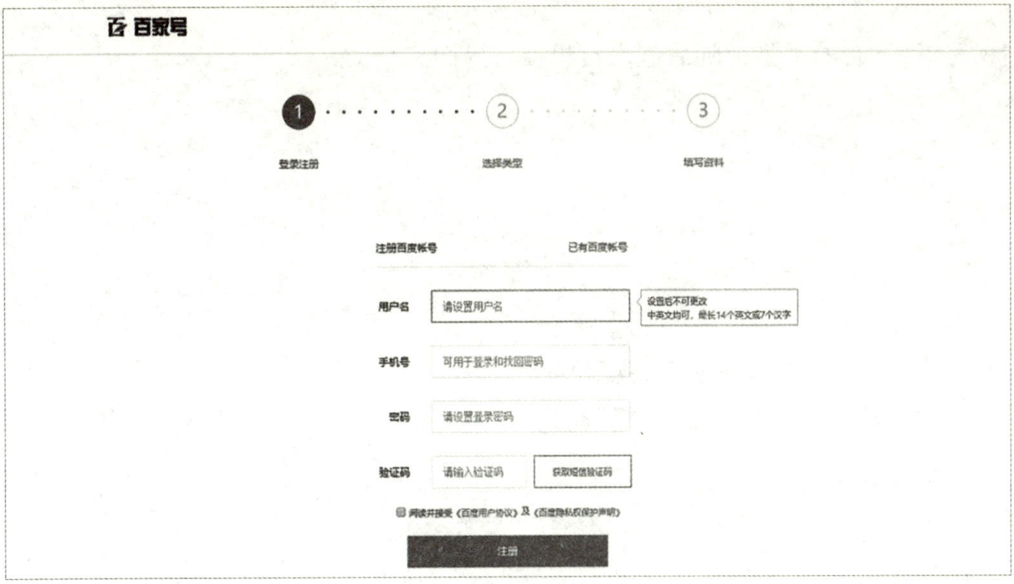

图 2-5.14　百家号的注册（1）

百家号的注册也非常简单轻松，首先在浏览器上输入百家号官方网址“https://baijiahao.baidu.com”，然后点击主页面的“注册”选项，进入百家号的信息填写界面。

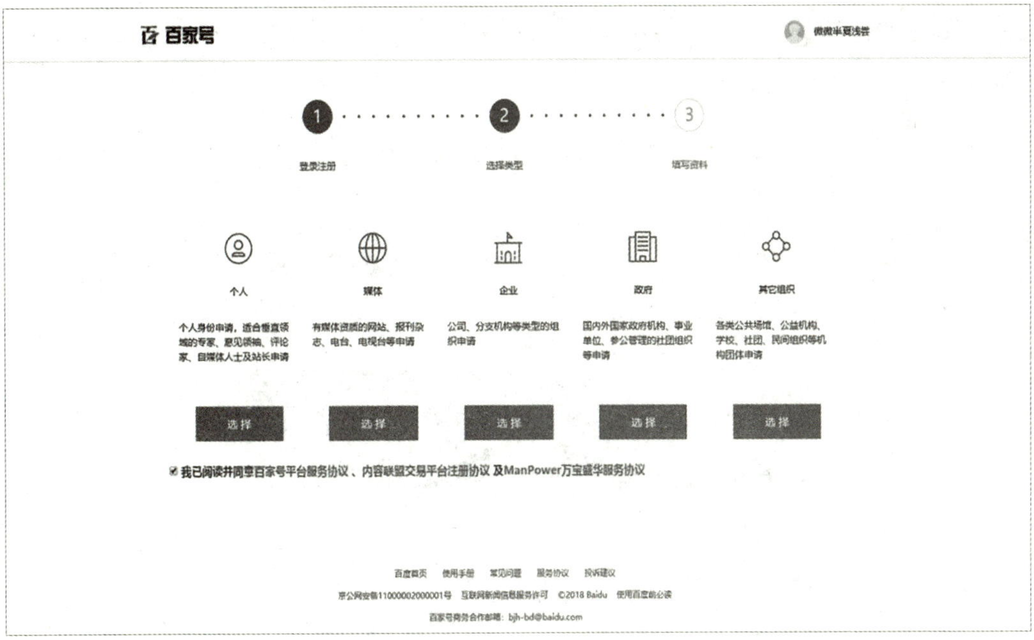

图 2-5.15　百家号的注册（2）

与其他自媒体平台一样，百家号的注册信息填写完成之后，也需要进入类型的选择，选择适合的类型，随后进入资料填写界面。

图 2-5.16　百家号的注册（3）

百家号的注册比其他平台多一项选择，这就是与其他自媒体平台的账号绑定，此项服务便于各平台之间同一账号的内容同步。

图 2-5.17　百家号的注册（4）

点击“保存”之后，百家号便注册完成了，随之进入百家号的后台操作界面。

在这一界面当中主要的功能栏同样在左侧，而中间部分是各种官方信息，包括公告、有奖征文等等，多关注官方信息可以让我们把握好账号成长的主要方向，避免一些违规情况的出现。

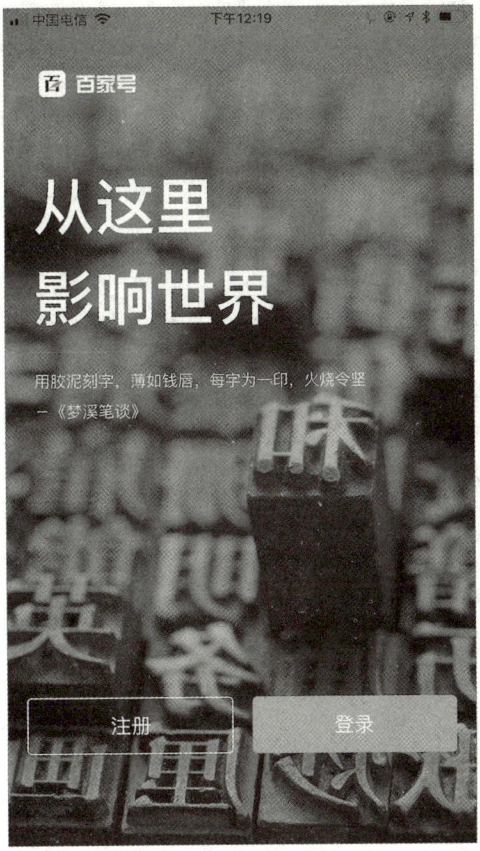

图 2-5.18　百家号的注册（5）

百家号的手机端注册方式与电脑端相同，下载好手机百家号的 APP，点击主界面的“注册”，按照信息提示完成相应的账号注册即可。

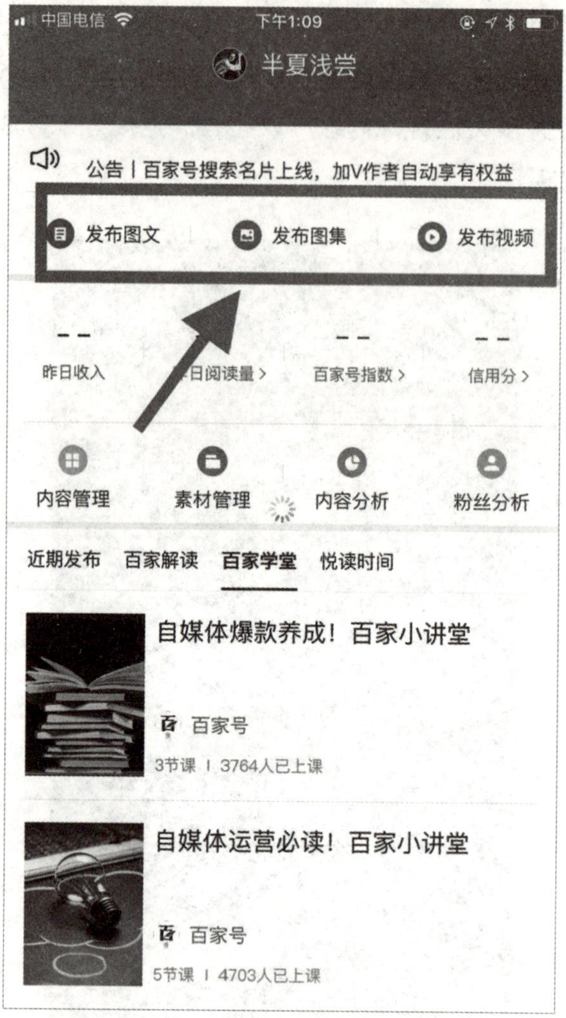

图 2-5.19　百家号手机端的内容发布

百家号手机端的内容发布在中间上方位置，而且类型区分非常清楚，分别为：图文、图集、视频。

百家号的新手成长也有需要注意的点和技巧，在注册好百家号账号之后，新手成长的技巧就是我们需要学习的重点了。

1. 标题

图 2-5.20　百家号手机端的内容标题（1）

自媒体的盈利方式简而言之就是将文章、视频等信息当做“商品”，通过互联网技术传播，虽然用户不用直接购买观看，但用户的流量就是利润。

既然平台内容是“商品”，那么必然要给它取一个好名字，所以文章的标题就是文章流量的要点之一。

很多人认为标题党是现代网络文章、视频共有的一个特色，但事实上夸大性、悬疑性的标题已经过时，甚至被很多平台视为违规，所以在标题选择时也不要太过盲目。优质的标题要突出主题，同时要有引人入胜地点击欲望，尤其是焦点性话题，在标题中非常重要。

图 2-5.21　百家号手机端的内容标题（2）

标题的文字要吸引人，那么内容的封面自然也非常重要。

标题与封面是一篇文章、视频带给读者的第一直观印象，所以两者相辅相成。封面的选择不仅要清晰、美观，更重要的是要与标题产生的话题相关联，特殊情况下封面图片甚至可以不出现在文章当中，重点在于封面与标题搭配，可以促使读者有更强烈的点击欲望。

图 2-5.22　百家号手机端的内容标题（3）

大多数自媒体平台的内容都会与时事焦点相关，但想要获得更多的流量，就不能只局限于话题自身，任何话题周边都可以带来巨大的流量，以 2018 年 11 月“DG 公司辱华”事件为例，从事件本身到事件中女孩的社交账号近况都是众人关注的话题，对于百家号的新手运营而言，要学会这种扩大话题性的运营方法，将焦点话题再次延伸，我们可以找到更多的焦点内容。

图 2-5.23　内容领域专注

内容领域专注的特色不仅仅适用于今日头条，百家号的成长过程中也需要遵循这一要点。由于百家号是基于百度用户基础之上开发的平台，所以这一平台的用户基数更大，垂直领域的专注性是影响粉丝粘性的重要因素。

以图中百家号为例，作者专注于娱乐领域的文章发布，阅读量非常突出，粉丝活跃度也非常突出。

2.5.3 企鹅媒体号

如果说百家号是基于百度用户为基数发展的自媒体平台，那么还有一个平台拥有更加庞大的用户基数，这就是企鹅媒体号。

其实看到“企鹅”这个名字我们就已经明白了这一平台是腾讯公司旗下的自媒体平台，腾讯旗下的产品十分丰富，而且基于腾讯用户的惊人数量，大多数腾讯产品发展的速度都非常惊人。

下面，我们就来了解下企鹅媒体号的运营方式及其独有特色。

图 2-5.24　企鹅号界面

很多人认为企鹅号既然是腾讯旗下的产品，登录方式与微信、QQ 都相关联，那么是不是无需注册可以用微信、QQ 账号直接入驻呢?

作为用户，我们可以直接使用微信、QQ 账号浏览企鹅号发布的各项内容，但想要运营企鹅号还需要我们进行平台的注册。

首先在浏览器上输入企鹅号的官方网址“https://om.qq.com”，然后点击中下方的“注册企鹅号”。

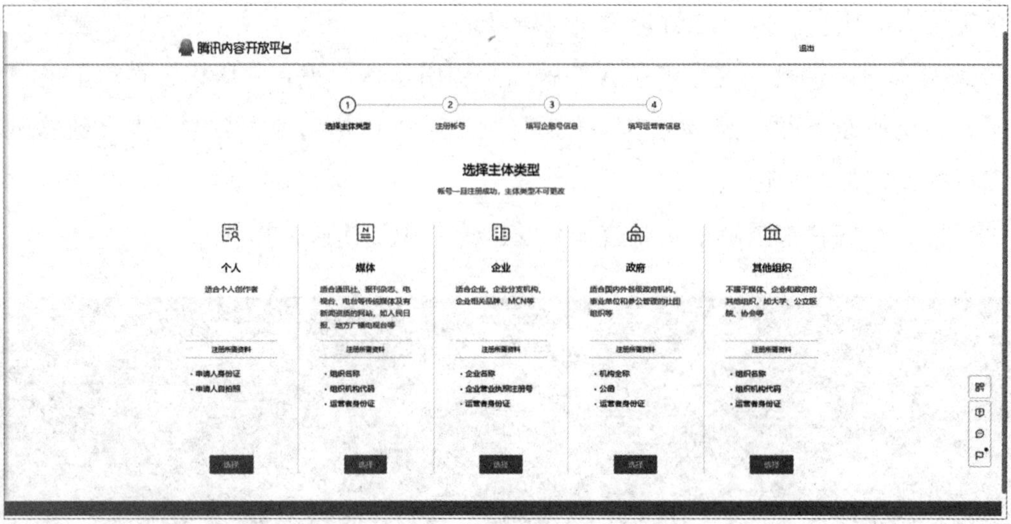

图 2-5.25　企鹅号注册（1）

和所有自媒体平台相同，注册界面首先需要选择的就是平台的类型。

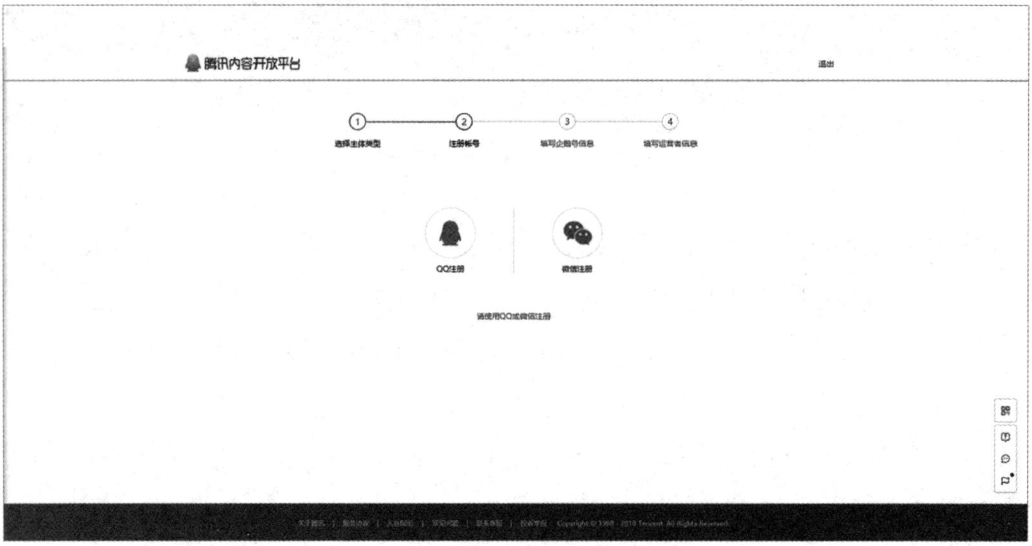

图 2-5.26　企鹅号注册（2）

选择好注册账号的类型之后，就可以直接跳转到微信、QQ 账号的关联界面了，在这里选择我们需要关联的账号类型。

图 2-5.27　企鹅号注册（3）

关联账号需要我们进行相关的账号认证，这也是保障账号安全的一种设定。

图 2-5.28　企鹅号注册（4）

之后是企鹅号信息填写的阶段，根据信息提示，填写相关信息。在这里我们需要注意一点。

注意：企鹅号需要关联微信公众号，提前注册微信公众号，同时需要在微信公

众号后台“设置”→“公众号设置”当中设置好“微信号”。

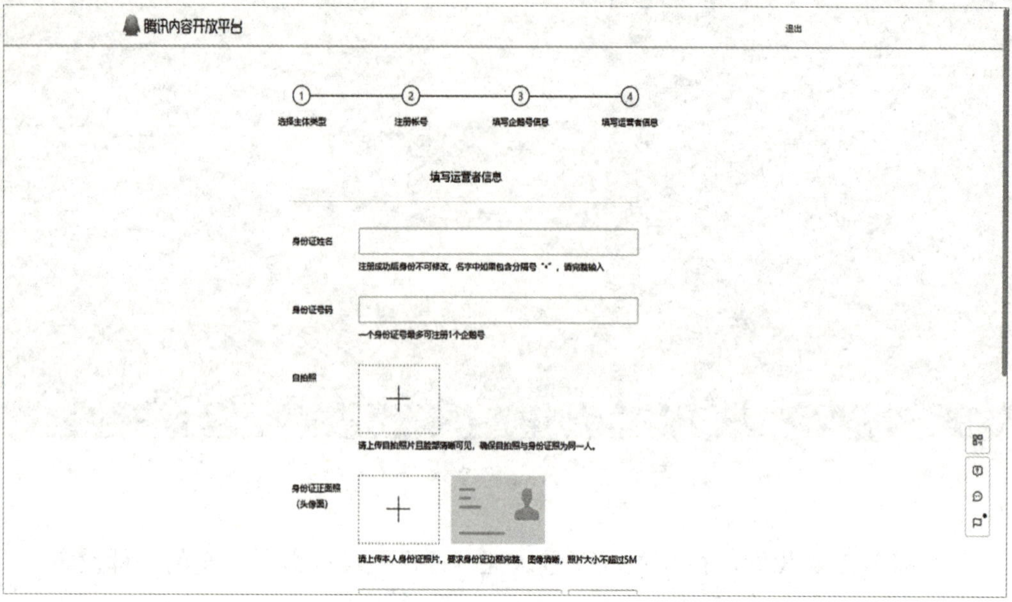

图 2–5.29　企鹅号注册（5）

企鹅号信息填写完成之后，最后需要填写的就是运营者的个人信息了。运营者信息的填写过程需要我们准备好一张自拍照和一张清晰的身份证正面照片。

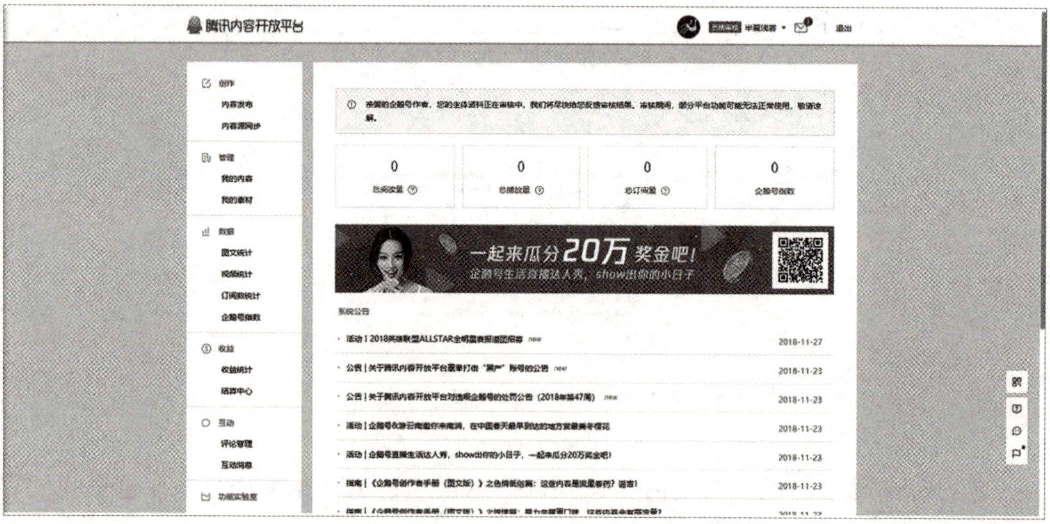

图 2–5.30　企鹅号注册（6）

信息填写提交完成之后，便可以直接进入企鹅号后台的操作界面了。虽然注册成功，但是我们需要等待一段时间的审核，这一过程中如果我们其他关联平台的账号已经非常成熟，那么审核时间会比较快。

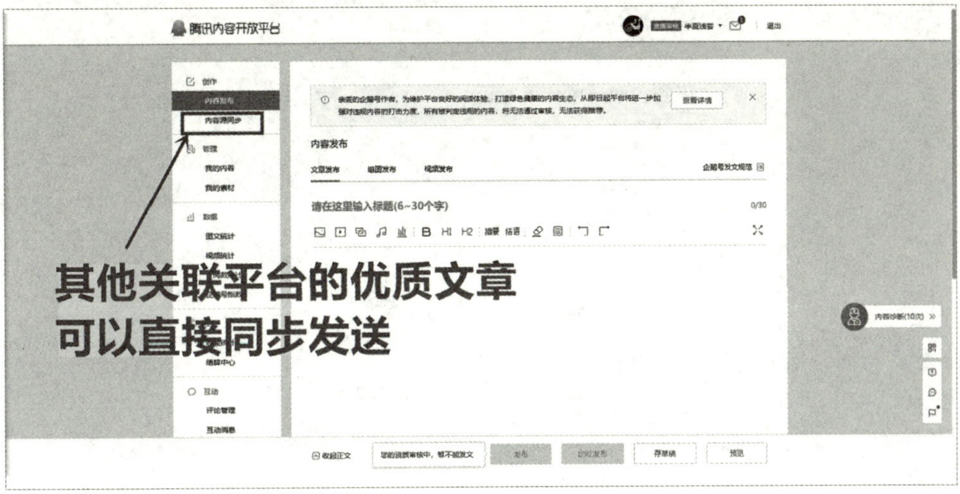

图 2–5.31　内容源同步

在企鹅号操作后台各项功能中有一项功能是我们需要详细了解的——内容源同步，在这一功能选项中，如果我们已经关联好自己的其他自媒体平台账号，那么优质的文章可以直接同步在企鹅账号。

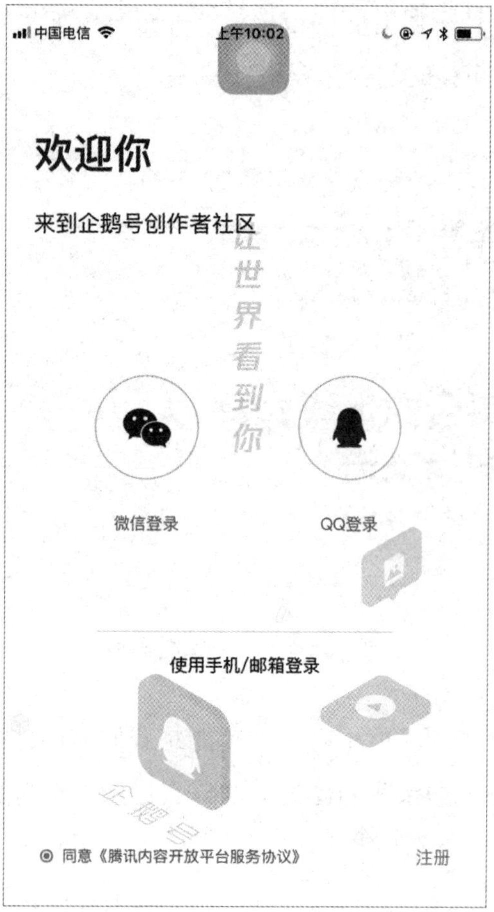

图 2-5.32　手机端企鹅号登录

在电脑端注册好企鹅账号后，手机端的操作便可以随之进行。先下载好企鹅号APP，然后根据我们注册的账号类型直接登录。

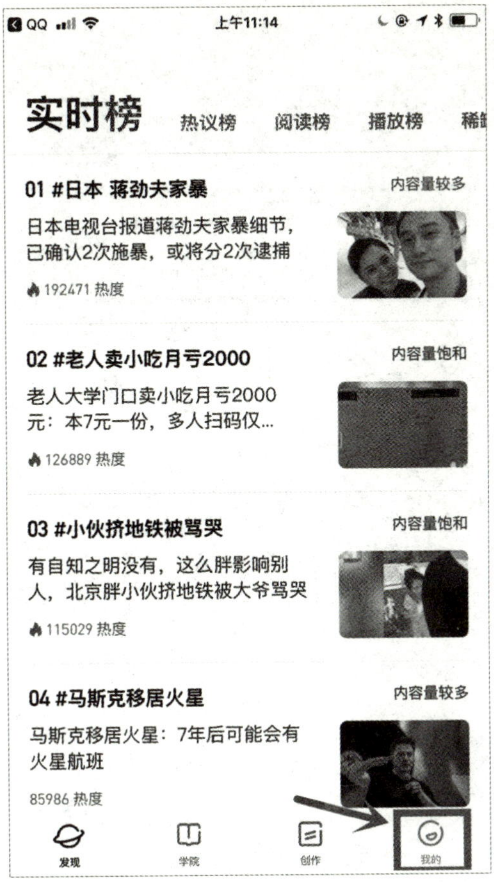

图 2-5.33　手机端操作界面

登录之后点击右下角的“我的”选项，进入后台的操作界面。在这一操作界面当中，可以找到与电脑端操作后台相同的功能选项。

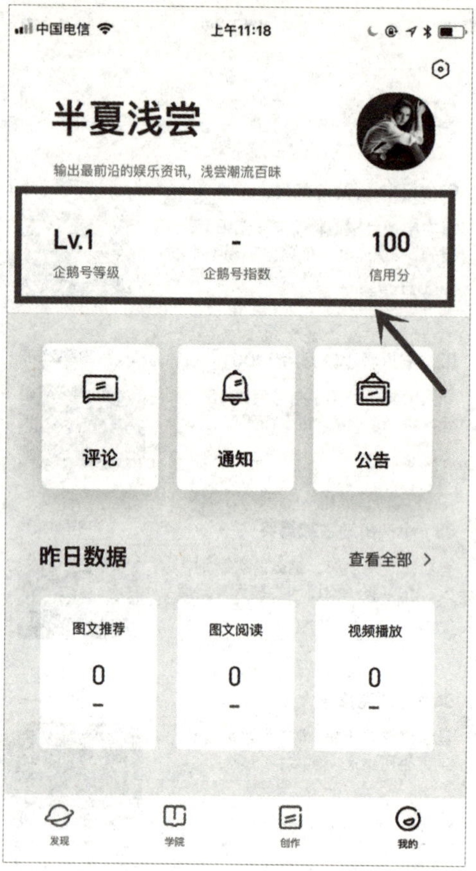

图 2-5.34　企鹅号等级

在企鹅号的手机端操作后台中，正上方的信息栏有“企鹅号等级”“企鹅号指数”“信用分”。这三项信息提示直接关系到我们账号的健康程度与权重。尤其“信用分”的分数，是账号成长的重要基础，当出现违规情况时，“信用分”会被扣除，且“信用分”越低，账号的功能权限越低。

而“企鹅号等级”“企鹅号指数”是账号活跃度与成长速度的重要体现，这两项数值越高代表我们账号被关注的程度越高。

通过企鹅号后台的版面设计，我们可以看出“企鹅号”将账号的健康程度是放在第一位的，所以在运营企业号过程中，对各项违规一定要谨慎，因为企鹅号对违规情况的处罚也是相当严厉的。

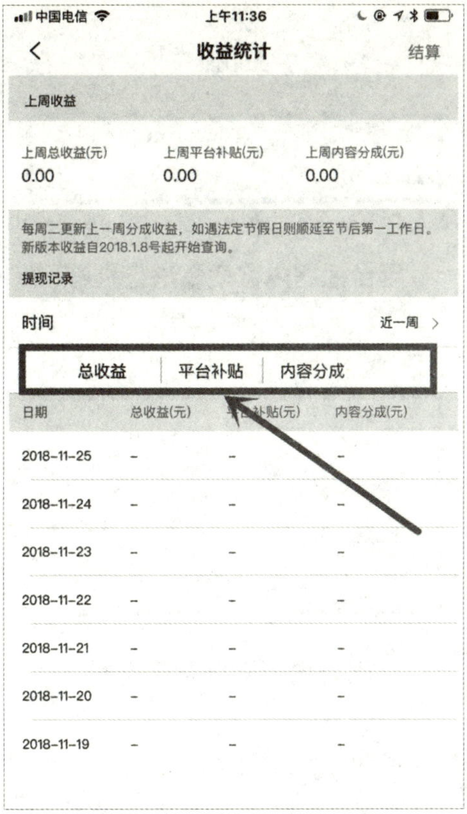

图 2-5.35　平台收益

企鹅号当下非常受欢迎的原因除了用户基数大之外，还有另外一个原因，这就是企鹅号的收入分成高，且拥有一定的平台扶持与平台补贴。

对于自媒体运营者而言，输出内容的流量可以直接转化为收入，流量带来的广告也是收入的主要流程，相比其他平台，企鹅号在内容输出分成上为用户保留了较大的比例，同时为了扶持平台高速发展，平台还开设了“补贴”项目，换而言之，优质的文章、视频在企鹅平台之上更容易换来较大收益。

这也是企鹅号适合青少年发展成长的主要原因。

了解了企鹅号的基础操作运营之后，我们下面来学习企鹅号的新手运营技巧，以及如何通过这些技巧获得账号的快速成长。

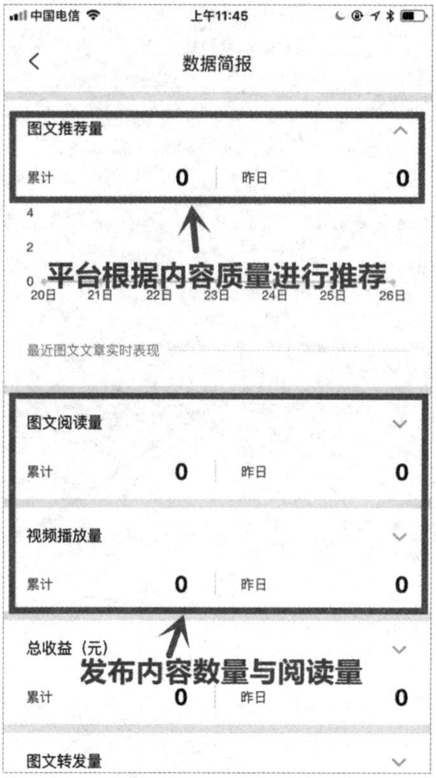

图 2-5.36　内容推荐与数据

新手注册企鹅号之后，我们可以看到各项数据都为 0，是一个全新的起点，那么我们应该如何获得快速的成长。首先我们需要了解账号成长的几项关键数据。其中文章阅读量、视频的播放量是账号成长的基础，当这一基础达标（即每日保持保质保量更新）之后，优质的内容会被平台抓取推荐，而推荐之后便可以获得更大流量，账号成长的基础也来源于此。

在内容的输出过程中，以下几个技巧可以运用。

1. 注重内容的首发

所谓内容的首发是指发现时事焦点的话题并早时间发送，而不是去搜寻一些过时的话题进行编辑。同时内容的首发还是指各大平台内的首发，无论我们经营哪些平台，都可以根据内容的反馈选择适当的平台首发。

2. 文章领域的专注

无论哪一个自媒体平台，我们都在一直强调内容领域的专注性，在企鹅号当中更为重要，因为企鹅号在优质内容抓取推荐的程度上更加突出，保持专注领域可以帮助我们让更多优质内容获得推荐。

3. 文章更新的稳定性

自媒体平台的文章更新一定要保持稳定性，如此才能保持账号的健康、持续成长，无论内容发布后反馈如何，都要保持定量的更新，只有保持账号的活跃才能够确保账号基础分数的增长。

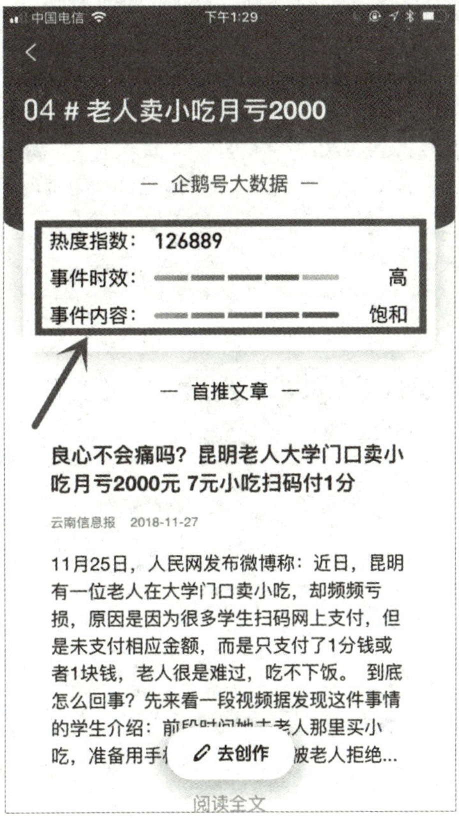

图 2–5.37　热点话题

4. 内容的时效性强、文章饱满

我们输送内容的健康程度直接关系到账号的成长，而关系到内容健康程度主要有两大因素，一个是时效性，一个是内容的饱满程度。

所谓时效性是指事件的持续热度，过时的内容换一个标题反复发送很容易导致时效性不足，从而影响内容的质量。

内容饱满度是指文章的完整程度，是否完整诠释了我们的标题，或者视频、音频是否带给了读者满足感，只有内容饱满才能够获得更好的反馈。

2.5.4 新浪看点

如果问当下比较火爆的自媒体平台有哪些，相信很多人都可以说出几个答案，但如果问最早的自媒体平台是哪一个，相信很多人都说不清楚。

总结归纳过自媒体平台的各种特性，再与现代各大网络平台进行对比之后，相信很多人会认为最早的自媒体平台是新浪微博，毕竟新浪微博算得上最早帮助个人传输焦点信息，并且植根于大众生活的社交圈了。

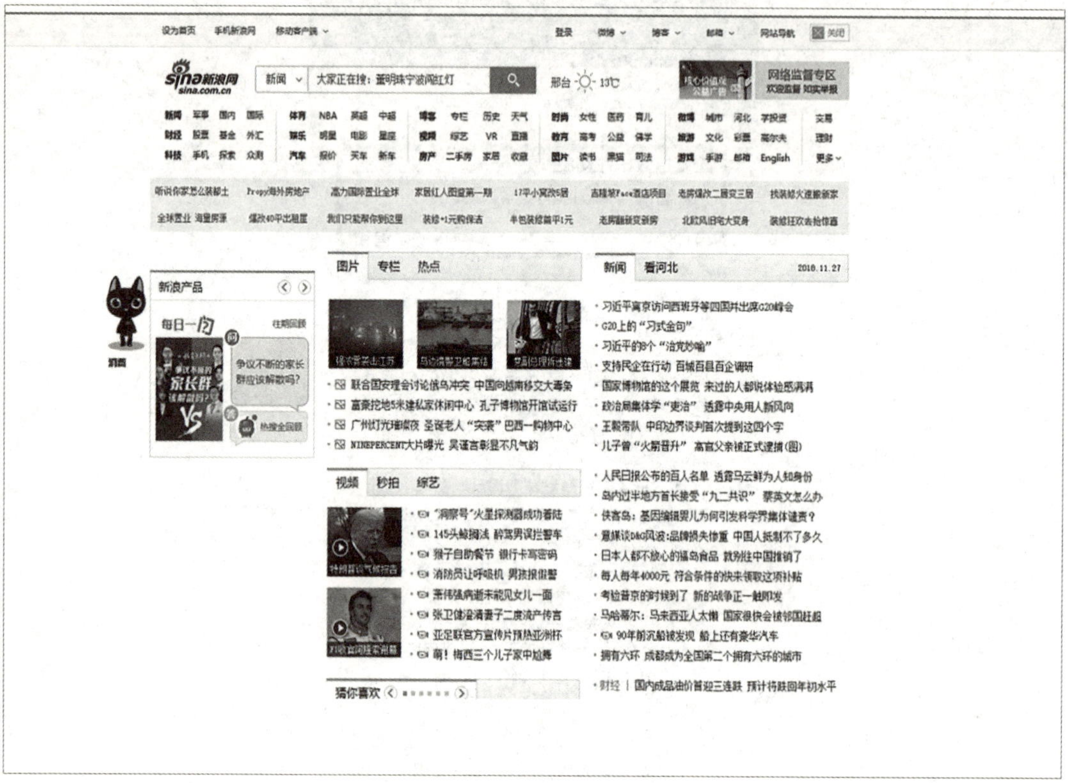

图 2-5.38　新浪网界面

事实上真正意义上最早的自媒体平台并不是新浪微博，但却与新浪有关，最早出现的自媒体平台是新浪旗下的——新浪看点。虽然很多人对这一名字有些陌生，但的确在中国自媒体时代到来初期，“新浪看点”是最早涌现出真正意义上的自媒体平台。

图 2-5.39　新浪看点界面

“新浪看点”的发展形势稍逊色于其他自媒体平台，更多原因在于新浪自身，即新浪内部各个产品之间产生太多竞争。因为“新浪微博”与“新浪看点”之间存在很多相似之处，所以导致“新浪看点”发展起点的用户基数虽然庞大，但无法顺利进行转化。

不过随着时代发展，越来越多人更批量性关注时事焦点性资讯，而“新浪看点”在这一板块上做得增加突出，所以近年来“新浪看点”的发展也非常突出，且“新浪看点”顺利借助新浪微博的东风，将各种明星动态第一时间在平台展现，进而获得了飞速的用户增长，以及更多良好口碑。

下面我们就来了解学习“新浪看点”的运营方法。

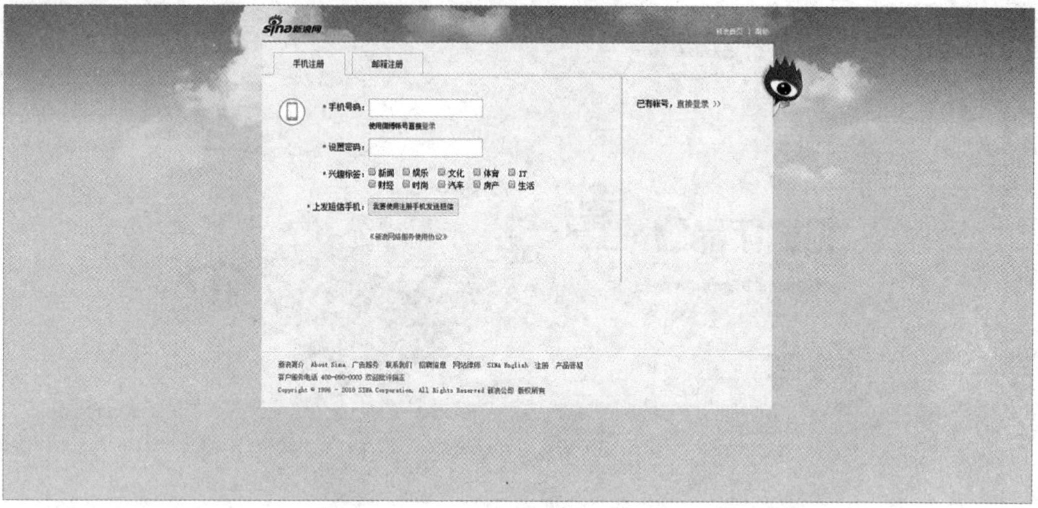

图 2-5.40　新浪看点注册（1）

“新浪看点”的注册方式有两种，第一种是拥有新浪微博账号，第二种是没有新浪微博账号。这两种情况的注册方式都很简单。首先在浏览器上打开“新浪看点”的官网“http://mp.sina.com.cn”，如果拥有新浪微博账号，那么直接点击“登录”，填写账号密码就可以进入随后的注册信息完善界面。如果没有新浪微博账号直接点击“注册”就可以。

图 2-5.41　新浪看点注册（2）

点击“注册”之后我们可以看到最基础的信息填写，填写完成之后根据信息提示用手机向指定号码发送指定的短信息，就可以获得自己的新浪账号了。

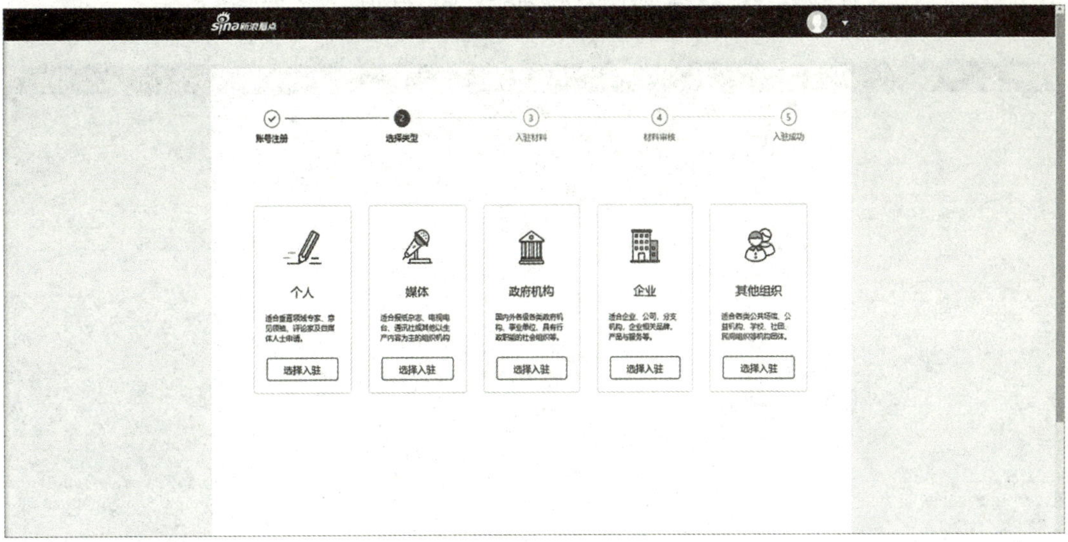

图 2-5.42　“新浪看点”的首页界面

重新点击“新浪看点”的首页界面，点击“登录”填写账号密码，就可以进入账号注册的类型选择界面。如果我们拥有新浪微博账号，点击“登录”填写账号密码之后，也可以直接进入这一界面。

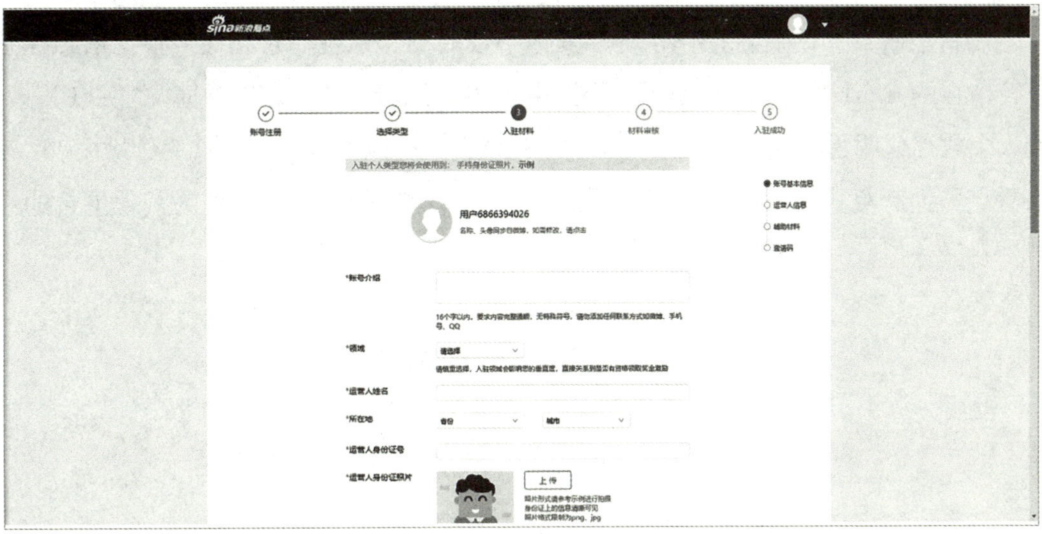

图 2-5.43　资料填写界面

在资料填写界面认真填写各项资料之后便可以完成相应的信息备份，在这里需要注意的一点是如果我有其他平台的认证资料，可以进行填写，且需要上传一张其他平台的操作后台的图片，这张图片关系到账户审核的速度。

图 2-5.44　进入审核阶段

信息填写完成并点击“确定”后，注册账号将进入审核阶段。审核时间一般在3个工作日内，如果我们填写的其他平台账号完整，且上传的图片清晰真实，审核速度一般还会提前。

“新浪看点”的后台操作系统和其他平台的操作系统非常相似，根据信息提示进行内容的发布即可。与其他平台不同，由于“新浪看点”与“新浪微博”的关联关系，且大多数当代明星都注册认证了自己的新浪微博，所以在娱乐文化这一领域内，“新浪看点”拥有更快捷的信息资讯，因此这一平台输出的内容可以作为其他平台的参考资料。

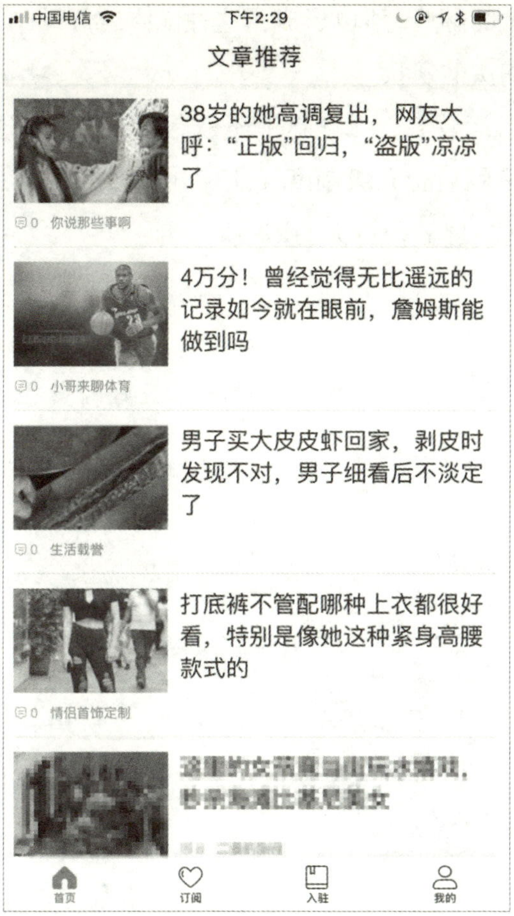

图 2-5.45 新浪看点手机端界面

虽然“新浪看点”看似与其他自媒体平台非常类似，似乎没有任何特色，但事实上“新浪看点”在运营模式上采取了一套独特的方法，这套方法直接影响到了很多基础用户在“新浪看点”上的发展思路，但经过了一段时间磨合，“新浪看点”打造出一套“小而美”发展路线。

2018 年之后，很多“新浪看点”运营者表示这一平台不好做了，官方要求太过严格，导致很多权限无法开通。事实上，并非官方要求太过严格，而是为了优化平台内容的质量，新浪官方对平台进行了优化整改。

新手入驻“新浪看点”之后很多权限无法开通，只有慢慢磨合积累之后，账号达到“四星”等级，然后开始陆续开通各种功能权限。很多新手认为这一过程太过漫长，所以多数选择了放弃，而事实上在这种政策下，坚持下来的优质运营者因为竞争者的大量减少而获得流量的翻倍，所以形成了这种优质运营者在“新浪看点”上赚大钱，而内容不优者轻易被淘汰的现状。

作为“新浪看点”运营者，无论新手还是专业人士，在这一平台之上都需要我们认真用心经营，严格的后台升级制度，让优胜劣汰更加突出，因此在这一平台上只有坚持用心付出，才能够获得更大的回报。

2.5.5 新浪微博

虽然“新浪看点”近年来为新浪公司带来了良好的发展口碑，但真正让新浪公司感到骄傲的当然还是“新浪微博”。

图 2–5.46　新浪微博界面（1）

上面我们讲到了“新浪看点”与“新浪微博”之间存在很多共通之处，那么“新浪微博”在自媒体时代能带来哪些财富呢？是否可以按自媒体的方式进行运营呢？

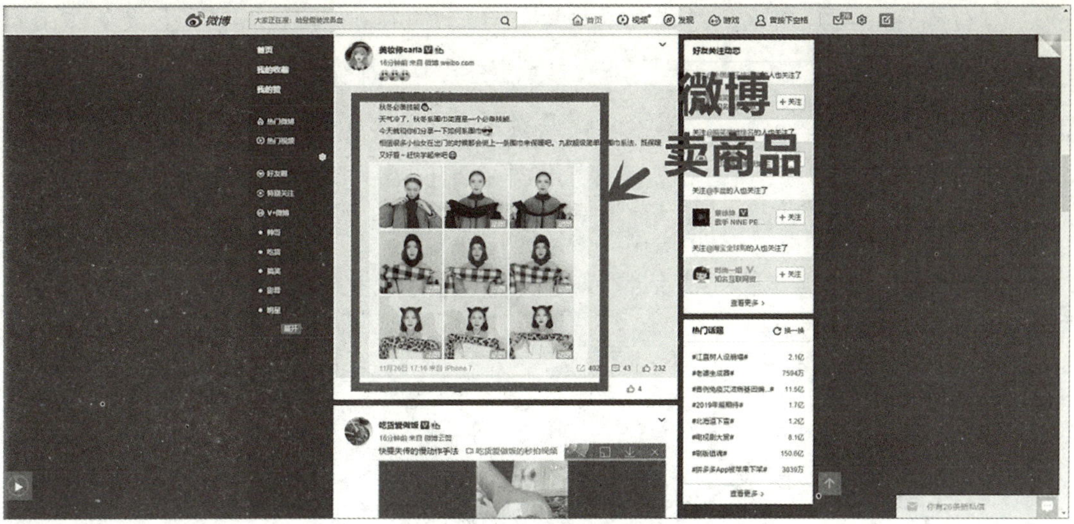

图 2-5.47　新浪微博界面（2）

事实上随着时代发展，新浪微博已经成为了一个商品零售、批发，媒体运营，信息传输的综合平台。在这一平台之上既有各种电商模式的商品销售，又有自媒体式的资讯传输，在这一综合体的平台之上，优质的电商模式可以获得更大的利润。

现在我们来学习下在“新浪微博”之上，如何通过电商思维获得利益。

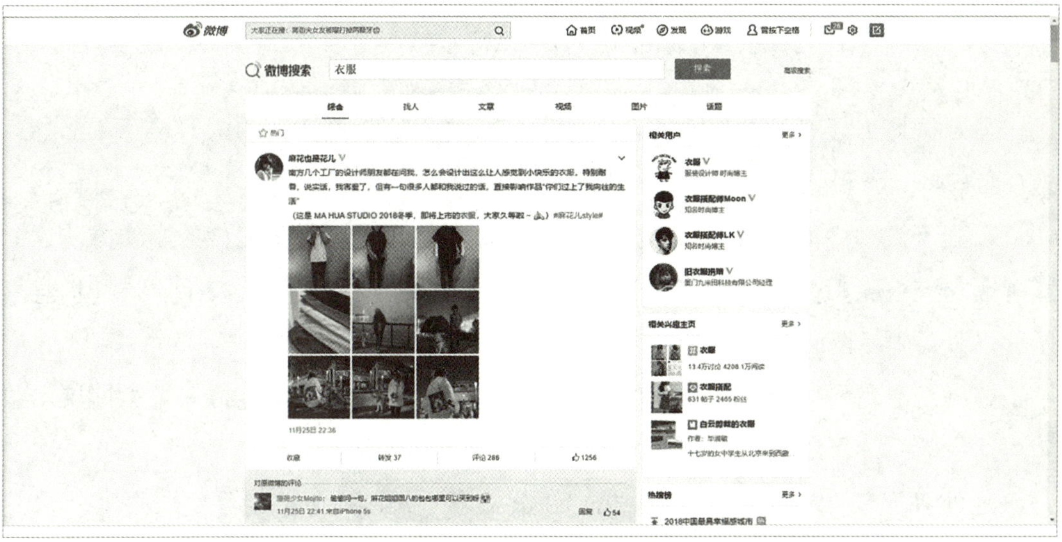

图 2-5.48　新浪微博界面（3）

在“新浪微博”上，我们可以看到很多“店铺”。这些“店铺”没有任何装修，甚至没有固定的销售领域，但却可以获得良好的销量。事实上在微博上卖东西比微商在朋友圈卖东西更早，这一群体是最早意义上的“微商”。

无论微博销售者还是微信销售者，两者最大的相同点就是粉丝数量的庞大，当粉丝数量达到一定规模之后，商品的展示率就有了保障，再加娱乐性内容的附加价值，就使这一平台的网络交易更加轻松。

因此，想在“微博”上销售商品的用户，首先需要思考的不是商品、经营，而是吸粉。

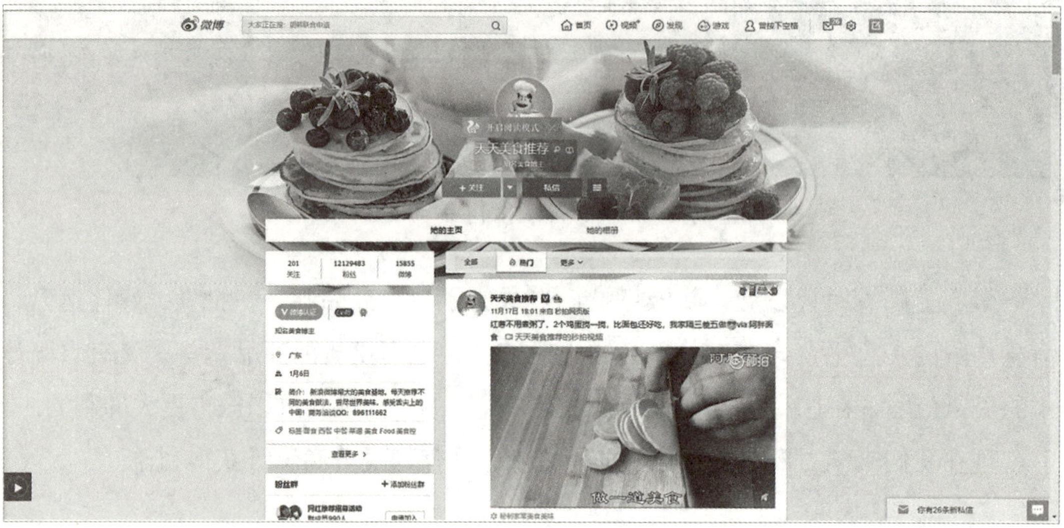

图 2–5.49　新浪微博界面（4）

另外微博上还有一种独特的自媒体运营方式，这就是定向的内容展示。当然，这一自媒体运营模式也是基于庞大粉丝量基础。

以当下微博中流行的美食类微博为例，每天定时更新一些美食的制作方法，制作视频，进行吸粉，而粉丝数量庞大之后，便开始招商进行信息展示。这种信息展示并不只局限在商品上，品牌、营销活动都可以成为展示内容。

这种信息展示收费标准非常可观，一般百万级粉丝的微博进行一条微博展示收费可达数千元，而商品的直接推广收费更高。

这种流量与实际利益的转化就是“新浪微博”的独特自媒体运营方式。

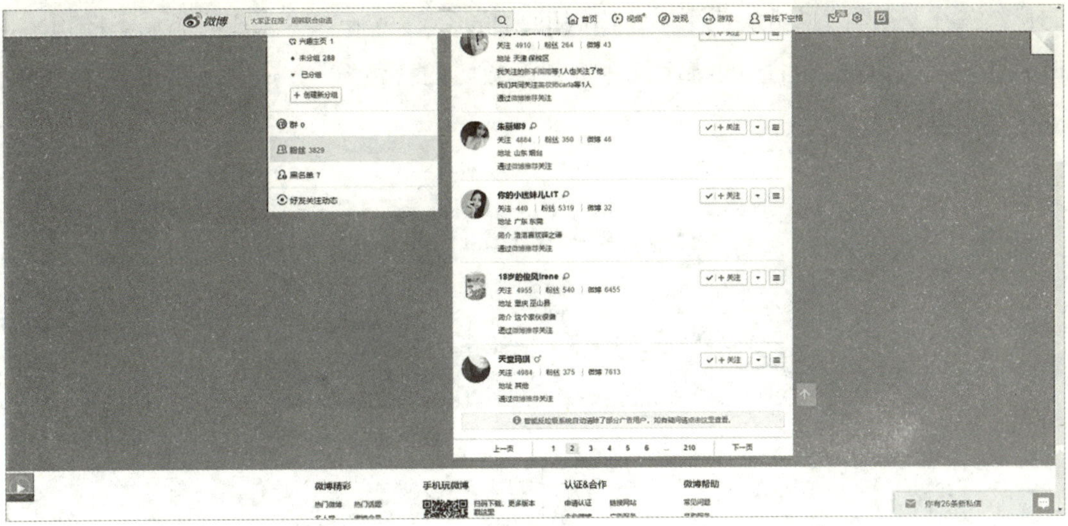

图 2-5.50　新浪微博界面（5）

无论是销售，还是自媒体运营，我们却非常清楚，只有在庞大粉丝的基础上才能够更好运行。那么如何让自己的微博账号高速吸粉，就成为我们研究的重点。

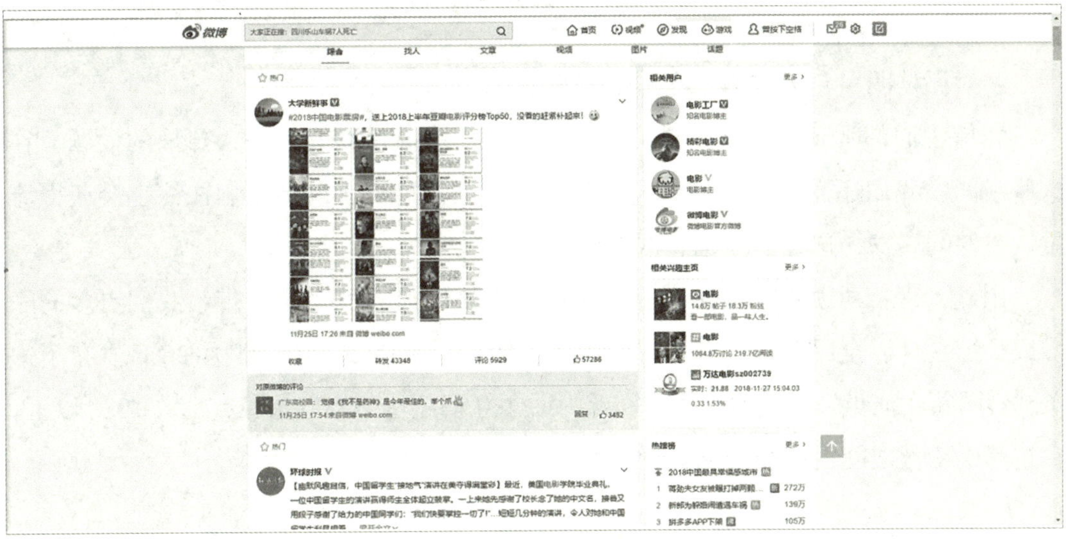

图 2-5.51　新浪微博界面（6）

1. 每天保持 3—5 篇微博更新，且领域专注，形成自己独特的风格

任何平台吸粉的重要基础都离不开账号自身的活跃度，每天保质保量地内容输出非常重要，而关键的是我们的微博内容是否可以形成独特的风格，从而吸引更多的粉丝关注。微博的风格形成来源于内容的独特形式，或许大家关注的热点事件相同，但只要我们可以融入自己的特色，并将各条微博的特色统一，那么自己的风格便可以逐渐形成。

图 2-5.52　新浪微博界面（7）

2. 对微博明星、大 V 保持关注，及时留言

相信我们都听到过某某明星因为对粉丝的一条微博留言而进入热搜的话题，在这些新闻中我们还需要清楚一点，这就是明星回复过留言的博主们往往也会获得流量、粉丝的爆发，这种情况也非常常见。

因此，保持对明星、大 V 的微博关注，并及时留言互动可以带给我们更多的账号成长惊喜。以全民偶像“邓超”的微博为例，邓超在 2018 年 11 月 26 日发布了一条“看图猜女演员”的微博，短短一天内话题互动超过 10000 条，点赞数 10 万以上，在这其中粉丝之间的账号互动火爆异常。

图 2-5.53　微博大 V

3. 微博大 V 认证

微博想要拥有更多粉丝，让自己的微博账号更具可信度，还需要进行官方的认证。官方认证的微博更具公信力，而且只有符合认证标准的博主才能通过认证。

图 2-5.54　微博大 V 认证（1）

目前微博认证主要分为四种类型，分别是个人认证、兴趣认证、自媒体认证以及机构才能申请的官方认证。目前对于个人微博而言最常用的就是个人认证。

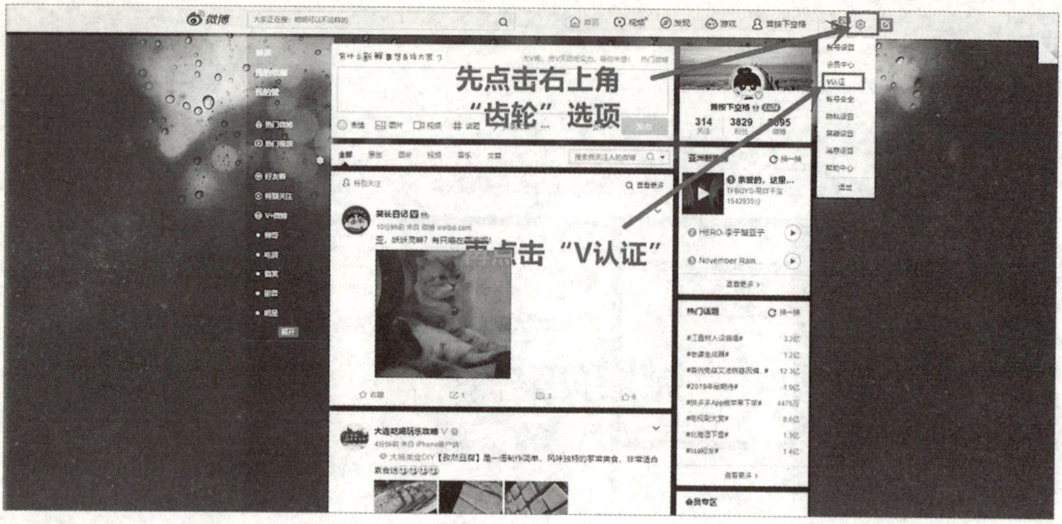

图 2-4.55　微博大 V 认证（2）

新浪微博官方“个人微博认证流程”如下：

一、个人认证基本条件

申请个人认证的微博帐号需要满足以下条件：

1. 绑定手机、有头像、粉丝数不低于 50、关注数不低于 50、至少 2 个橙 v 互粉好友。

2. 有发微博内容且能体现活跃的真实个人。

二、个人认证入口

电脑：微博页右上角—设置—V 认证—进行申请即可；

图 2-5.56　个人认证入口

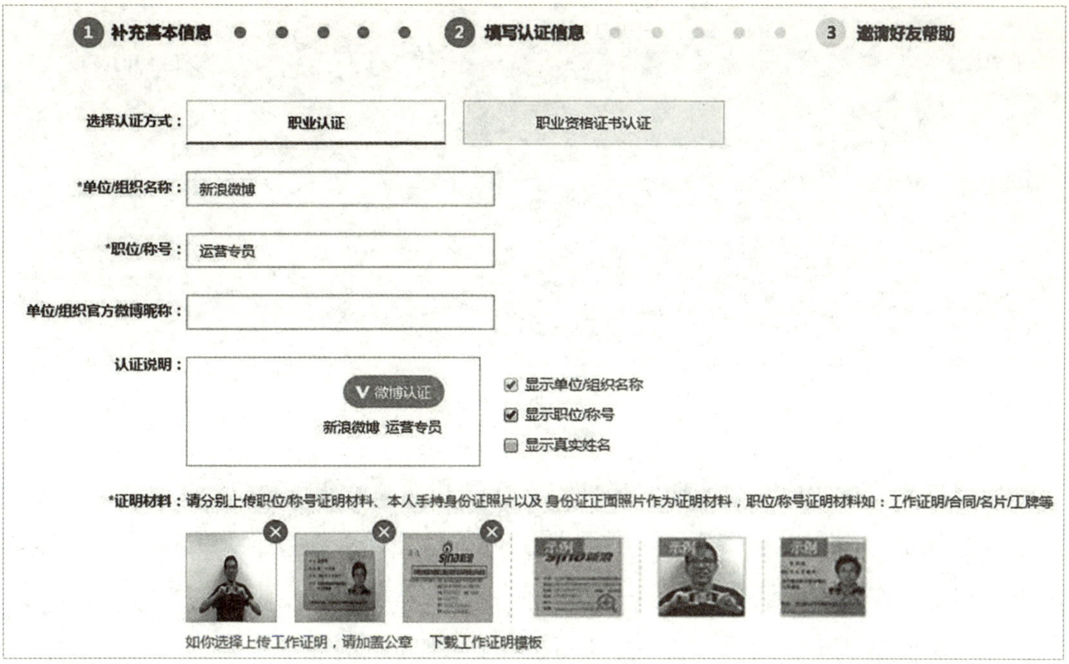

图 2-5.57　个人认证

手机：点击某个认证用户的主页—更多资料 - 微博认证—即可进入申请页面

三、认证申请方式

微博个人认证支持好友帮助认证和上传材料认证方式

1. 好友帮助认证

如果有两个及以上好友及时参与了转发帮助认证，可以加快审核的时间，提高认证的成功率。

图 2-5.58　好友帮助认证

通过邀请微博已认证的好友（本行业或本单位等）帮助确认身份信息的方式，可简化所提交的材料并节省认证所需时间。好友为申请者提供认证信用担保。

好友帮助认证在两位好友完成帮助之后 24 小时内进行快速审核。

2. 上传材料进行认证

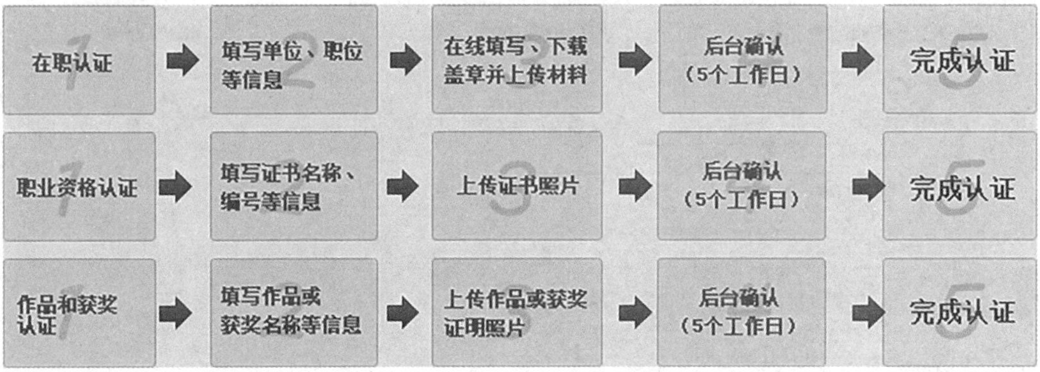

图 2-5.59　上传材料认证

用户可上传在职证明、职业资格证书、作品和获奖证明进行认证 。

在职认证：用户以上传盖章工作证明的方式认证本人在政府、机构、企业等单位正式在职工作身份的认证类型。

a. 职业资格认证：用户以提交合法取得的国家公认的职业资格证或从业资格证等的方式认证本人职业身份或技能水平的认证类型。

b. 作品和获奖认证：代表作品证明是用户以提交在国内公开出版发行过的书刊、书画、唱片、电影、电视、舞蹈等作品证明材料的方式认证本人代表作品和作者身份的微博认证类型。

c. 获奖 / 成就认证：是用户以提交在国际、国家级的重要、知名的赛事或活动中获得奖项或称号的证明材料的方式认证本人获奖情况或主要成就的认证类型。

须注意：申请认证填写资料时，如果实际生日跟身份证生日不一致，以身份证号码为准。

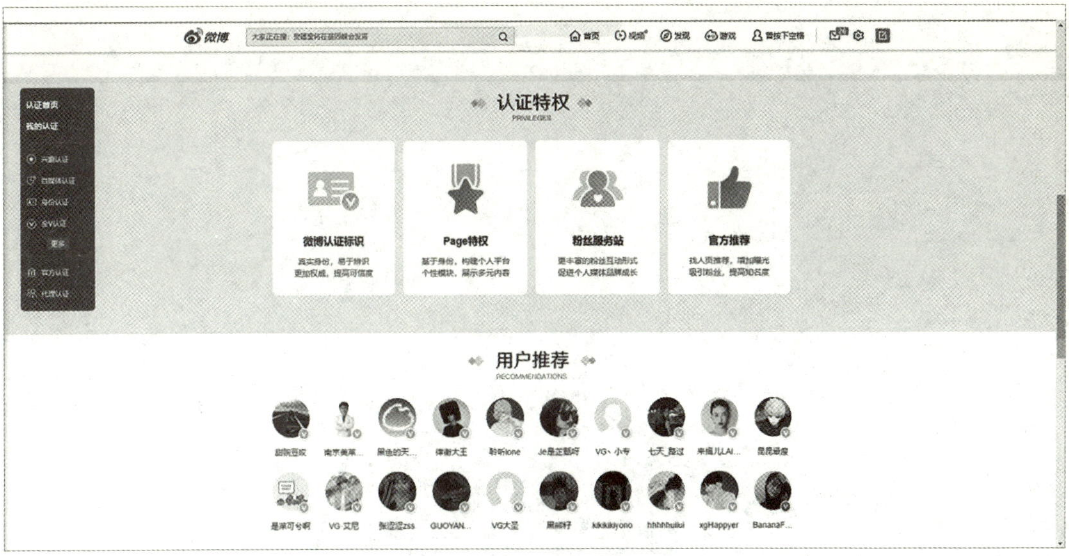

图 2-5.60　认证特权

个人微博认证通过之后，会获得相应的认证特权。这四项特权分别为：

1. 微博认证标识，即我们的微博头像之下会出现大 V 标识。

2.Page 特权，即基于我们认证的身份，可以构建个人平台，随后展示多元化内容。

3. 粉丝服务站，即官方的吸粉工具

4. 官方推荐，官方推荐是非常实用的一项特权，尤其对渴望吸粉的博主而言，可以帮助我们获得更多的流量与关注。

以上三项就是新浪微博新用户吸粉成长需要掌握的技巧，通过这些方式用心运营我们的微博，使粉丝持续增长，才能够提高我们微博账号的价值。

第三部分

智能时代大型电商平台的入驻与运营

智能时代发展到现在已经催生出了无数电商平台，其中大型、成熟的品牌平台更成为了主导这个时代电子商务发展的中流砥柱。现代大型电商平台当中，具有代表性的平台主要有两家，分别是天猫、京东。

之所以称这两大平台为智能时代的大型、成熟电商平台代表，不仅仅是因为它们的发展规模，更是因为对于平台上的运营者而言，已然有了较高的入驻门槛，没有一定的基础实力根本无法成为这些平台的运营者。

3.1 智能时代天猫平台的入驻与运营

前面我们提到过阿里巴巴公司旗下拥有 3 大电商平台，他们分别为淘宝、1688 和天猫，如果说淘宝适合个人创业，1688 适合个体创业，那么天猫就是适合实力雄厚企业发展的电商主战场了。

图 3-1.1　天猫平台界面（1）

天猫对中国网民而言，它不仅仅是一个购物平台，更是一个电商时代的代名词。中国的网购狂欢节——双十一，就是天猫创造的，而天猫创造的这一网民狂欢购物节日一次又一次刷新着中国电商发展的数据记录，它创造出多个传奇，都被视为中国电子商务发展历史上的里程碑。

图 3-1.2　天猫平台界面（2）

在我们惊讶于天猫为中国电子商务发展创造奇迹的同时，我们更应该深入了解天猫的真正实力，从中学习各种时代前沿的电子商务运营技巧。

那么如此强大的电商平台我们应该如何入驻呢？在这里我们需要明白，天猫对入驻商家的要求很高，而且随着电商时代发展每年都会对入驻要求进行上调，想要入驻天猫真的需要一定的实力才可以。

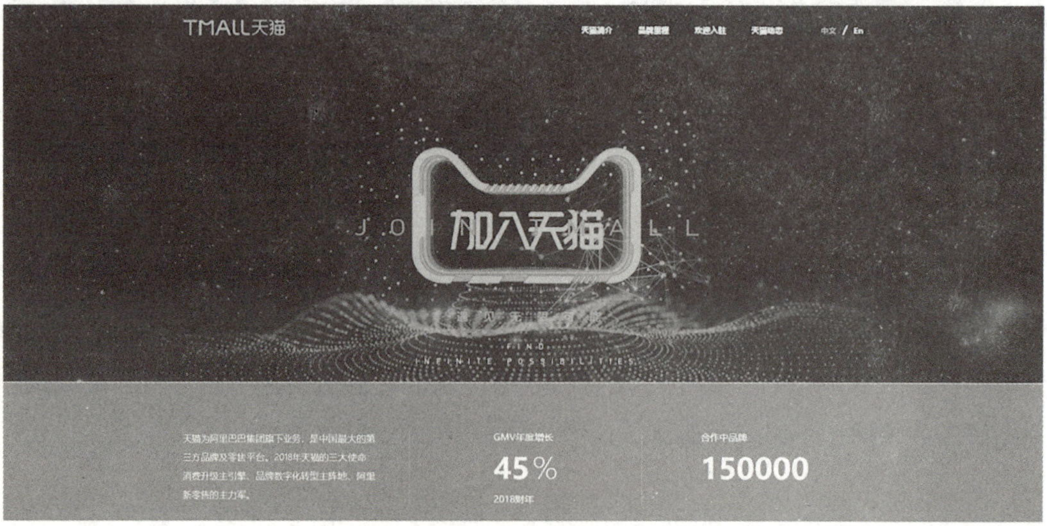

图 3-1.3　天猫平台界面（3）

首先我们需要清楚，个人身份是无法入驻天猫的，必须以公司或者企业身份去申请天猫平台的入驻。

注意：目前个体工商户不允许入驻天猫，入驻天猫的营业执照必须是企业性质。

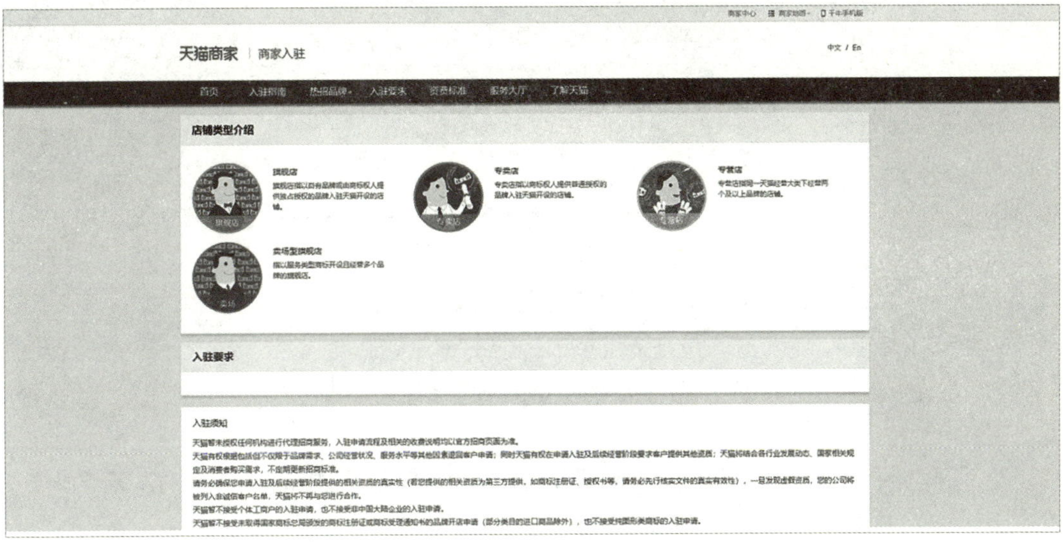

图 3-1.4 入驻天猫开店的类型选择

入驻天猫开店的类型有四种，分别是旗舰店、专卖店、专营店、卖场型旗舰店，其中专营店是这四种中要求较低的，也是比较适合大众电商发展的一种店铺形式，目前天猫对专营店入驻要求如下：

1. 需要准备的资料为企业营业执照副本、企业税务登记证、企业法定代表人身份证正反面照片、企业商标注册证或者代理商标通知书、货源正规品牌授权文件或者正规采购合同或发票。

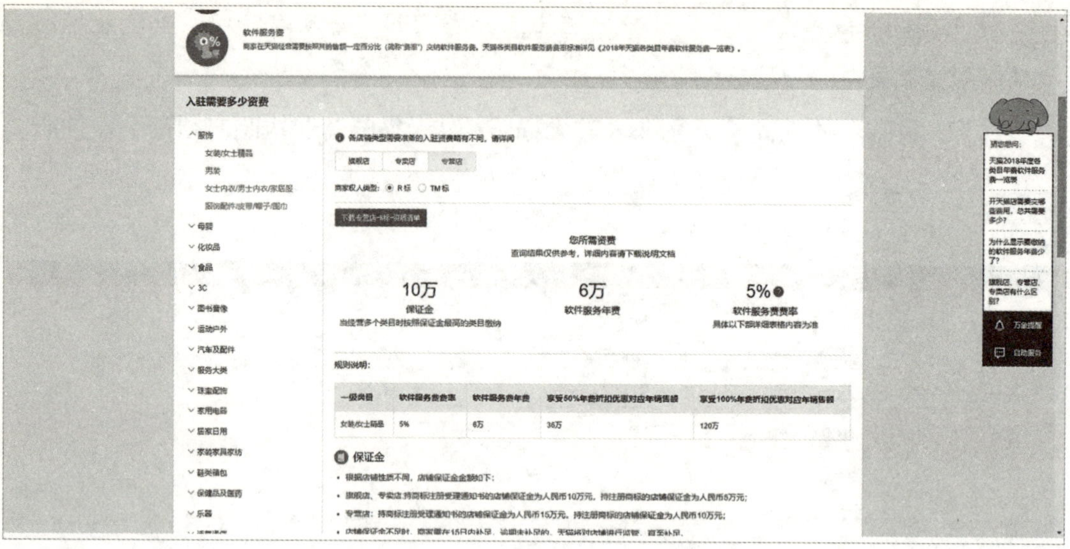

图 3-1.5　入驻开店保障金

2. 保障金，根据入驻开店领域的不同而不等，保证金的范围在 3—15 万之内。

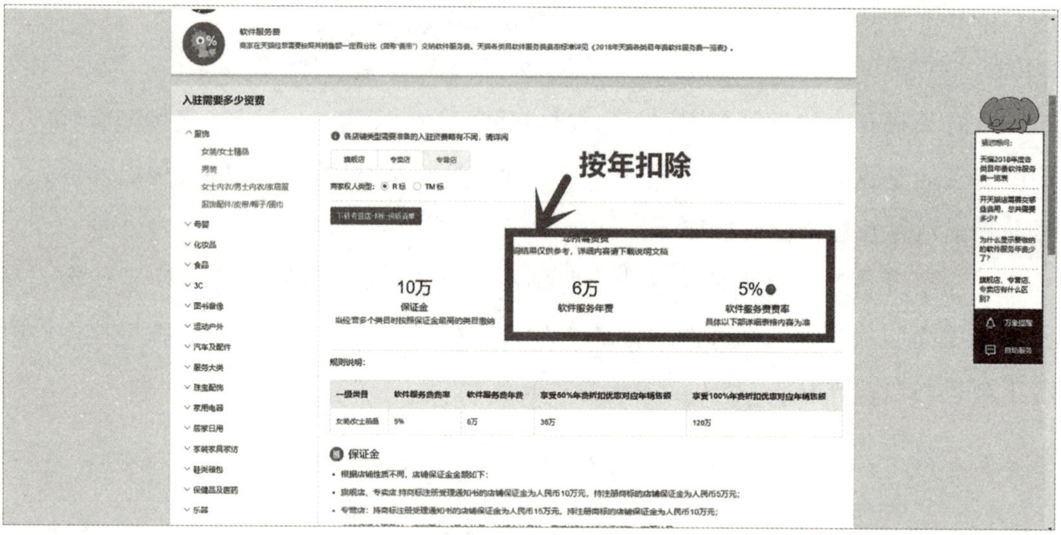

图 3-1.6　软件服务费

3. 软件服务费（简称年费），根据入驻开店领域的不同而不等。主要根据销售情况按年扣除。其中年费的结算公式如图 3-1.7 所示。

$$\text{年费折扣金额} = \text{已缴年费} - \frac{\text{成交占比最大类目对应年费}}{12} \times \text{有效月份} \times (1 - \text{折扣比例})$$

图 3-1.7　年费的结算公式

注意：天猫的年费扣除标准与店铺销售业绩直接挂钩，根据店铺行业特性，如果当年销售业绩突出可以享受年费扣除减半，甚至全免的福利。

另外，在天猫平台上产生的交易同样需要向天猫支付交易费用，根据入驻领域的不同，天猫会按照交易金额的 3%—5% 扣除。

如果我们拥有了相应的资质，那么应该如何入驻天猫，在天猫开设自己的店铺呢？下面就来一起学习下天猫入驻流程。

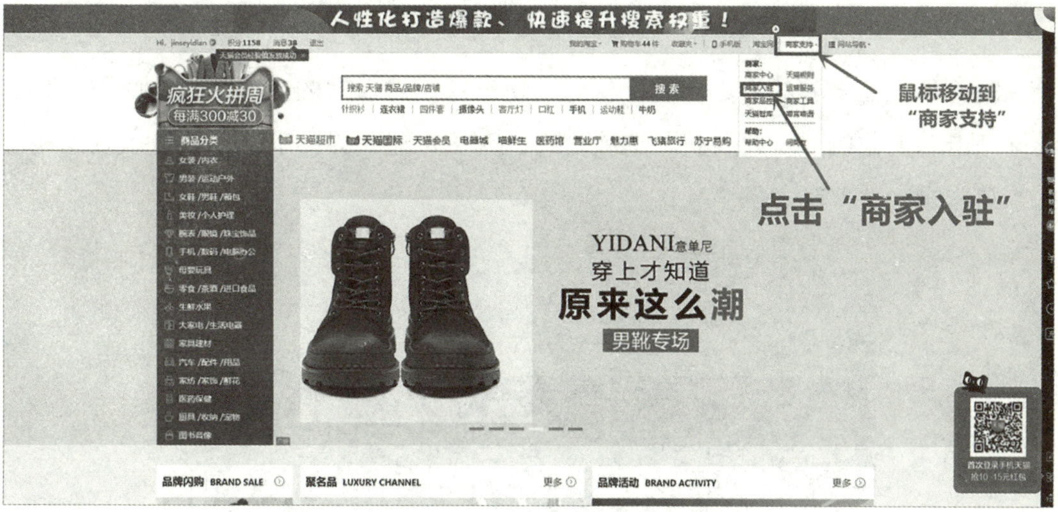

图 3-1.8　开设自己的天猫店铺（1）

首先在浏览器中输入天猫网址“https://www.tmall.com”，打开首页后可以发现天猫的入驻与淘宝不同，在天猫首页无法找到“卖家中心”的选项，想要入驻天猫需要把鼠标移动到右上角“商家支持”选项，然后点下里面的“商家入驻”选项。

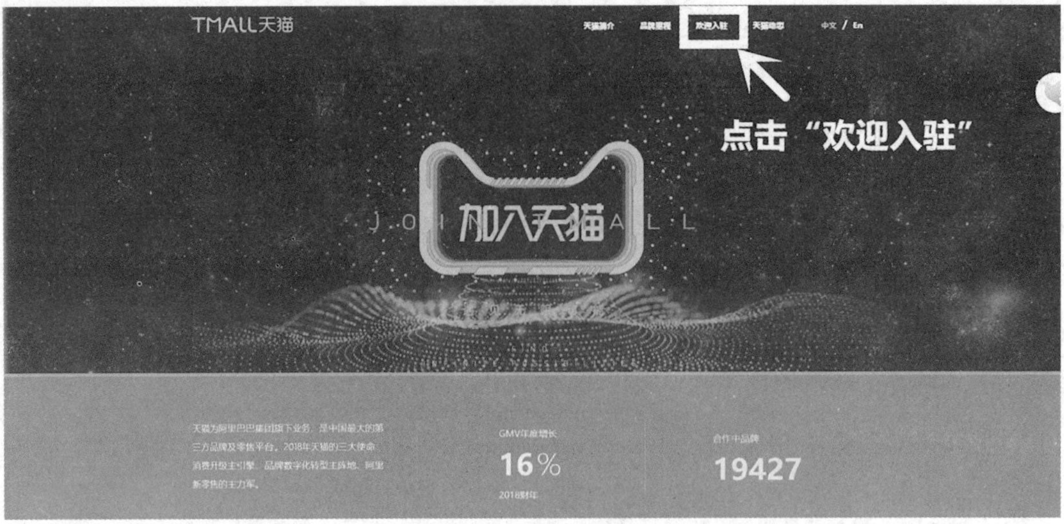

图 3-1.9　开设自己的天猫店铺（2）

跳转到天猫入驻的界面之后，我们发现没有信息填写的选项，这时候需要我们继续点击右上角的“欢迎入驻”选项，或者直接将这一界面下拉，也可以找到相应的入驻选项。

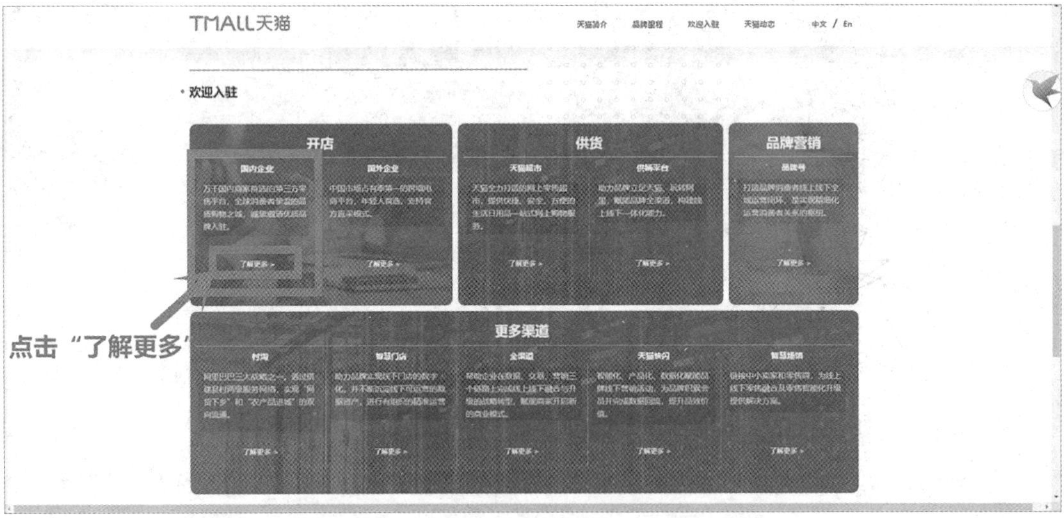

图 3-1.10　开设自己的天猫店铺（3）

根据开店类型，选择适合的选项，然后点击选项下方的“了解更多”，进入天猫网店的入驻详情界面。

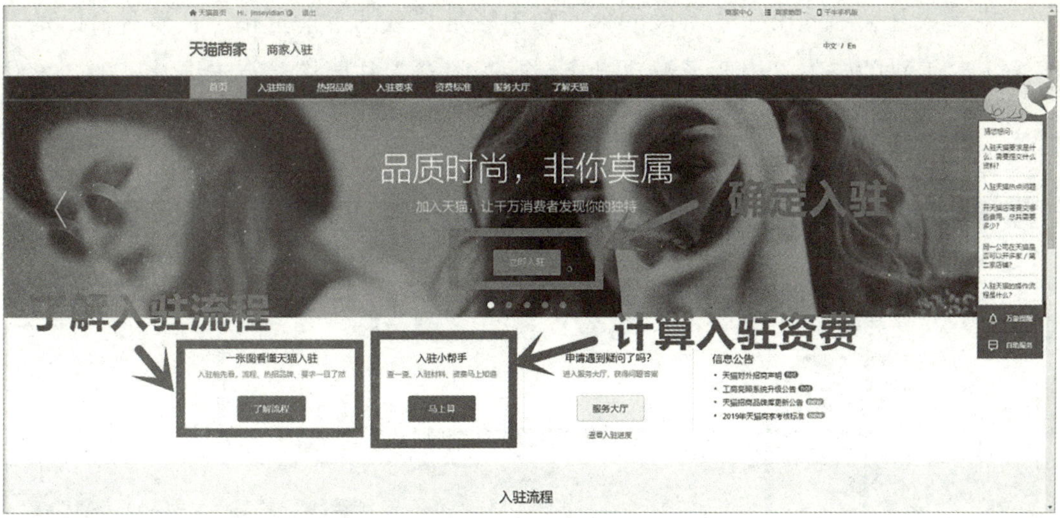

图 3-1.11　开设自己的天猫店铺（4）

如果我们已经了解了天猫入驻的各项条件以及从事领域的准确资费，那么我们可以直接点击页面中间的“立即入驻”。在点击“立即入驻”之前，这一页面的下方还有两个选项可以帮助我们更加详细地了解入驻天猫所需的具体资质。

其中下方的第一个选项是“了解流程”，点击这一选项，可以进入天猫官方给出的入驻天猫流程图——一张图看懂天猫入驻。

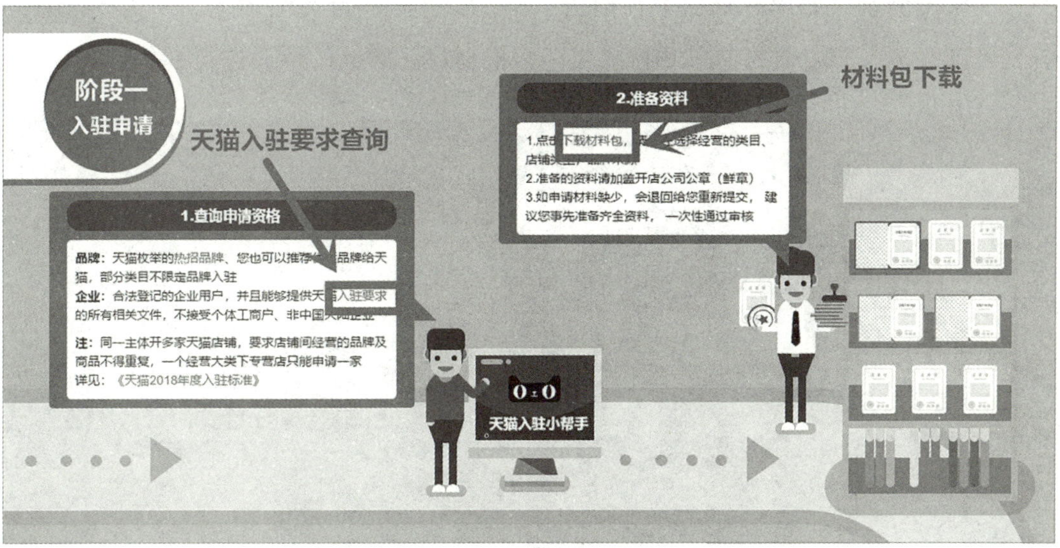

图 3-1.12　开设自己的天猫店铺（5）

申请入驻天猫的第一个阶段的第一项内容是“查询申请资格”，核对自己是否具有入驻天猫的资质。想要了解自己店铺是否符合入驻要求，点击图片上的“入驻要求”，便可以查询各种店铺的入驻资质了。

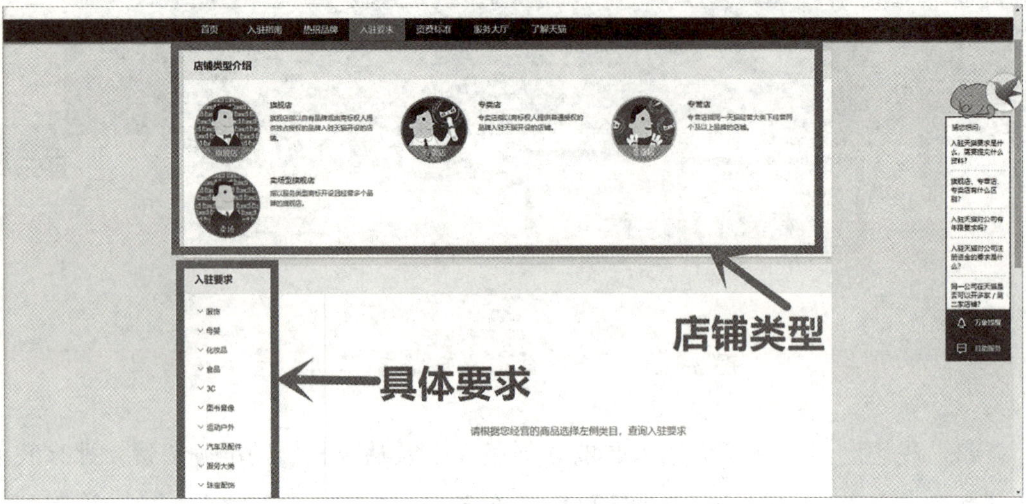

图 3-1.13 开设自己的天猫店铺（6）

在入驻要求界面我们可以看到入驻天猫的四个店铺类型，下方左侧是各店铺入驻的详细要求。

如果资质符合要求，那么就可以进入第二个“资料准备阶段”，所需要准备的资料可以直接点击图中的“下载材料包”，根据自己店铺的性质进行准备。

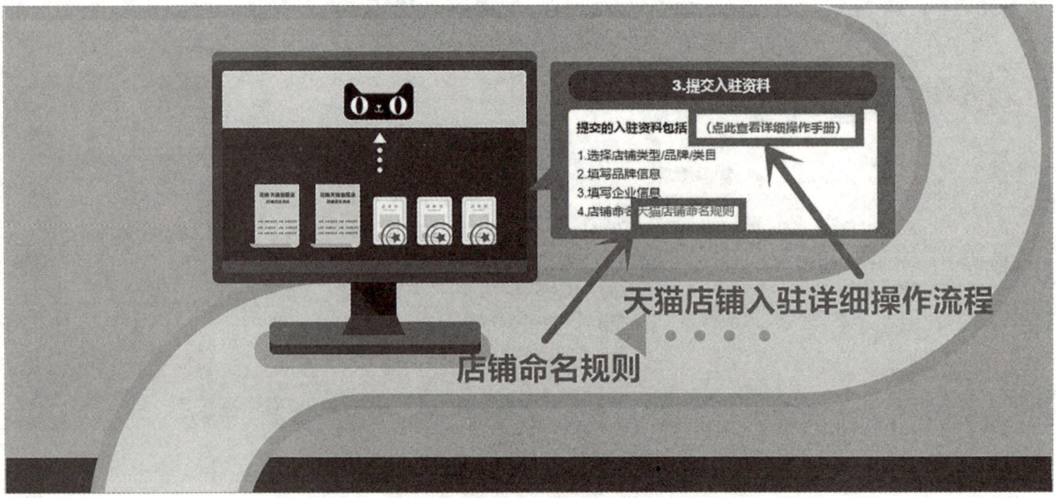

图 3-1.14 开设自己的天猫店铺（7）

入驻流程的第三项是提交入驻资料，点击图中的“查看详细操作手册”（详见附录 1）便可以了解入驻天猫时的详细操作，在这一过程当中有一项需要我们慎重填写，这就是天猫店铺的命名，这一项设定要符合“天猫店铺命名规则”，而且目前天猫对店铺名称设定为无法更改。

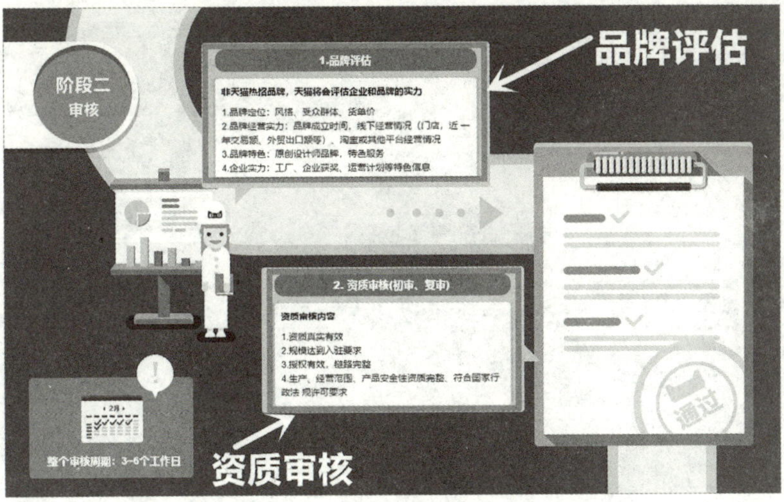

图 3-1.15　开设自己的天猫店铺（8）

随后进入入驻天猫的第二阶段，第二阶段的第一项内容是“品牌评估”，随后进入“资质审核”阶段，两者整体的审核时间为 3—6 个工作日。

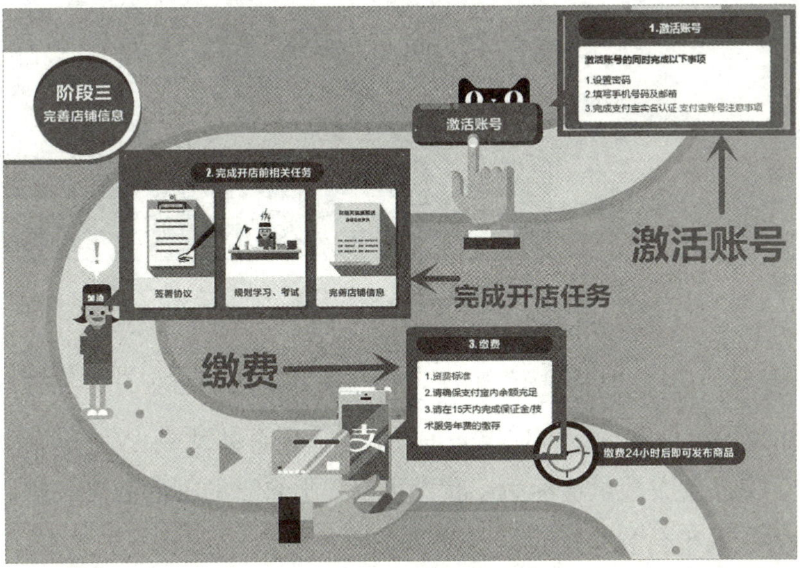

图 3-1.16　开设自己的天猫店铺（9）

入驻天猫的第三阶段非常简单，当各种审核通过之后，则进入店铺账号的激活阶段，在这项操作过程中需要注意信息的填写，以及支付宝的实名认证。随后完成各项开店相关的学习考试，完善店铺信息，最后进入“缴费”阶段，根据店铺领域缴纳相关费用，便可以成为天猫店主了。

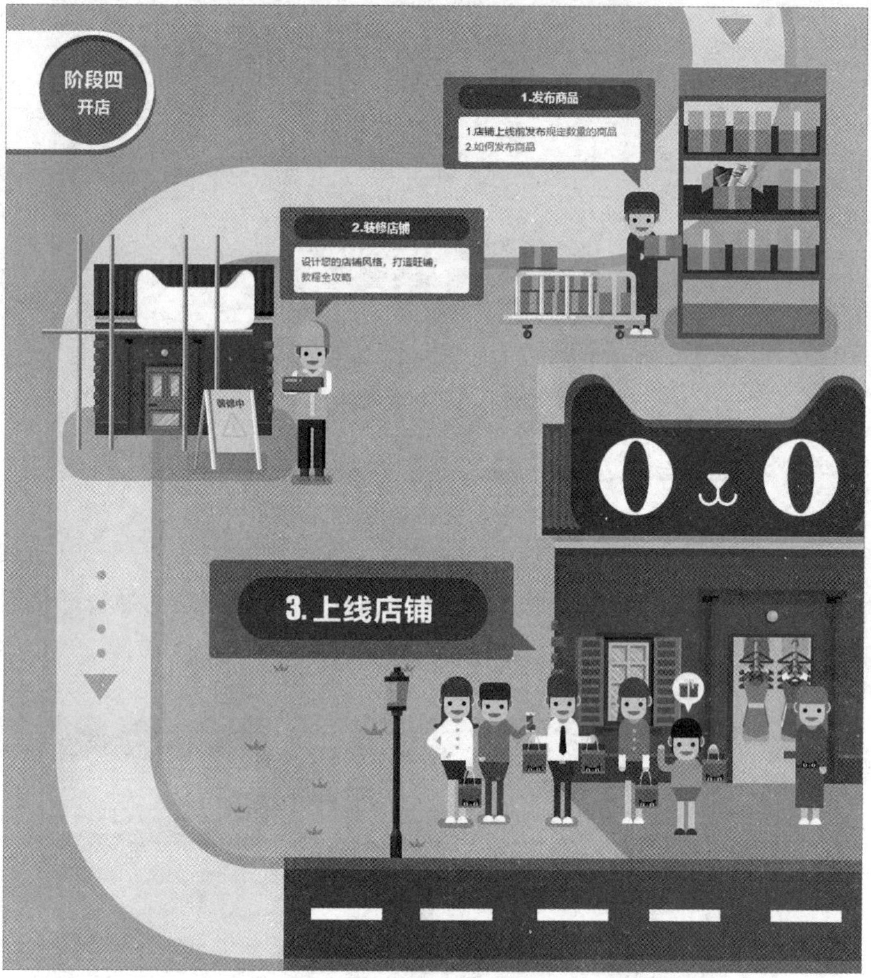

图 3-1.17　开设自己的天猫店铺（10）

最后就是我们店铺的后台操作阶段了，店铺开设成功后根据店铺领域要求，发布相应数量的商品，至于天猫如何发布商品，天猫官方也出示了详细的操作教程（详见附录 2）。商品发布数量达标后，我们可以根据自己的喜好装修天猫店铺，最后店铺就可以在天猫平台上展现了。

了解完入驻天猫的流程与操作之后，还有一个重要信息是我们入驻天猫一定要了解的，这就是入驻天猫的资费。之所以称天猫是一个现代实力电商才能入驻的平台，主要原因之一就是资费高。

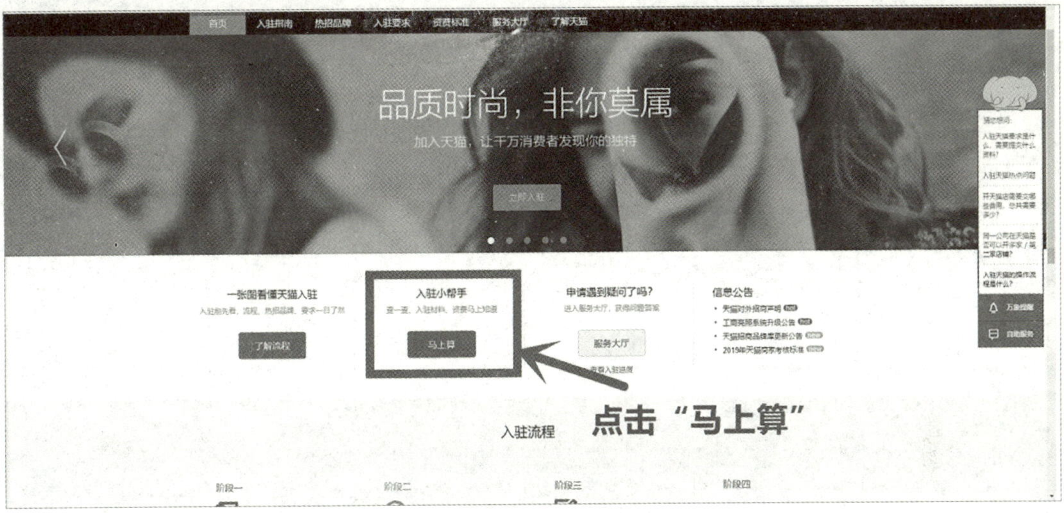

图 3-1.18　入驻小助手（1）

前面我们详细学习了入驻天猫详情界面中的“一张图看懂天猫入驻”，下面我们来了解这一界面下的另外一个重要功能项——入驻小助手。“入驻小助手”的主要功能在于帮助想要入驻天猫的店主们计算相应的开店资费，点击“入驻小助手”下方的“马上算”可以进入店铺入驻资费的计算界面。

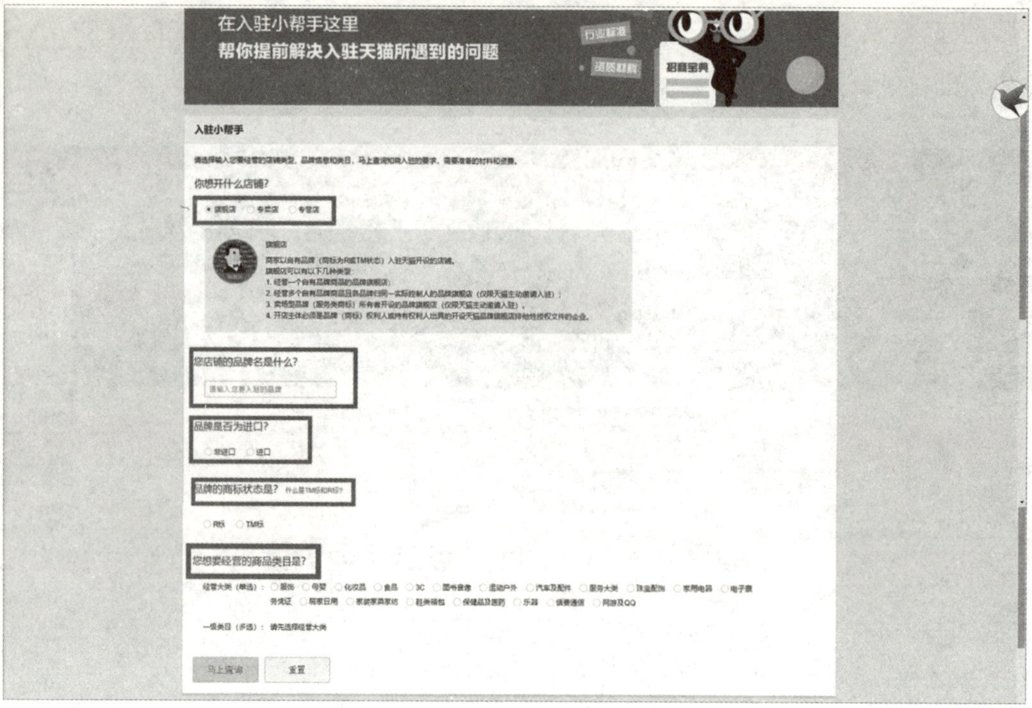

图 3-1.19　入驻小助手（2）

资费计算界面当中我们需要根据店铺类型、领域以及品牌等信息进行计算。假设我们希望在天猫上开设一家“森马”品牌男装专营店，填写 Semir/ 森马品牌，选择服饰类目中男装子类目，点击“马上查询”，便可以得到入驻这一店铺需要准备的基础资金。

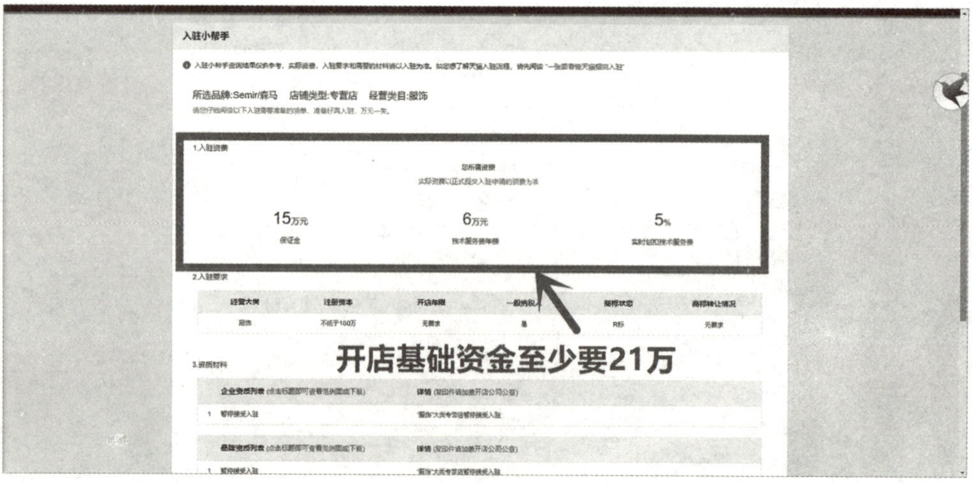

图 3-1.20　入驻小助手（3）

如图所示，开设这样一家品牌专营店至少需要准备 21 万的基础资金。即便是如此高额的入驻资金标准，如今国内外各大品牌仍在积极踊跃入驻天猫，由此可见天猫的发展势态多么卓越，这也是它为何被称为智能时代大型、成熟电商平台的代表的原因。

3.2 智能时代京东平台的入驻与运营

天猫与京东一直是中国电商市场当中两大高手，而且两者的竞争持续多年，以2018年“双11”全民网购狂欢节为例，天猫创造了2135亿元交易额的奇迹，而京东紧随其后，当日累计下单金额也达到了1598亿元。

那么京东是如何在竞争如此激烈的电商时代高速发展的呢？京东与天猫相比又拥有哪些独到之处呢？下面我们就来了解学习下京东的入驻与运营，来详细了解下这一不同于天猫的大型、成熟电商平台。

图 3-2.1　京东界面（1）

在学习京东这一平台的入驻与运营之前，我们先来了解下京东与天猫的不同之处，来认识下京东独有的电商特色。

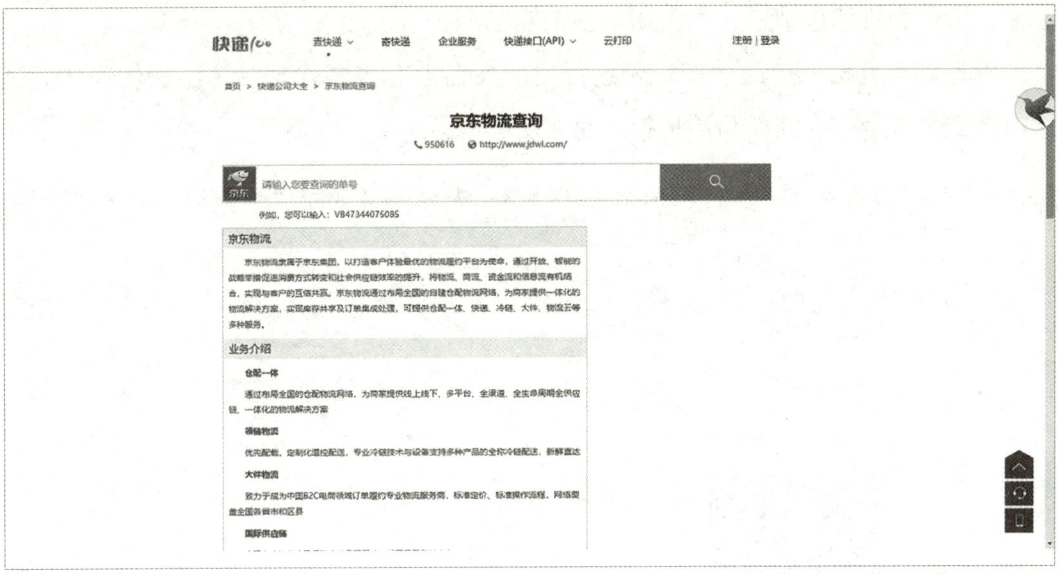

图 3-2.2　京东界面（2）

首先京东是一个拥有自己物流系统的电商平台，而天猫则是签约的菜鸟物流，两者在物流系统上存在着本质的差别。京东的物流一直是这一平台的特色，如今京东的智能物流更成为了它独特的标志。

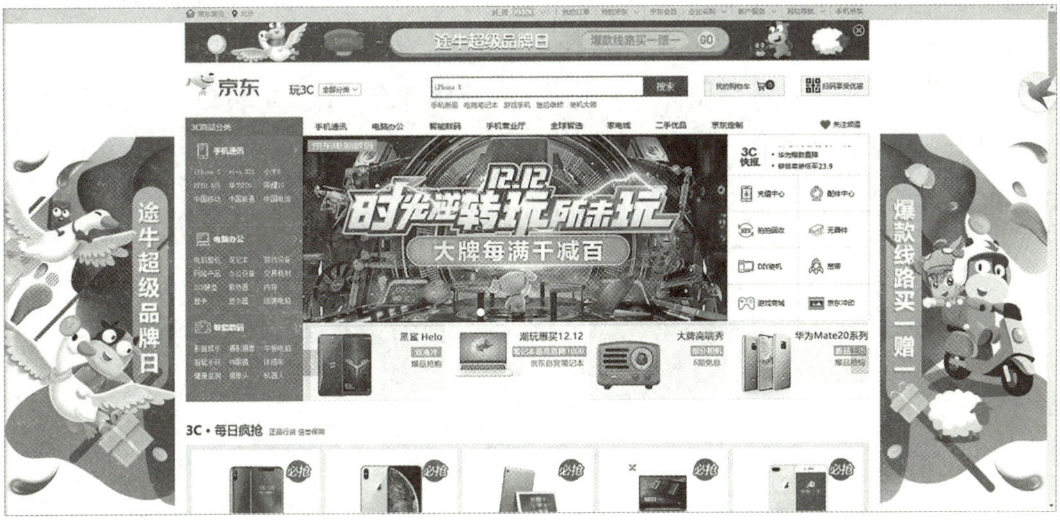

图 3-2.3　京东界面（3）

其次，销售模式不同。天猫是我们公认国内最大的第三方电商平台，即天猫自己不卖东西，它为商家提供店铺平台。而京东却有自己的自营店，主打京东自己的品牌。两者看似都是销售，但实质上在商品品质把控上京东更到位一些。

因为京东直接从产品生产厂家进货，而天猫上有很多代理，一层层代理之间延长销售渠道，所以在商品品质把控上京东更到位。

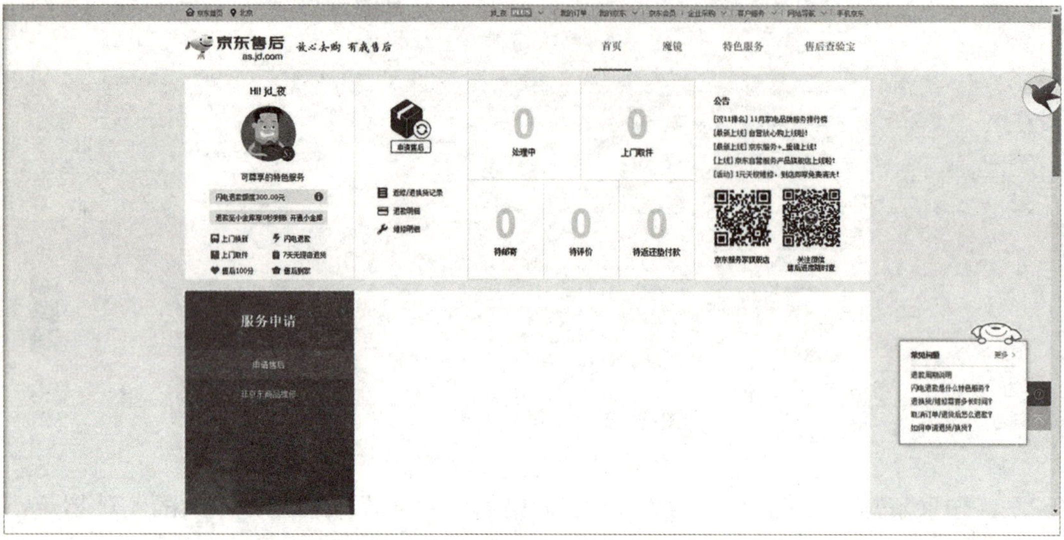

图 3-2.4　京东界面（4）

最后，售后服务不同。天猫的售后服务主要归商家自己负责，当商家售后服务不达标时我们可以寻求天猫官方管理人员的帮助，协助解决。而京东的售后直接归京东官方管理，所以在售后服务整体水平上，京东拥有更权威的特色。

以上三点就是京东与天猫之间最大的不同，也是京东自身拥有的特色。在当代国内电商市场当中，以上三个领域内，京东都拥有良好的口碑。

图 2-2.5　如何入驻京东（1）

入驻京东与入驻天猫有着相似的流程，但其中的细节存在着很多不同。首先在浏览器中输入京东首页的网站"https://www.jd.com"，然后鼠标移动到右上角的"网站导航"上，点击下面的"合作招商"，随之进入京东的入驻界面。

图 3-2.6　如何入驻京东（2）

进入京东商家入驻界面之后，页面中间会直接显示商家入驻的选项，点击下方的"立即入驻"。

图 3-2.7　如何入驻京东（3）

京东入驻的基本流程相比天猫要简单一些，但整体流程基本不变，顺序分别是注册京东账号，填写并提交信息资料，等待京东审核，审核通过后缴费开店。对于这一流程，京东官方也给出了明确的操作方法。

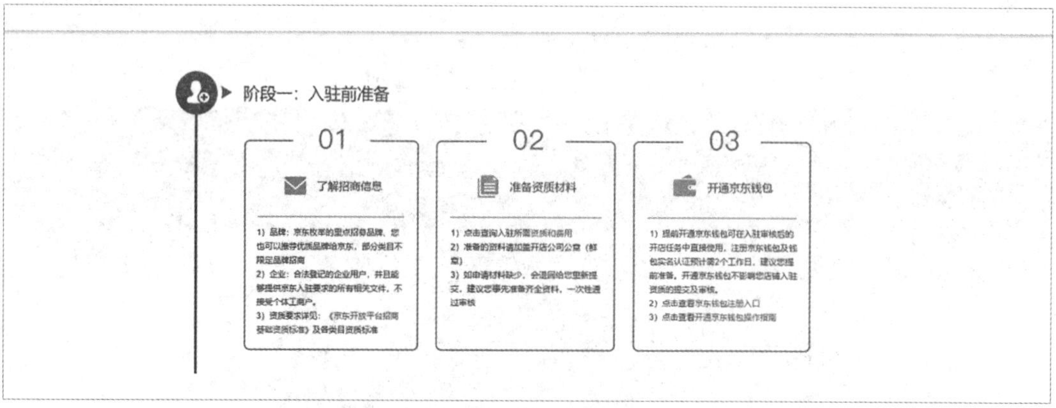

图 3-2.8　如何入驻京东（4）

第一步，入驻前准备。首先了解京东的招商合作信息，并根据京东招商的要求准备好相应的资料，同时非常重要的一点就是开通京东钱包。

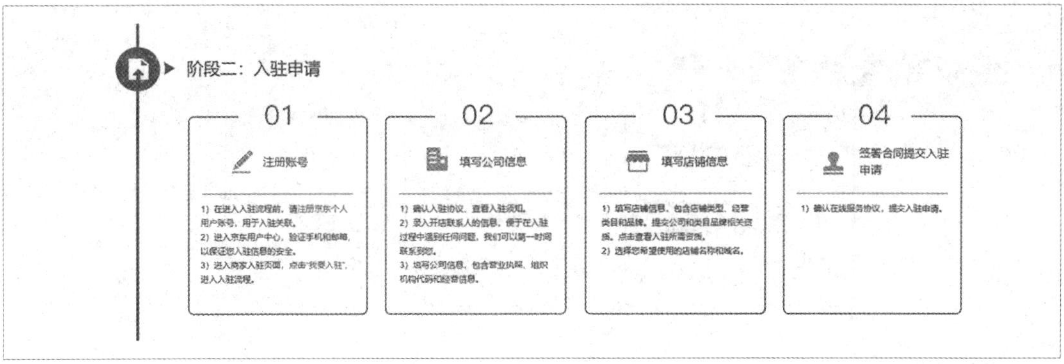

图 3–2.9　如何入驻京东（5）

第二步，入驻申请。注册好京东账号之后，在商家入驻界面点击“我要入驻”，并开始填写各项公司信息。

注意：个体工商户营业执照可以入驻京东，这一点与天猫不同。

公司信息填写完成之后，开始填写京东店铺的信息。随后确定在线服务协议，提交入驻申请。

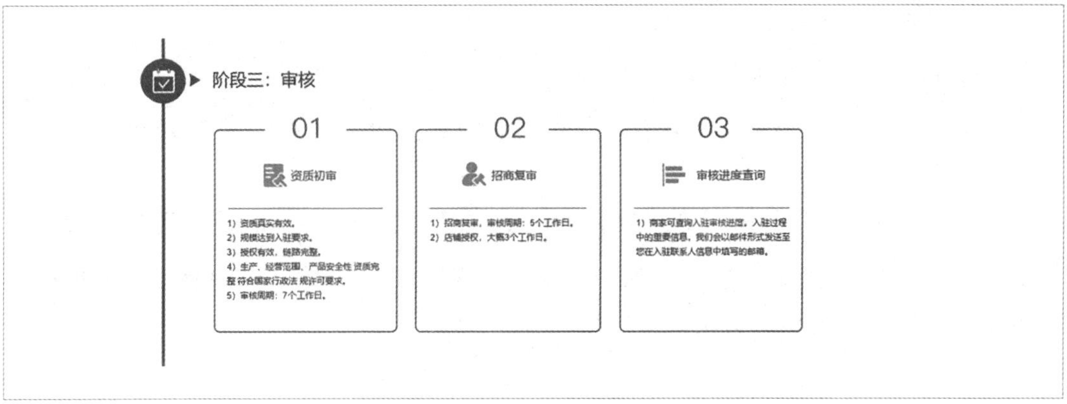

图 3–2.10　如何入驻京东（6）

提交入驻申请之后，开始进入审核阶段。首先京东会审核我们的资质，一般 7 个工作日内完成；资质审核完成之后进行招商复审，一般 5 个工作日完成；如果我们是授权资质，那么京东还会对店铺授权资质进行审核；在各项资质审核过程中，我们可以在京东后台查询审核进度。

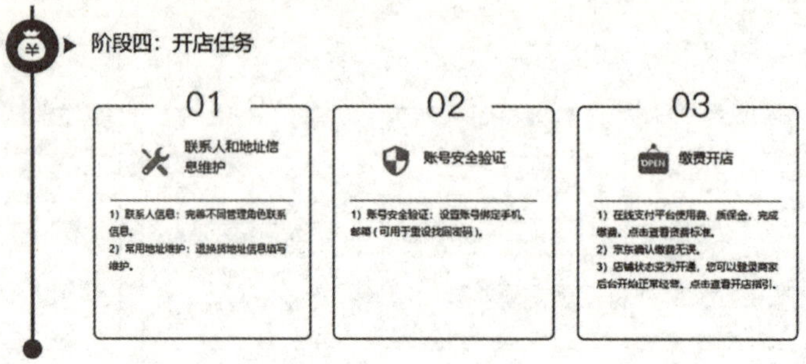

图 3-2.11　如何入驻京东（7）

审核通过之后，便进入“开店任务”阶段。这一阶段的主要内容有三项，分别是完善联系人与联系地址的信息，绑定手机完成账号安全验证，最后是缴费开店。

在这里我们需要了解一点，这就是京东开店的缴费模式与天猫不同，京东开店缴费项目主要有 3 项：

押金：根据行业不同，押金为 1—30 万不等；

平台服务费：每月 1000 元

京东交易分成：根据行业不同，京东按照销售额的 1%—10% 进行扣除。

虽然京东开店需要准备的基础费用相比天猫稍微低一些，但一样需要足够的开店资本。其中每月 1000 元的平台服务费是必须缴纳的，也就是我们要确保发展前期拥有这一维持店铺发展的资本。

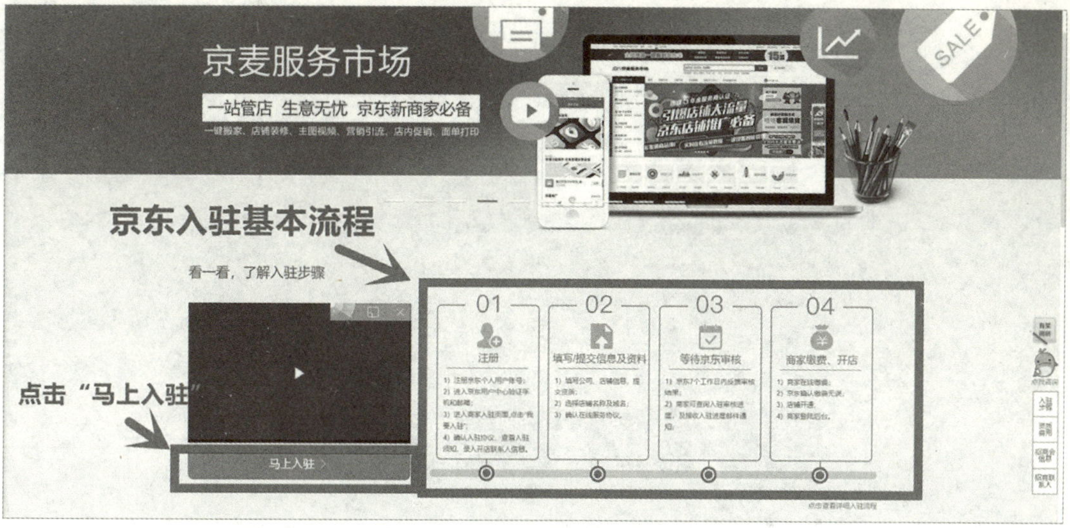

图 3-2.12　入驻流程

了解了入驻京东的基本流程之后，我们便可以正式开始入驻了。在京东“商家入驻”界面左下方点击“马上入驻”，进入正式的入驻界面。

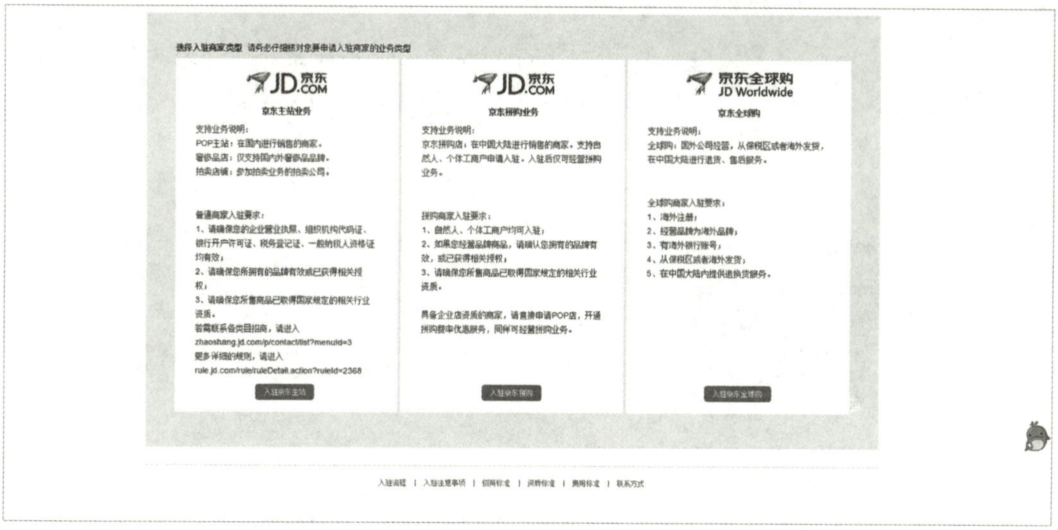

图 3-2.13　入驻选择

入驻京东与入驻天猫相同，店铺类型的选择是我们首先需要确定的。而不同点在于京东的店铺类型只有三种，分别为“京东主站”“京东拼购”“京东全球购”。

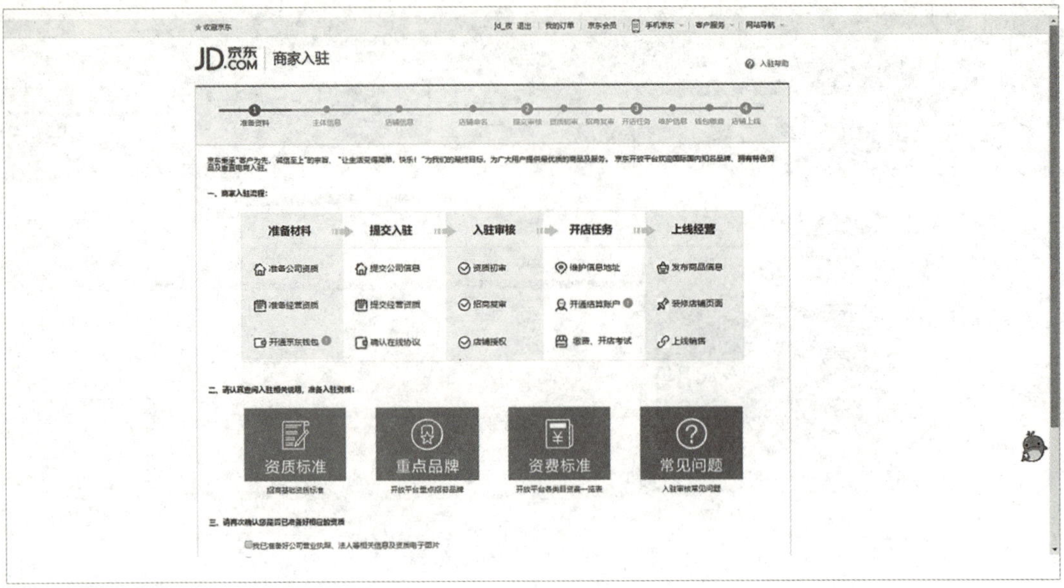

图 3-2.14　店铺类型选择

选择自己想要入驻的店铺类型之后，便进入信息填写界面，随后我们便可以根据上面提到的京东入驻教程，准备好相应资料完成京东店铺的入驻。

当然京东也有自己的入驻资料和费用查询服务，同样在京东“商家入驻”界面，将这一界面下拉，就可以看到入驻需要资料和费用的查询服务板块。

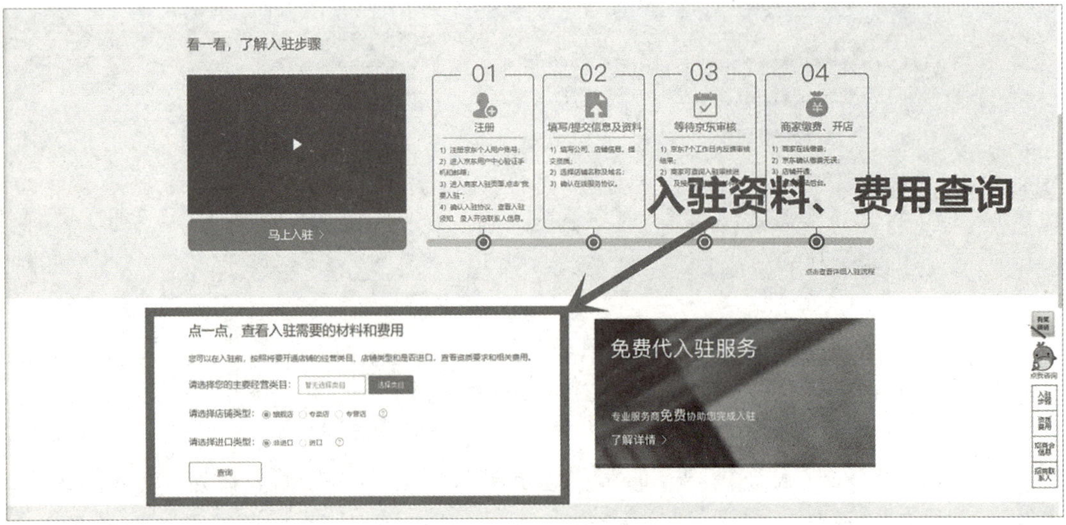

图 3-2.15　入驻材料

根据自己入驻店铺的行业，在这一板块中可以轻松查询到店铺入驻需要准备的具体资料以及费用。

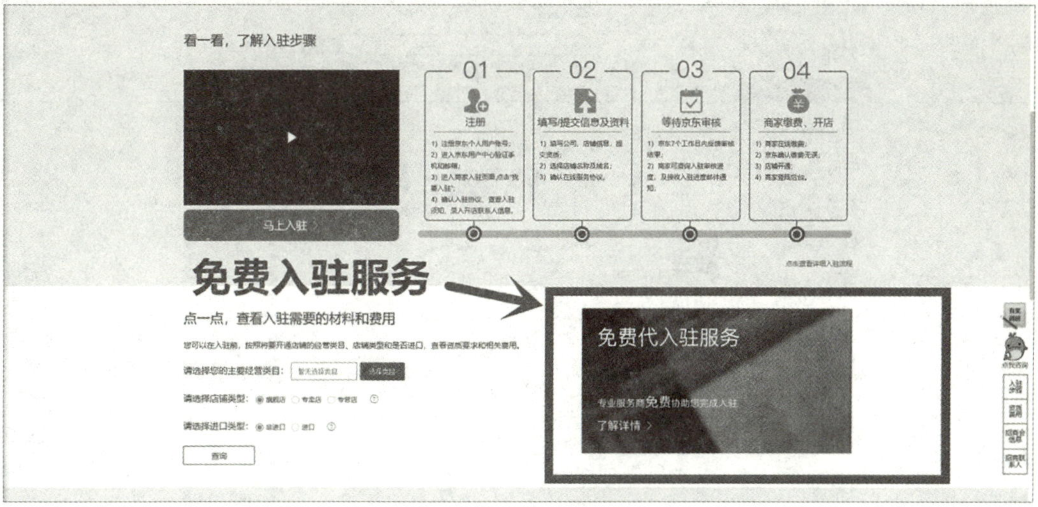

图 3-2.16　免费入驻服务（1）

同样是在这一页面中，我们可以发现一项非常独特的服务——免费代入驻服务。这是京东与一些服务商合作提供的一项入驻服务，如果我们的店铺在入驻时遇到一些难题，可以咨询这些服务商帮助解决，同时也可以直接申请免费代入驻服务。

点击这一选项当中的“了解详情”，便可以进入代入驻服务页面。

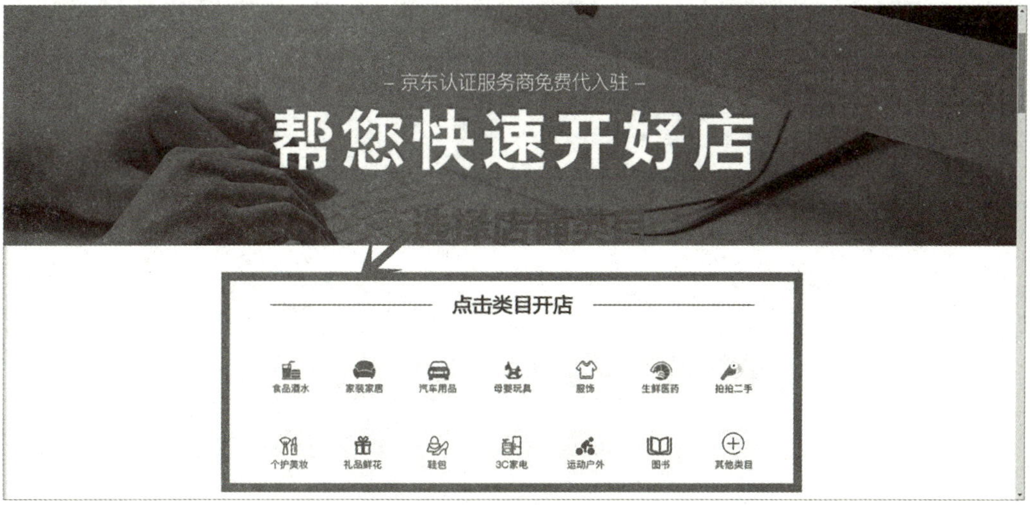

图 3-2.17　免费代入驻服务（2）

京东后台的免费代入驻服务，首先需要我们自己选择好准备入驻店铺的类目。点击相应的类目，才能进入随后的服务商选择。

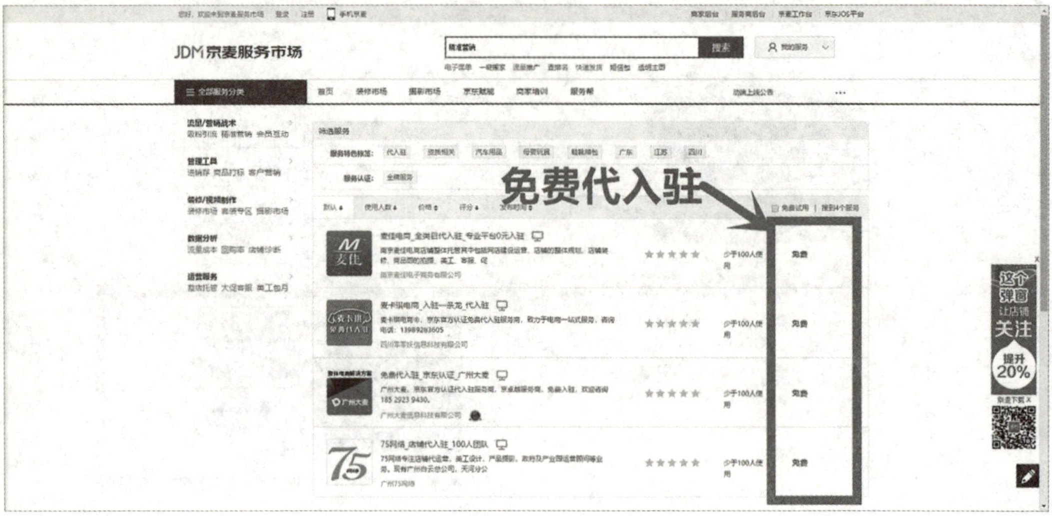

图 3–2.18　免费代入驻服务（3）

进入服务商选择界面后，我们可以看到服务商的确是免费服务的。虽然这些服务商不是京东平台内部公司，但却是与京东服务市场达成了服务协议的服务商家，根据协议这些服务商的确可以提供免费代入驻服务。

申请免费代入驻服务需要我们提供京东官方入驻要求中提到的各项资料，将各项资料发送给代入驻服务商，一般在正常审核时间内就可以完成店铺入驻了。

提示：如果我们的信息资料十分重要，尽量不要选择代入驻服务，自己提交入驻申请一样可以完成。

结语：智能时代，电商创业是契机更是机遇

对中国电商市场而言，井喷式的发展阶段的确已经过去，如今我们进入了流量转化为利益，信息体现为价值的智能电商时代。从传统电商中衍生出的后电商时代，正在孕育着无数的发展契机与机遇，也掀起了一阵青少年逆袭传统商业的电商狂潮，在这种发展势态下，把握时代特色赋于我们的机遇，运用好年轻的资本，努力拼搏进而可以引领未来电商行业的发展趋势。

全书针对智能时代电商行业中的主流平台进行了详细的基础运营介绍，阐述了新手发展的运作技巧，旨在帮助学生掌握智能时代跻身电商市场的基础技能，并从中发展，努力斩获自己的一席之地。

在这里，本书对当下智能时代电商市场的特色进行总结性阐述，希望各位学生可从中找到进入电商市场的正确切入点，进而迅速成长。

首先，当代电商市场已经从传统电商转化为社交电商，其中以自媒体为主要代表。

当下大多自媒体电商借助社交平台起家，并通过附加电商元素，摇身变为社交平台的电商玩家。发展过程中，通过社交关系和个人影响力将商业元素最大化展现，进而在娱乐、社交过程中让消费者产生购买欲望，促成购买行为，同时通过平台的社交特性带动更多用户参与，进而将这种电商渠道进行裂变，包揽更大的电商市场。

例如，当代各大网络社交平台之上的主播、网红，在拥有一定粉丝基础之后，社交娱乐的同时进行个人网店推广，或直播过程中直接附加“主播同款”商品销售链接，这些模式均可被视为社交电商时代的商业典型。

其次，我们已经进入一个连通性强大的全网时代。

传统电商发展往往遵循点带面的发展规律，即在单独电商平台上一点做大之后再进行全网覆盖式发展。而进入智能时代之后，由于信息流量的火爆传输，让各种商业特色更容易被复制、模仿，所以现代电商在市场发展中的主要规律转变成为全网覆盖，全面发展。

例如，现代电商平台创业者往往选择多个电商平台同时入驻，淘宝、拼多多、蘑菇街、美丽说等店铺同时开设。其主要目的在于让自己的商品特色或商业特色进行及时的全网覆盖，确保不会产生一点入驻，被多点复制的情况。

这是一种发展形势，也是一种自保措施，更是一种时代特色。

再次，现代电商发展重心一直保持着多变性。

与传统电商相比，现代电商的发展重心会跟随时代变化而变化。以最简单的电商平台运营为例，店铺最初的发展重心为流量，随后变为商品转化率，进而又会变为店铺特色的打造……随着时代的发展电商的发展重心一直需要调整、转变，也只有紧跟时代发展的脚步，才能获得更广阔的发展空间。

以上三点就是智能时代电商市场中展现出的特色，希望学生在基础实操技能学习的同时，充分运营自身的优势，结合时代特性，抓住当下时机，努力拼搏，让我们的能力转化为更大的价值，从而获得更美好的明天。

附录 1：入驻天猫详细操作流程

申请路径：进入点击【招商页面】-【立即入驻】。点击查【招商标准】；点击查看【招商品牌】。

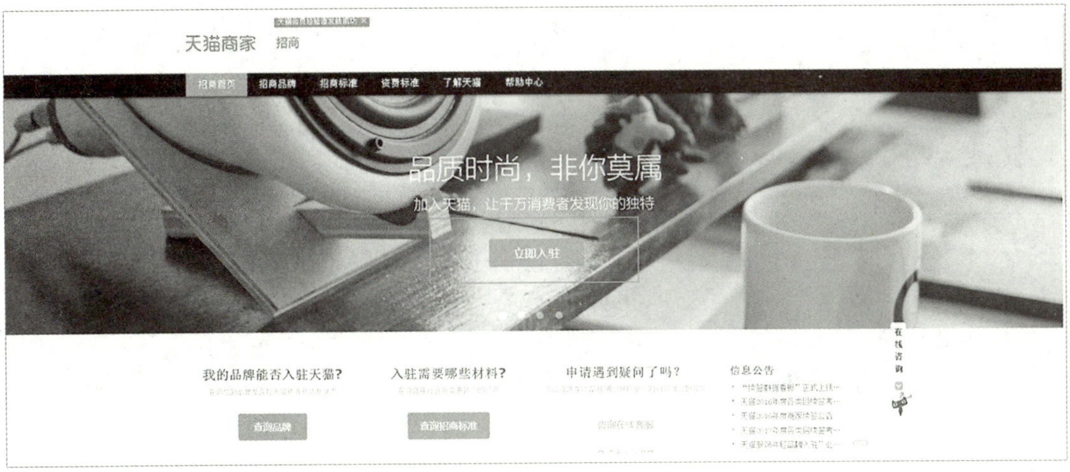

图 1-1　招商页面

请您阅读了解入驻流程，确认入驻须知，然后点击“立即入驻”继续申请。

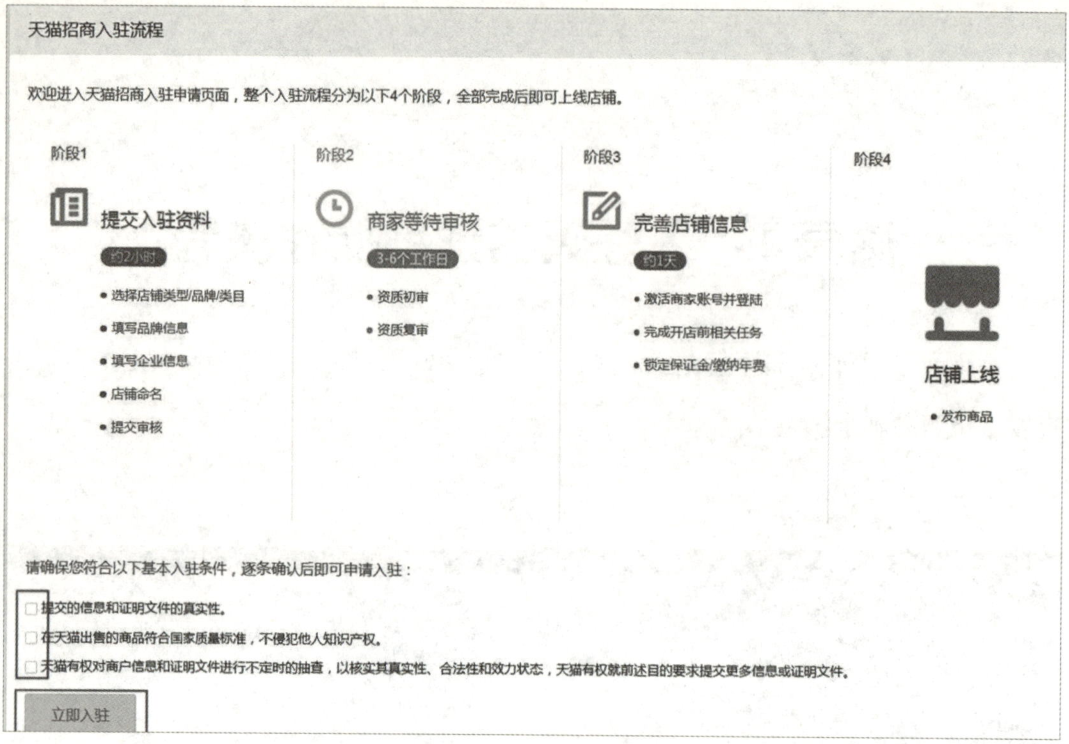

图 1-2　立即入驻

第一步：提交入驻资料（约 2 小时）

一、选择店铺类型 / 品牌 / 类目

1. 根据您申请经营的情况，选择店铺类型、填写品牌商标注册号。若您的商标注册号已被天猫录入，则直接选择对应的品牌即可。

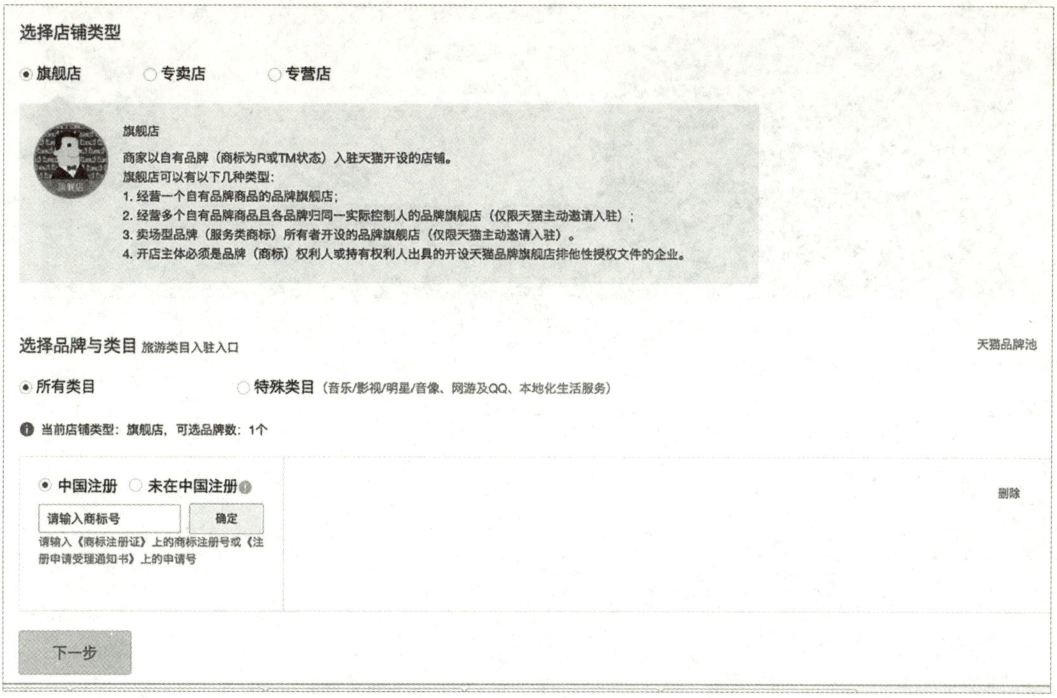

图 1–3　选择店铺类型 / 品牌 / 类目

温馨提醒

如您经营非图书音像大类，请点击选择“所有类目”，如您经营图书音像大类，请点击选择“图书音像”。如您申请经营专营店，需至少提交 2 个品牌。

2. 若您的商标未被天猫录入，则需要您补充品牌信息，详见天猫服务大厅中“入驻天猫时怎么填写补充品牌信息？”

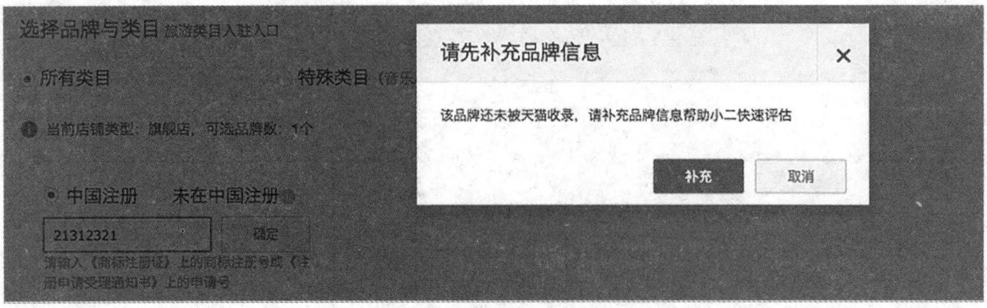

图 1-4 补充品牌信息

3. 选择申请的经营大类及类目，请点击“选择类目”按钮，选好经营的类目后点击“确认”。

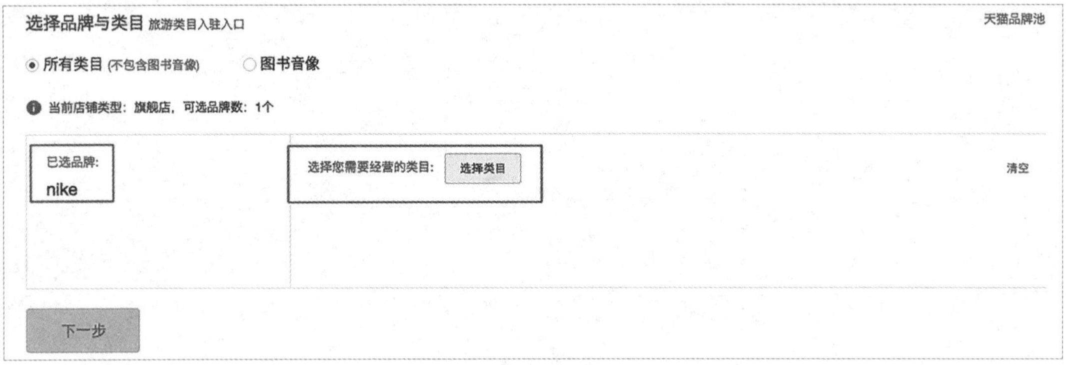

图 1-5 选择类目（1）

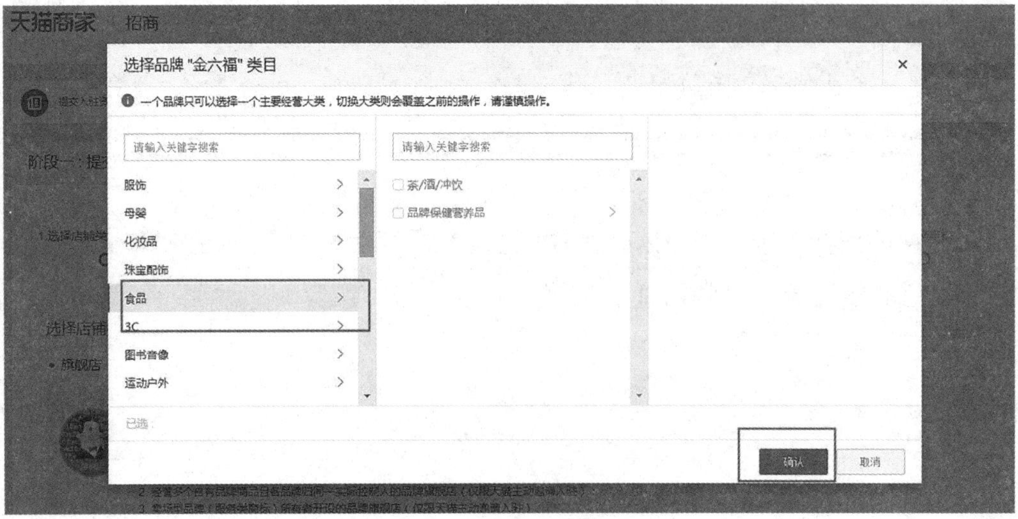

图 1-6 选择类目（2）

温馨提醒

一个品牌只可以选择一个主要经营大类，切换大类则会覆盖之前的操作，请谨慎操作。若搜索不到您要的类目，则说明该类目天猫暂不招商。如一个品牌需要跨大类经营，您可以在店铺上线后申请添加类目，添加新类目标准按照当前招商标准执行。（详见“天猫允许跨类目经营的商品列表”）

4. 您申请经营的类目需提交的特殊资质将在列表中展示，您可以检查该资质是否已准备好。如已准备好，可以点击下方红色“确认”按钮继续操作；如无法提交该资质，可取消资质前面的“√”，取消后您将无法获得该类目授权。

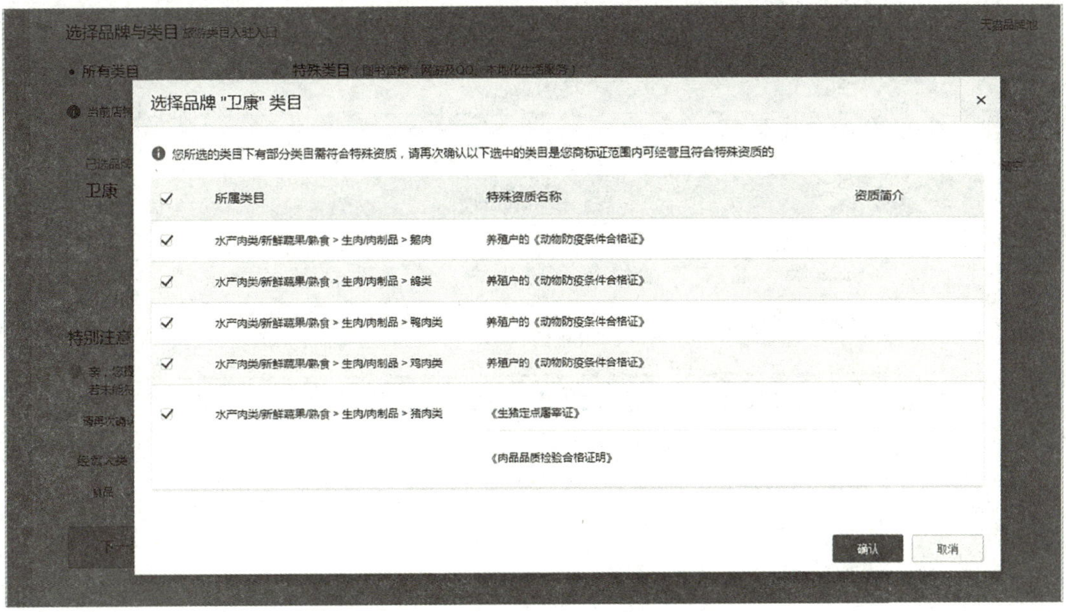

图 1-7　检查资质

确认后您在页面可见所选类目，若仍需要修改类目，您可以点击【重新选择】进行修改。

5. 请您确认是否已符合基本入驻要求，若未能符合，提交后可能会被小二审核拒绝。

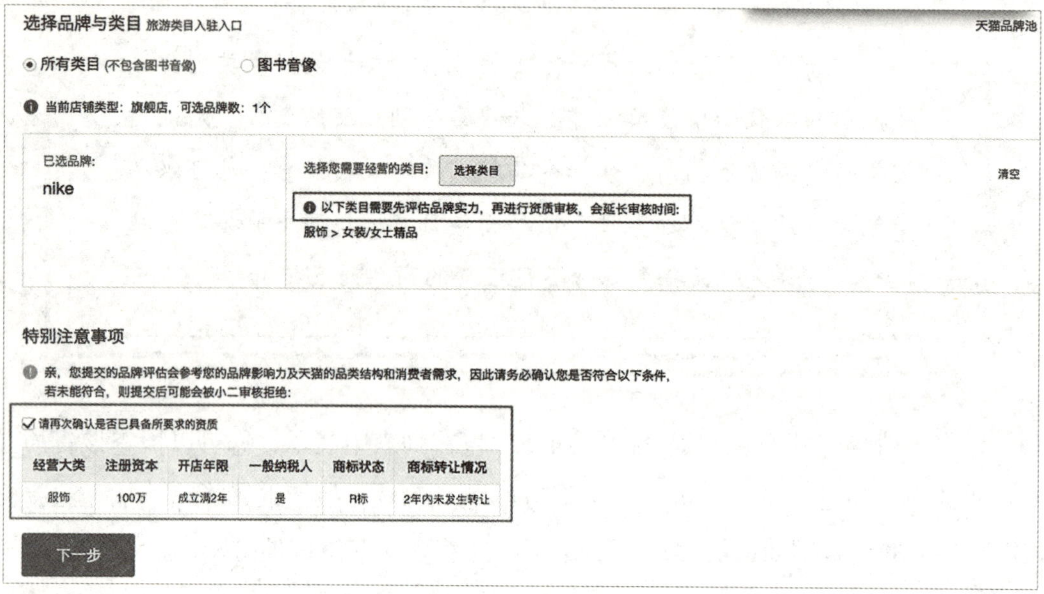

图 1-8 提交审核

温馨提醒

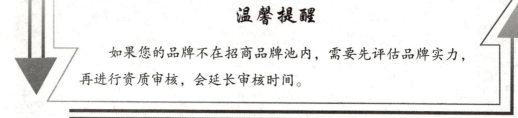

如果您的品牌不在招商品牌池内，需要先评估品牌实力，再进行资质审核，会延长审核时间。

二、填写品牌信息

1. 根据实际情况填写品牌信息，请注意左侧的选项卡，每个选项卡下内容均需填写完整。如该选项卡内容未填写完整，标签会显示“待填写”，填写完成后将显示“已填写”。

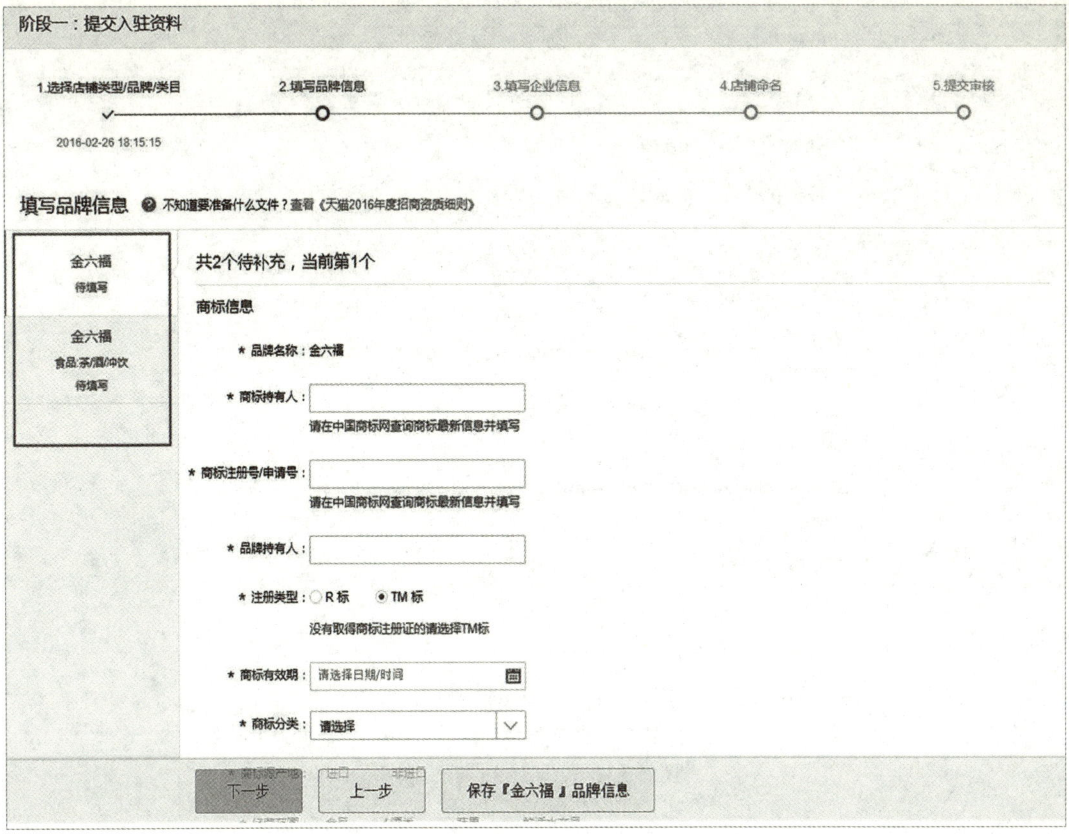

图 1-9　填写品牌信息

2. 每个选项卡下内容填写完成后，请点击“保存品牌信息”。

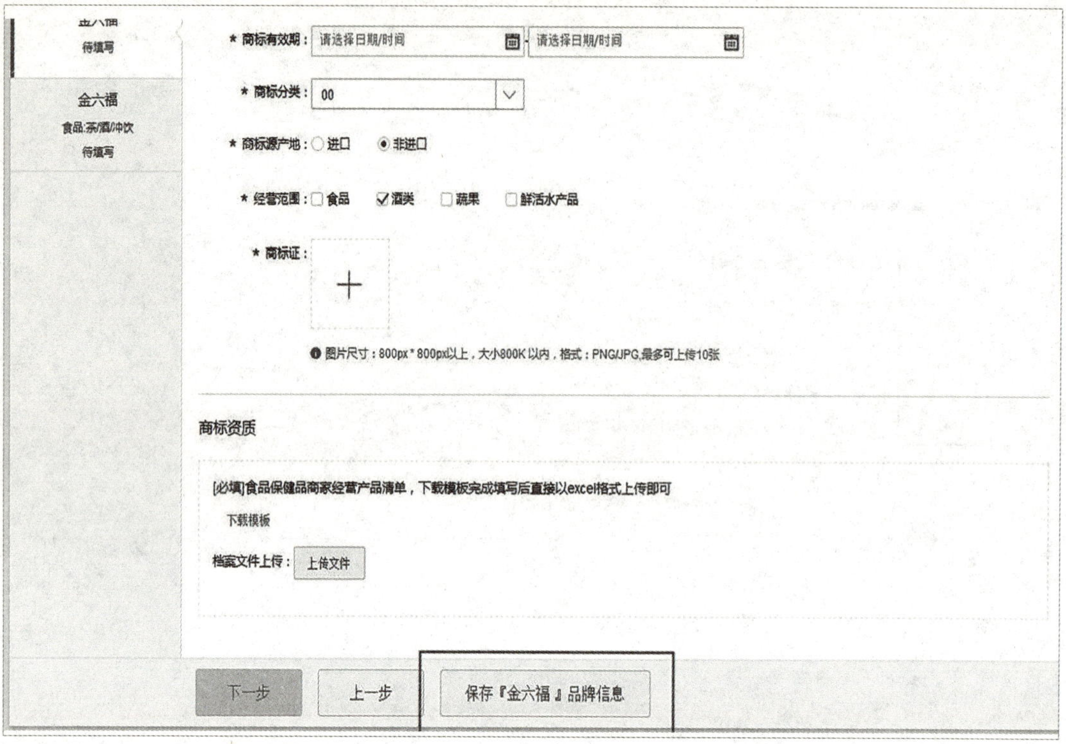

图 1-10 保存品牌信息

温馨提醒

如您的品牌需要先评估品牌实力，则将在申请页面看到“更多详情信息上传”入口，品牌评估会参考您的品牌影响力及天猫的品类结构和消费者需求，请下载模板 excel，按模板内容详细填入后上传，此信息会让天猫更好地了解您的企业和品牌，有助于帮助您更快入驻天猫。

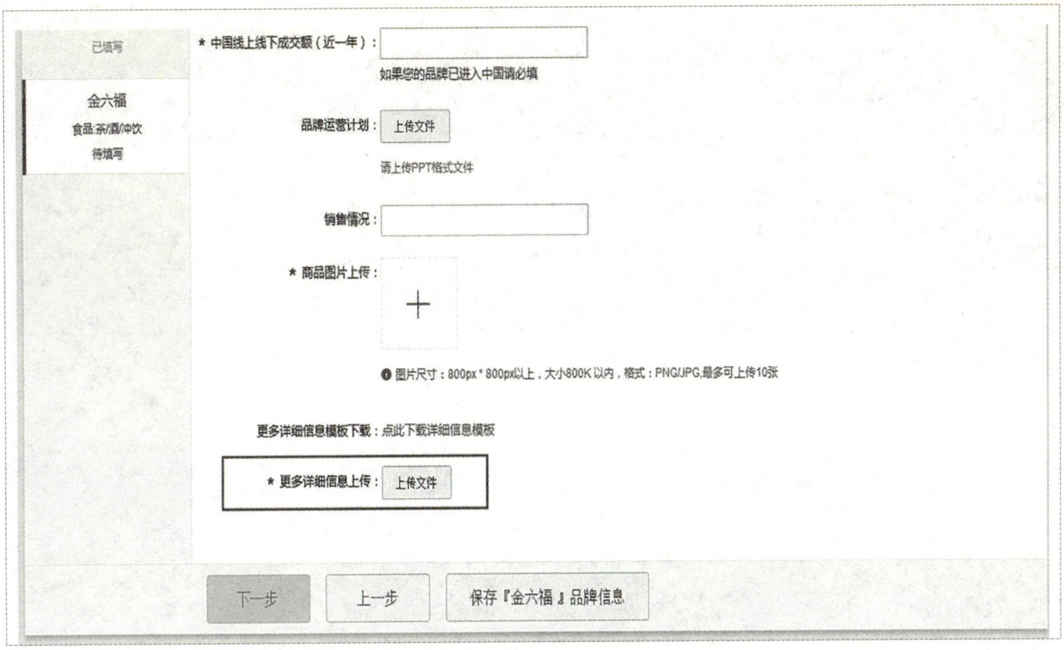

图 1-11　更多详情信息上传（1）

3. 全部填写完成后，点击“下一步”。

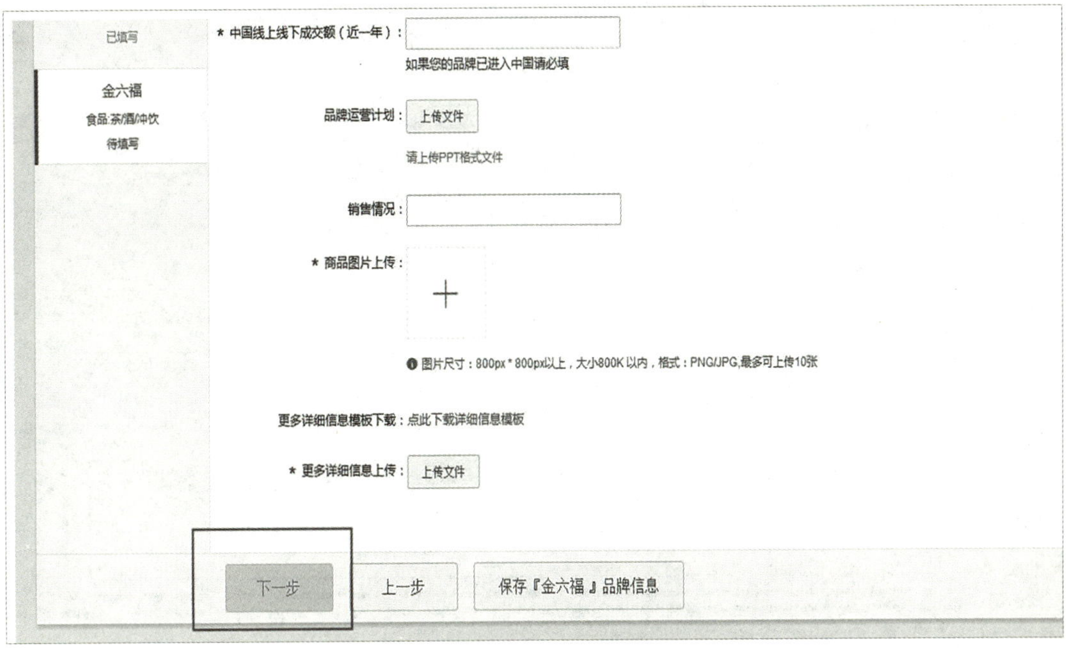

图 1-12　更多详情信息上传（2）

三、填写企业信息

根据实际情况填写企业信息，填写完成后，点击“下一步”。

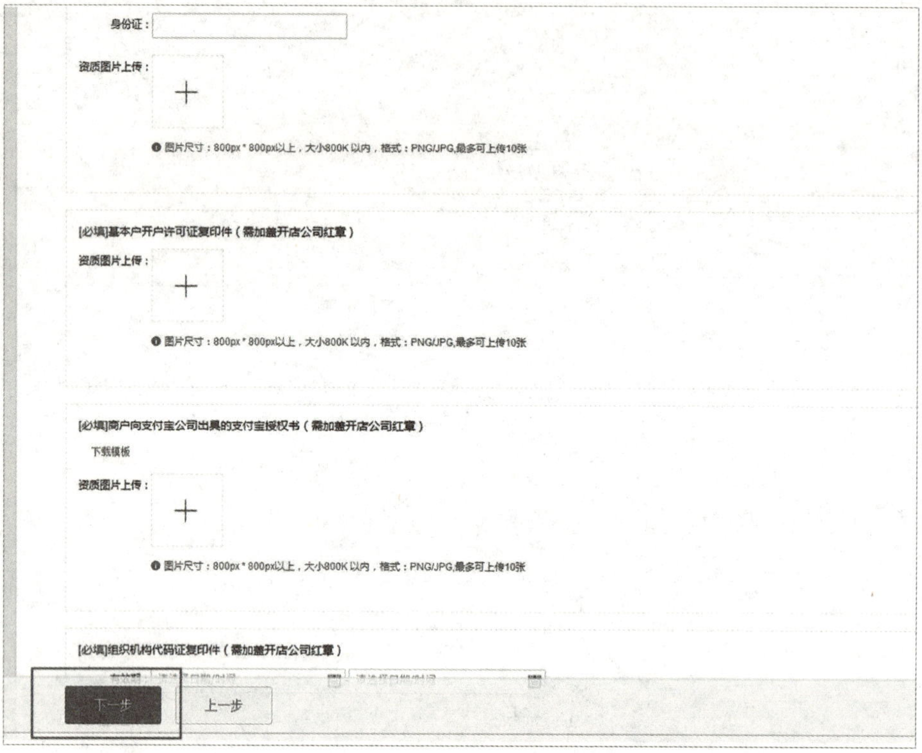

图 1-13　填写企业信息

温馨提醒

提交支付宝授权书时，您需先下载模板，按照模板内容填写 / 签章后，将授权书拍照上传。

四、店铺命名

选择填写店铺名称中展现的关键词，并点击“选择店铺名”右侧的下拉框选择店铺名称以及店铺域名，也可以在“店铺命名建议”中填写期望的店铺名称。选择完成后，点击“下一步”。

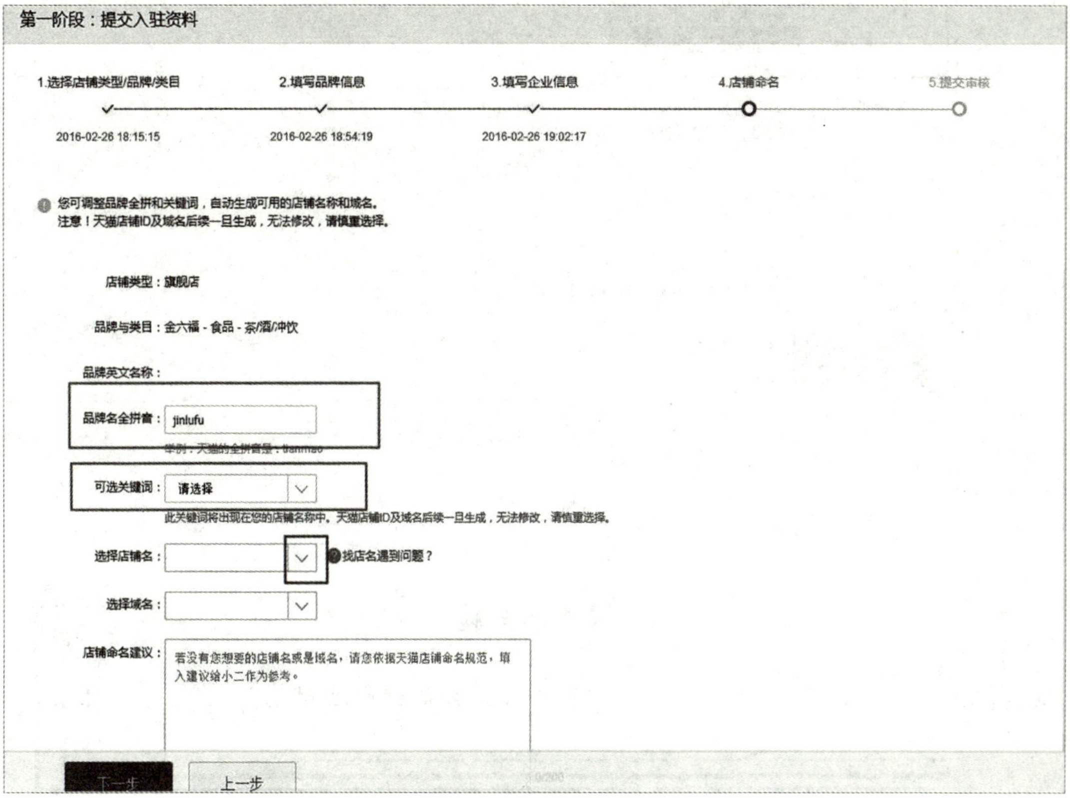

图 1-14　店铺命名（1）

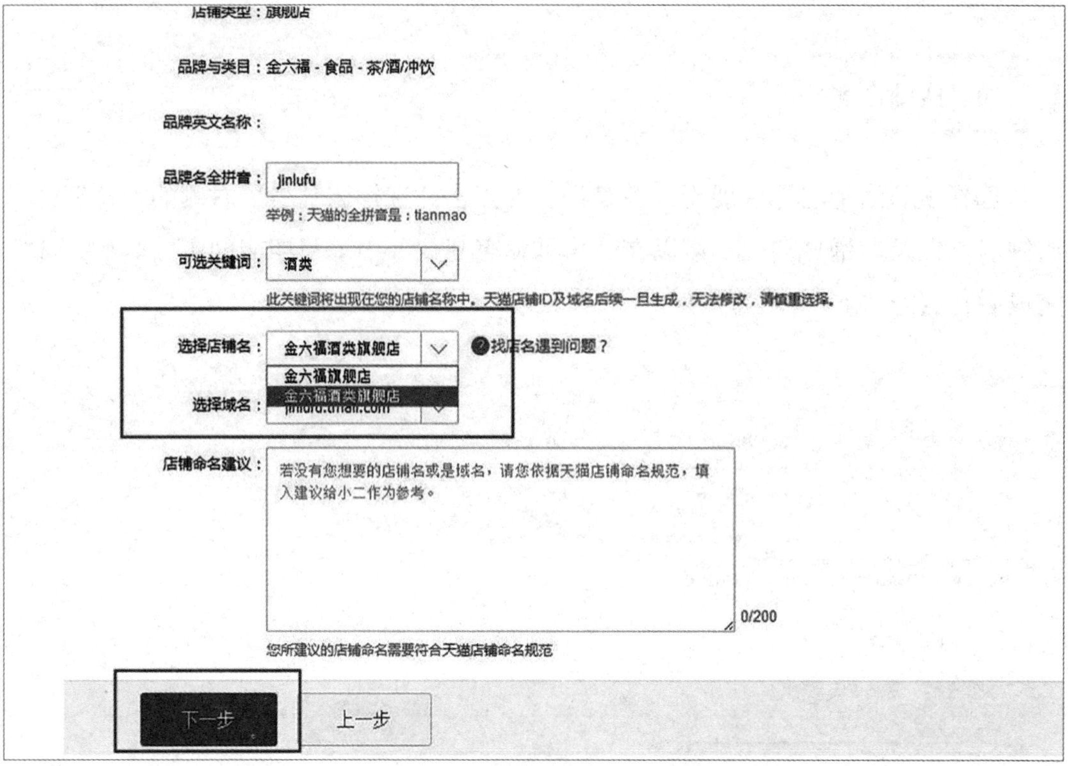

图 1-15　店铺命名（2）

温馨提醒

您选择的店铺名称必须符合《天猫店铺命名规范》。

五、提交审核

请您再次确认填写的信息是否正确，如需修改，可点击“返回修改”，返回填写页面修改信息。如信息无误，无需修改，可点击“确认无误提交”，提交申请资料给天猫。

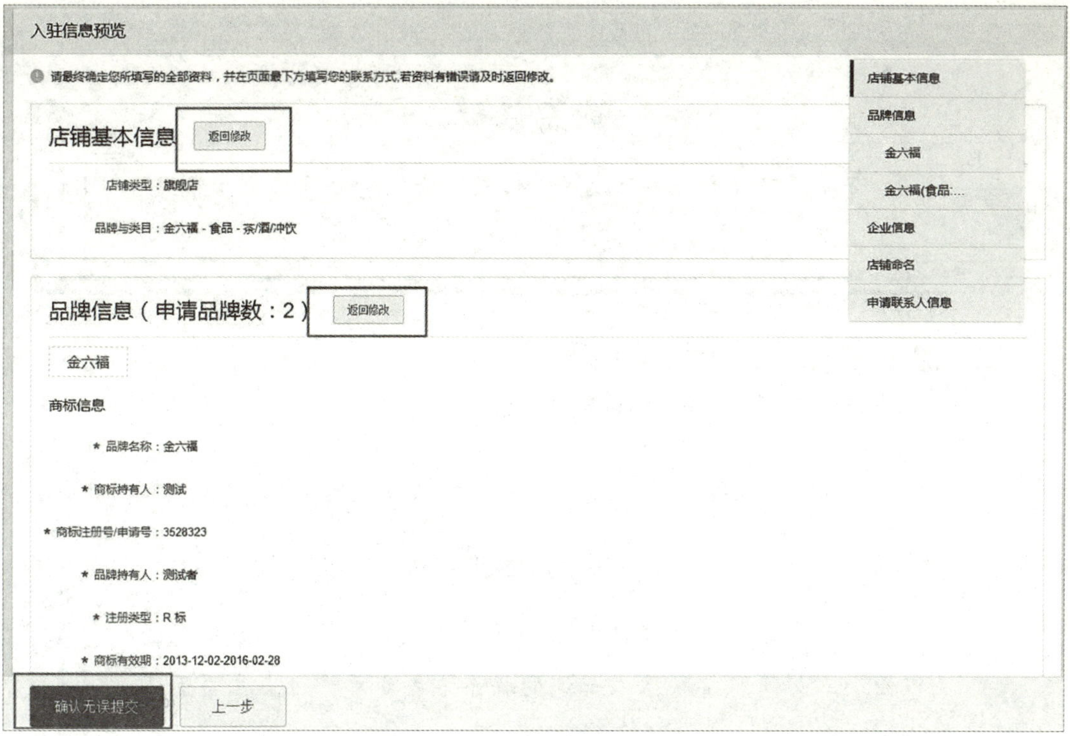
入驻信息预览
请最终确定您所填写的全部资料，并在页面最下方填写您的联系方式,若资料有错误请及时返回修改。
店铺基本信息
返回修改
店铺类型：旗舰店
品牌与类目：金六福 - 食品 - 茶/酒/冲饮
品牌信息（申请品牌数：2）
返回修改
金六福
商标信息
* 品牌名称：金六福
* 商标持有人：测试
* 商标注册号/申请号：3528323
* 品牌持有人：测试者
* 注册类型：R 标
* 商标有效期：2013-12-02-2016-02-28
确认无误提交
上一步
店铺基本信息
品牌信息
金六福
金六福(食品:...
企业信息
店铺命名
申请联系人信息

图 1-16　提交申请资料（1）

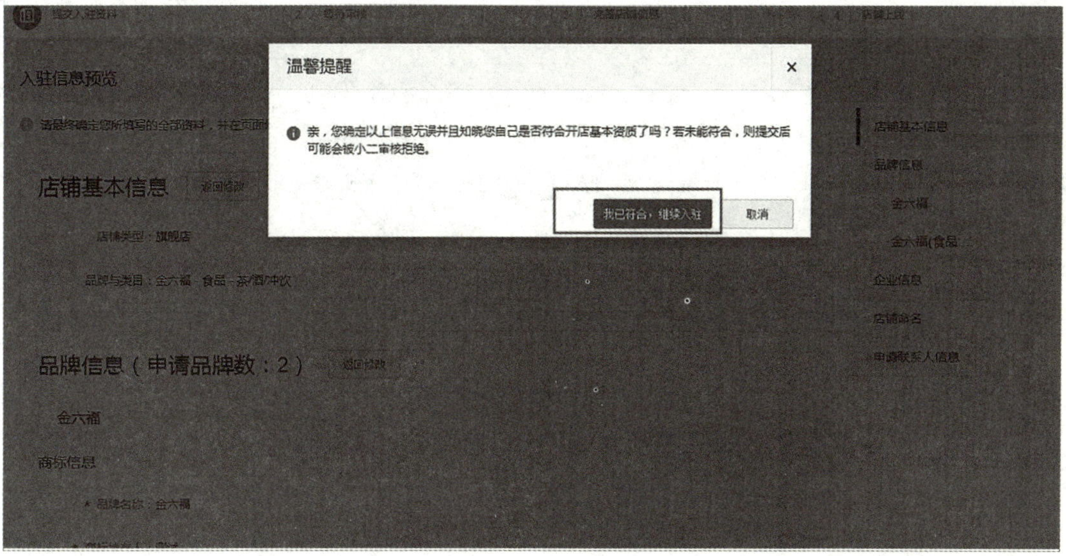
温馨提醒
×
亲，您确定以上信息无误并且知晓您自己是否符合开店基本资质了吗？若未能符合，则提交后可能会被小二审核拒绝。
我已符合，继续入驻
取消
入驻信息预览
店铺基本信息
品牌信息（申请品牌数：2）

图 1-17　提交申请资料（2）

温馨提醒

资质一旦提交，将无法进行修改，请您耐心等待审核结果。

第二步：商家等待审核（7 天）

申请资料提交成功后，请耐心等待小二审核。

温馨提醒

等待审核期间请保持电话畅通，并关注邮件、旺旺信息，以便小二与您取得联系。如您的联系方式变更，可点击页面下方联系方式旁边的“修改”按钮，重新填写。

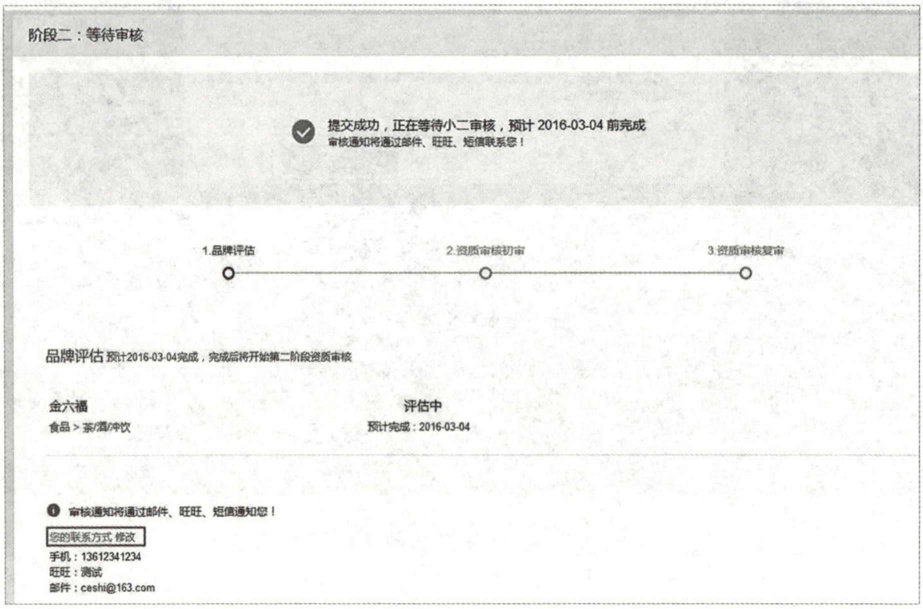

图 1-18 等待审核

一、品牌评估

1. 如您申请经营的品牌不在天猫招商品牌池内，需先通过品牌评估。品牌评估期间如资料不符合要求，需要您补充修改，系统会以邮件和短信的方式通知您登录申请账号查看修改。您登录本页面后，点击“前往修改”，可按照提示完成修改并提交。

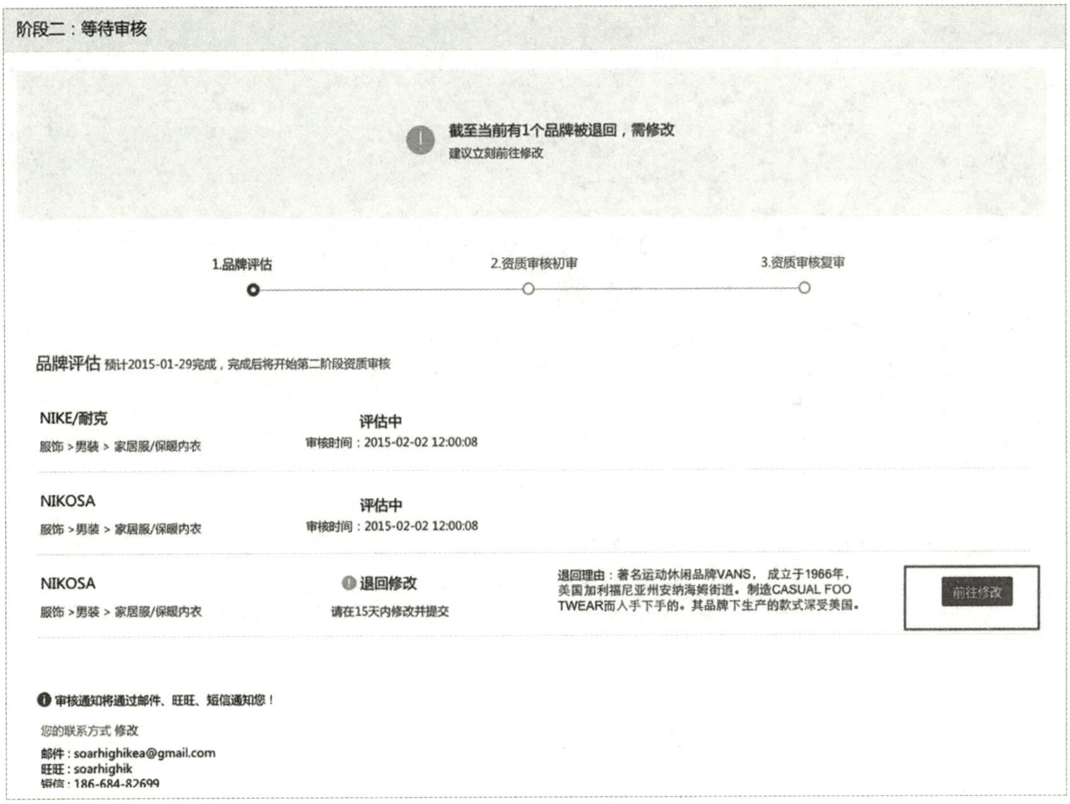

图 1-19　品牌评估（1）

温馨提醒

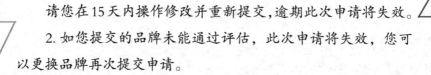

请您在15天内操作修改并重新提交,逾期此次申请将失效。

2. 如您提交的品牌未能通过评估，此次申请将失效，您可以更换品牌再次提交申请。

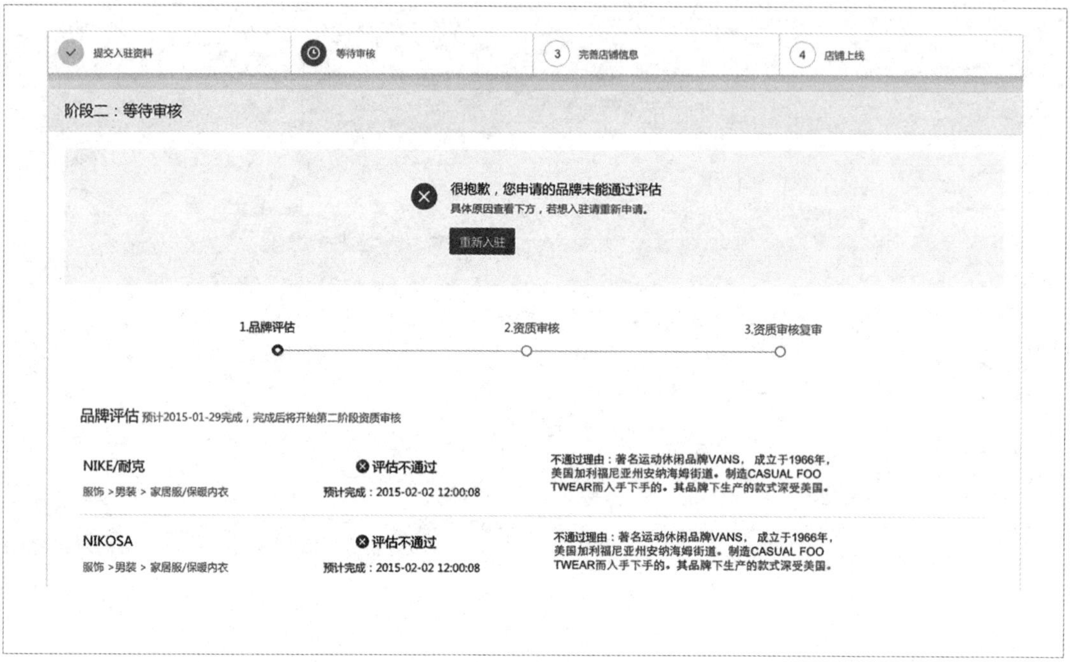

图 1-20　品牌评估（2）

3. 品牌评估通过后，您可以点击“开始资质审核”，进入资质审核阶段。

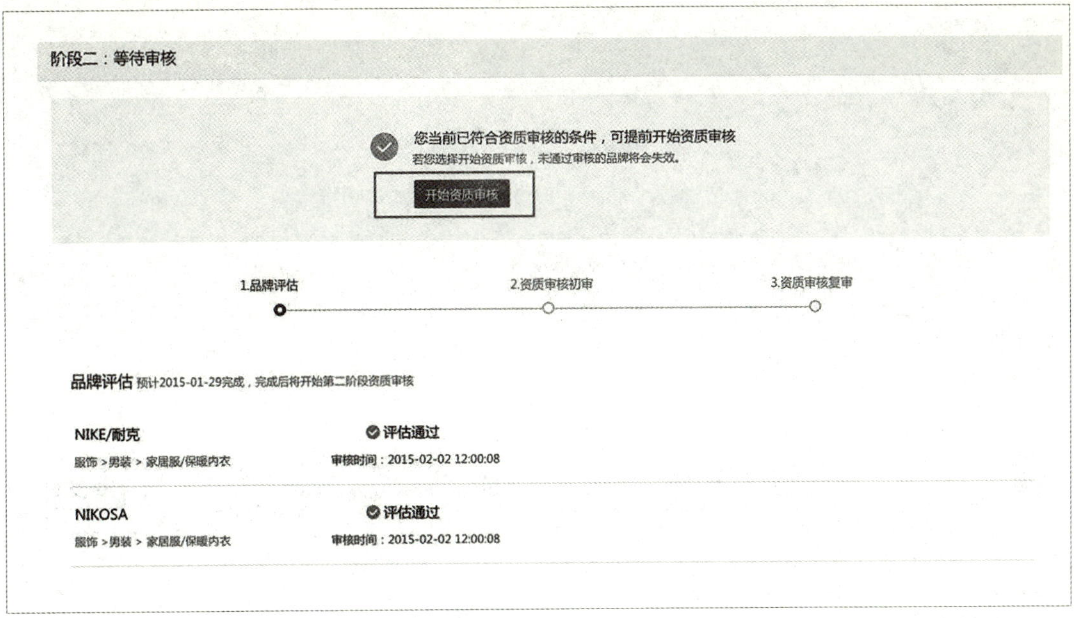

图 1-21　开始资质审核

温馨提醒

当您看到“开始资质审核”按钮的时候，建议点击此按钮继续申请流程，否则流程将无法继续。

二、资质审核

1. 资质审核阶段分为初审和复审，审核期间如资料不符合要求，需要您补充修改，系统会以邮件和短信的方式通知您登录申请账号查看修改。您登录本页面后，点击“前往修改”，可按照提示完成修改并提交。

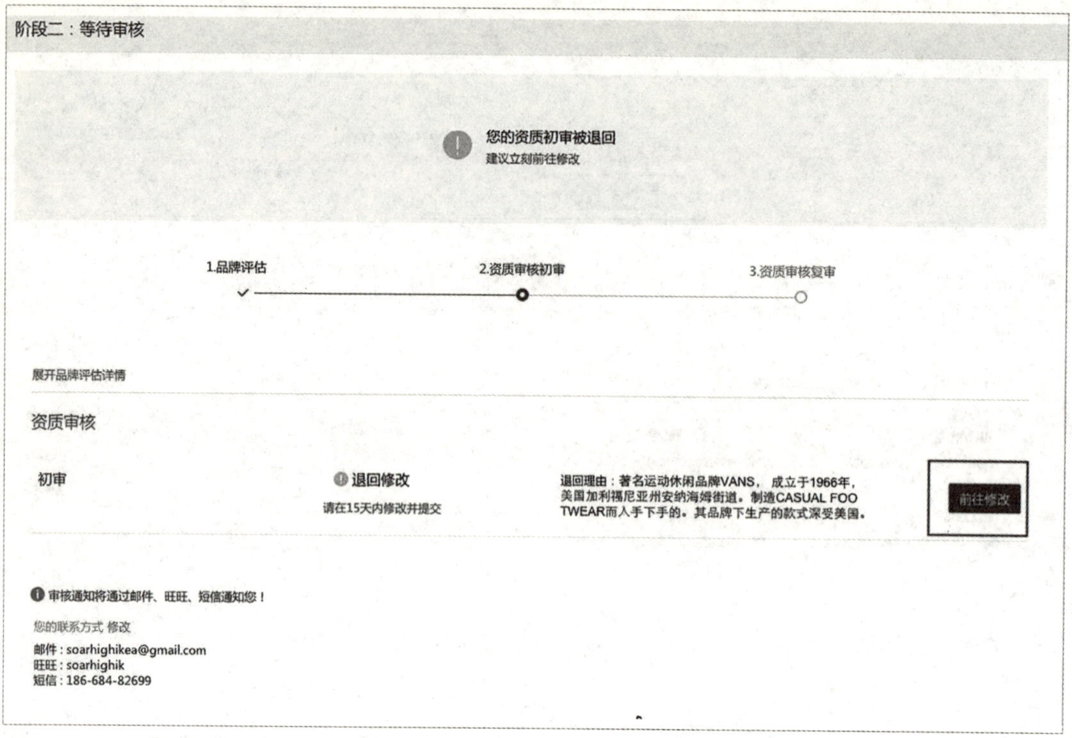
阶段二：等待审核
您的资质初审被退回
建议立刻前往修改
1.品牌评估
2.资质审核初审
3.资质审核复审
展开品牌评估详情
资质审核
初审
退回修改
请在15天内修改并提交
退回理由：著名运动休闲品牌VANS，成立于1966年，美国加利福尼亚州安纳海姆街道。制造CASUAL FOOTWEAR而入手下手的。其品牌下生产的款式深受美国。
前往修改
审核通知将通过邮件、旺旺、短信通知您！
您的联系方式 修改
邮件：soarhighikea@gmail.com
旺旺：soarhighik
短信：186-684-82699

图 1-22　等待资质审核

温馨提醒

请您在15天内操作修改并重新提交，逾期此次申请将失效。

2. 资质审核期间，您可以在页面下方查看目前的审核状态，以及预计完成的时间。

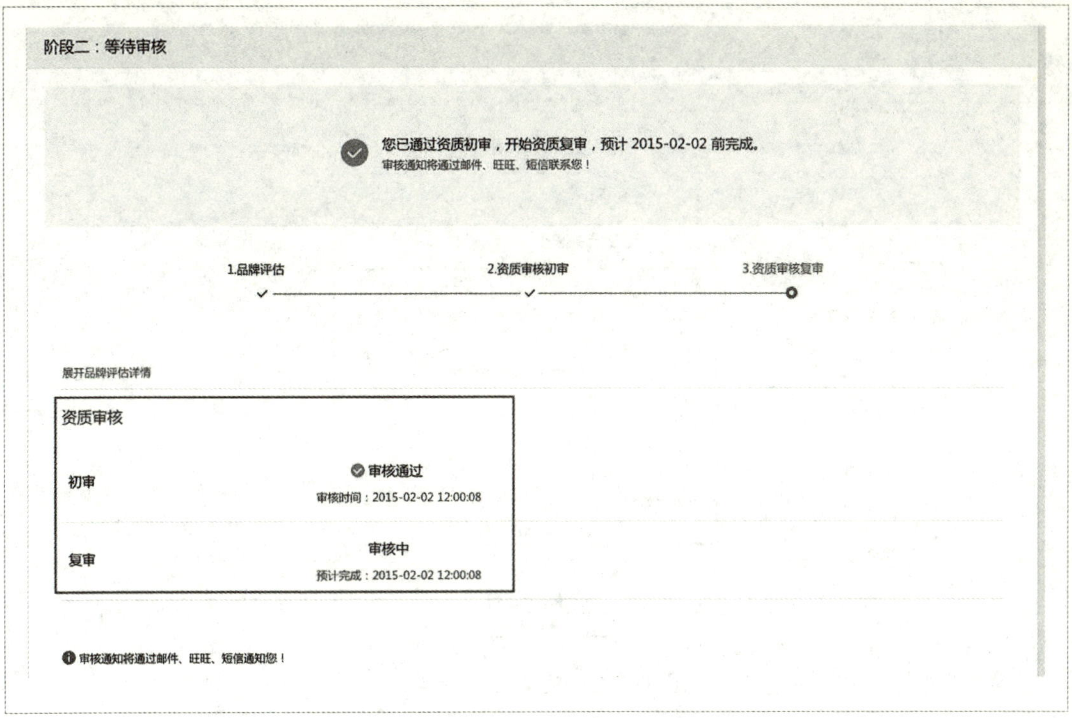

图 1-23　审核状态

3. 初审、复审均审核通过后，恭喜您，您的入驻申请已通过审核， 您可以继续完善店铺信息、发布商品、操作店铺上线。

第三步：完善店铺信息（约 1 天）

一、激活商家账号并登陆

请您设置密码、填写联系人手机、填写邮箱，填写企业支付宝账号，填写完成后点击“激活账号”，激活您的商家账号。

图 1-24　激活账号（1）

温馨提醒

此处填写的支付宝账号为您店铺后期收款，资费结算的账号，请谨慎选择。请勿将该支付宝账户与任何淘宝账号绑定。请勿将支付宝邮箱设置为任何淘宝账号的登录邮箱请确保该支付宝账号的企业认证信息与您在天猫入驻资料提交的企业信息一致。

二、完成开店前相关任务

1. 激活账号后，请登记您的商家账号，完成开店前相关任务。您可以点击“前去完成”按钮前往相关页面进行操作，操作完成后可以点击“刷新状态”查看进度。

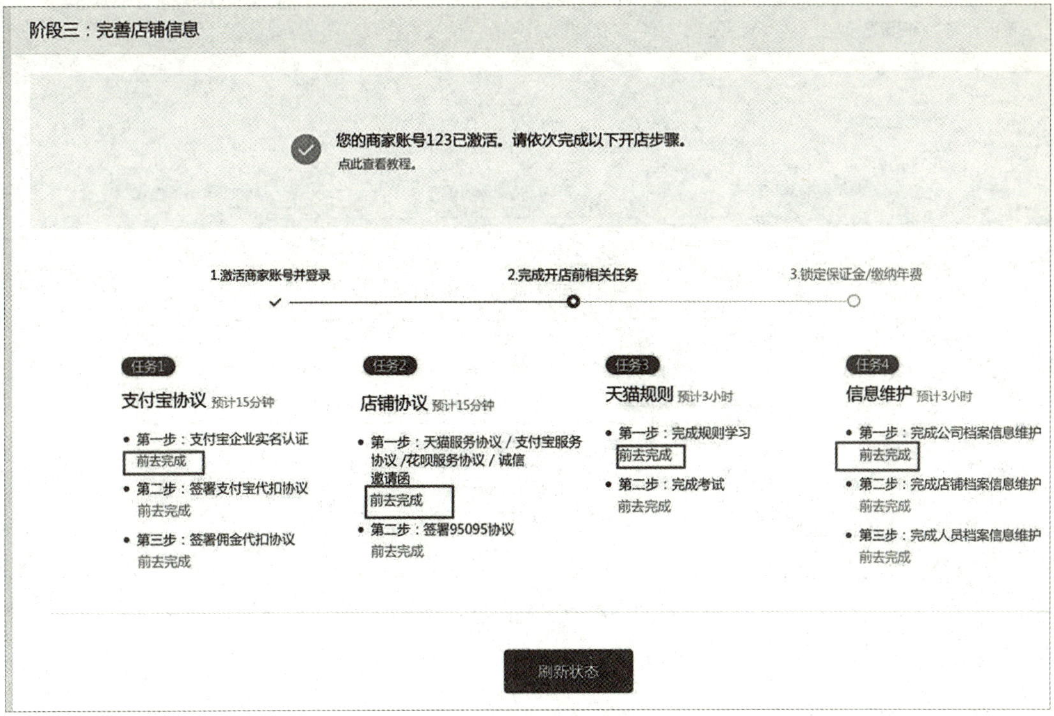

图 1–25　激活账号（2）

2. 此项任务已完成后，任务后面会显示“已完成”。

三、锁定保证金 / 缴纳年费

签署协议完成后，您可以点击“马上锁定 / 缴纳”进行锁定保证金 / 缴纳年费的操作。

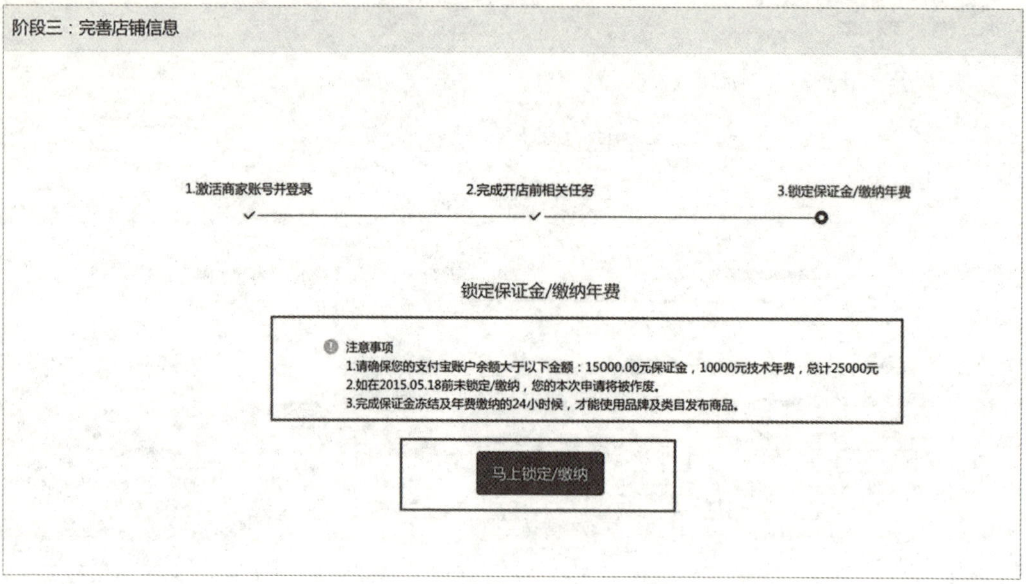

图 1-26　锁定保证金 / 缴纳年费

温馨提醒

请确保您的支付宝账户内余额充足；请您在 15 天内完成锁定 / 缴纳的操作，如未能按时完成，此次申请将失效；完成锁定保证金 / 缴纳年费操作 24 小时后，才能发布商品。

第四步：店铺上线

一、发布商品

完成锁定保证金 / 缴纳年费操作后 24 小时后，您可以发布商品，及店铺装修。不同经营范围店铺上线需发布规定数量的商品，完成后您可以点击“立即店铺上线”。

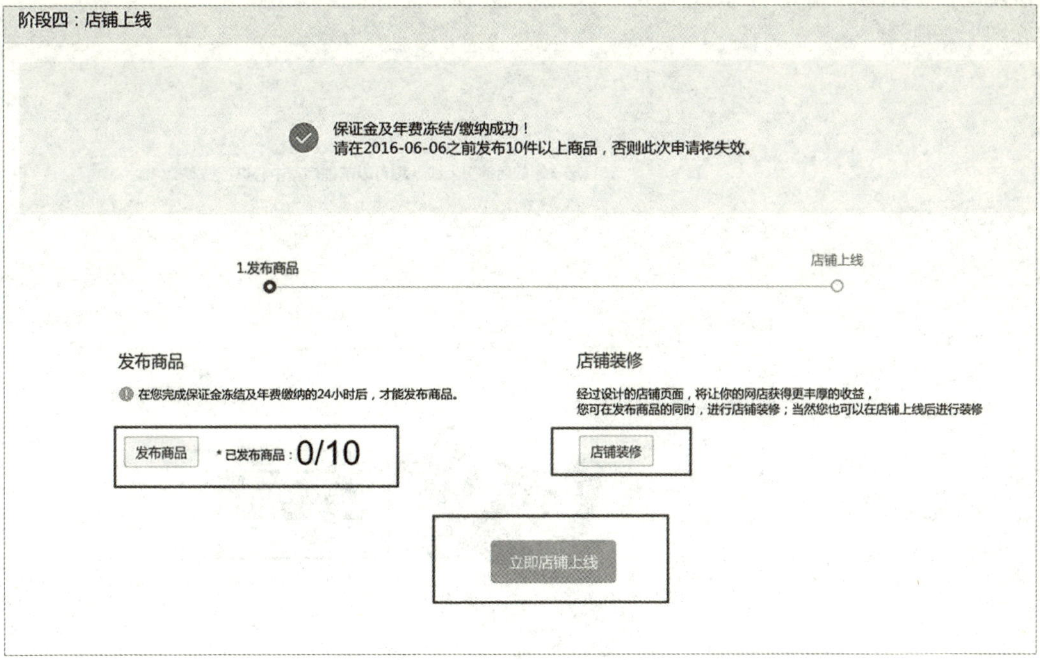

图 1-27　立即店铺上线

温馨提醒

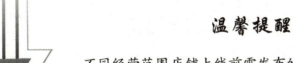

不同经营范围店铺上线前需发布的商品数要求不同。

二、店铺上线

恭喜您，您的店铺已上线，您可以前往商家中心进行更好操作。

图 1-28　前往商家中心

一、提交入驻申请时，出现以下提示怎么操作？

您所选的类目下有部分类目需符合特殊资质，请再次确认以下选中的类目是您商标证范围内可经营且符合特殊资质的

	所属类目	特殊资质名称	资质简介
✓	粮油米面/南北干货/调味品 > 调味品/果酱/沙拉 > 日常调味品 > 食盐	《食盐批发[含转(代)批发]许可证》	需加盖开店主体红章|食盐类目仅接受省级食盐批发企业自荐品牌入驻|仅经营食盐商品的商家必须提交

图 1-29　检查资质（1）

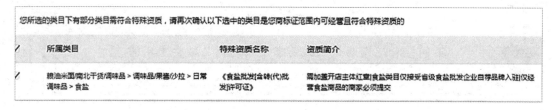

答：您申请经营的类目需提交列表中的特殊资质，您可以检查该资质是否已准备好。如已准备好，可以点击下方红色“确认”按钮继续操作，如无法提交该资质，可以返回重新选择经营类目。

二、资质填写页面中出现以下选项，怎么操作？

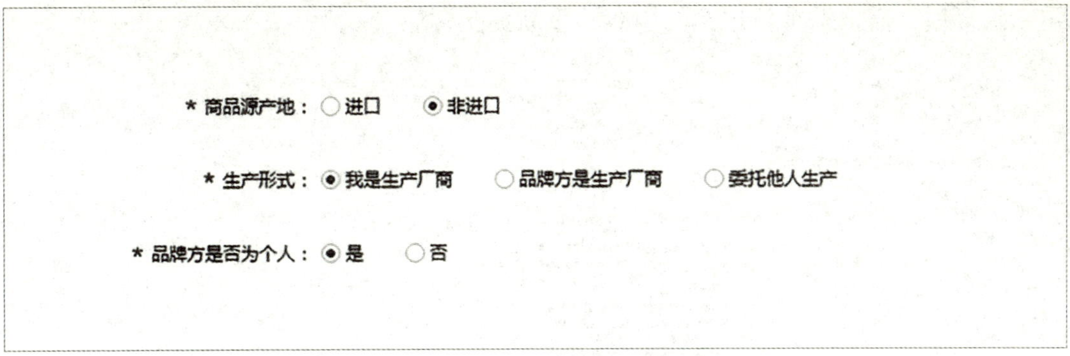

图 1-30 检查资质（2）

答：您需要根据实际情况进行点选，每个选项内容需提交的资质均不相同。您点选的内容务必与实际经营情况相一致，如选择错误会对入驻进度操作影响，请谨慎选择。

三、填写资质时，发现无法提交某项类目特殊资质，怎么办？

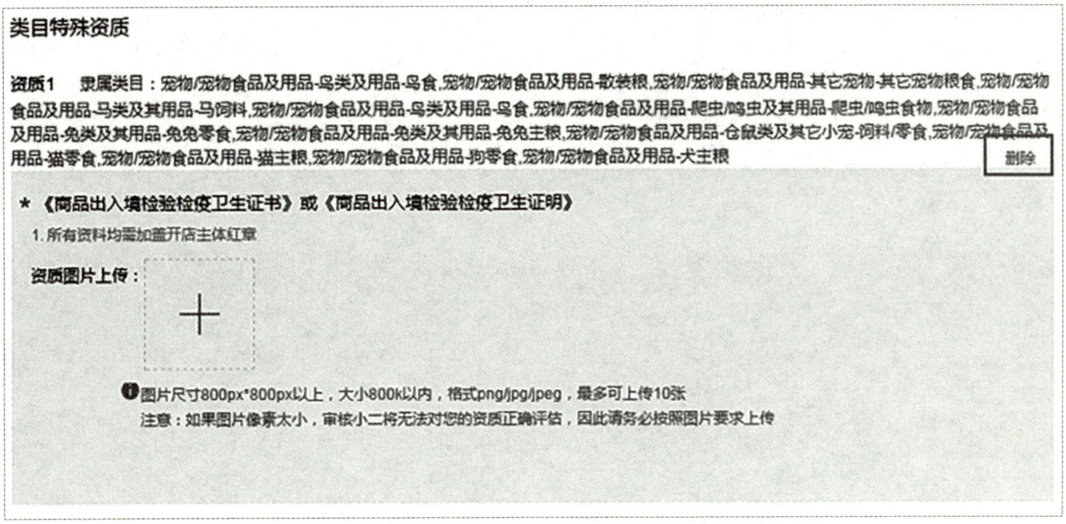

图 1-31 特殊资质

答：1. 您可以点击 “上一步”返回，重新选择经营类目；

2. 您可以点击右上角的“删除”按钮，删除此项资质。删除后，该资质对应的类目也将取消。审核通过后，您将不会获得该类目的授权。

四、我第一次点选错误，还可以重新选择？

答：可以，在资料填写过程中，您可以重新选择经营类目和重新点选信息内容。

重新选择后，需根据重新选择的内容，重新提交资质。

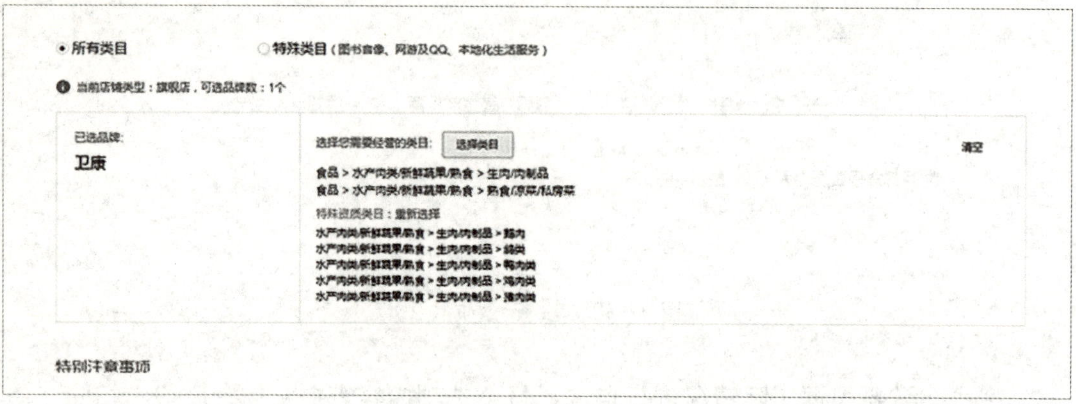

图 1-32　重新提交资质

五、填写资质时，发现无法提交某项类目特殊资质，我可以上传其他的内容吗？

答：不可以。您需要在对应的入口上传资质，页面上“*”资质为必选资质，不能提交其他内容。如提交其他内容，会对入驻进度产生影响。

附录 2：天猫发布宝贝教程

1. 商品发布入口

您需要通过【卖家中心】-【发布宝贝】入口进行发布，新版类目选择页如下：

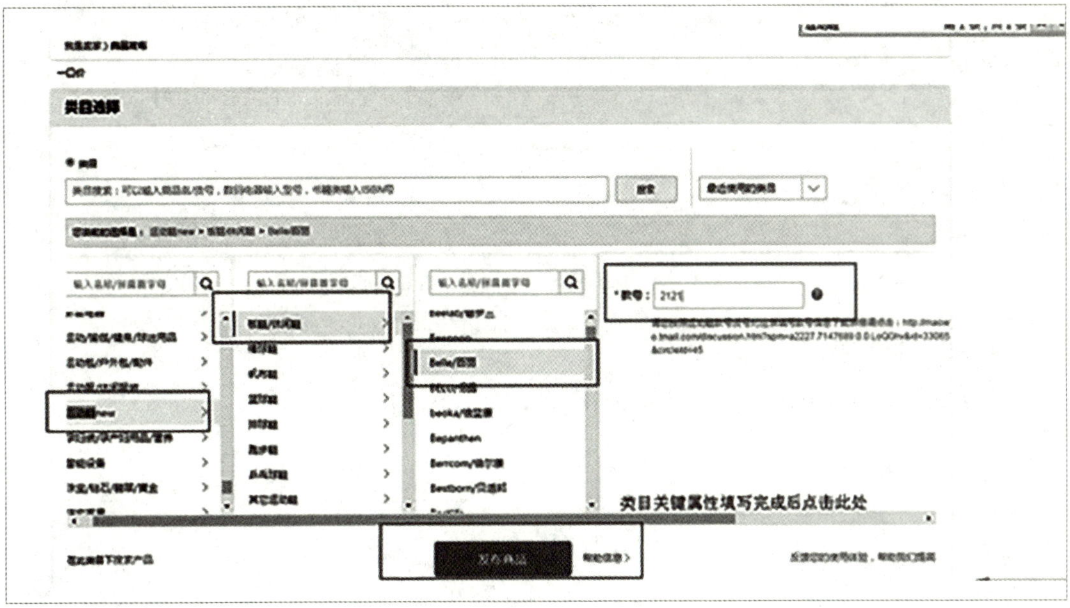

图 2-1 发布宝贝（1）

2. 发布商品流程

新版发布流程包含产品信息、商品信息（价格库存物流、详细描述、售后及其他）两大部分。

新版发布体系：

Step.1. 您首先需要填写产品信息

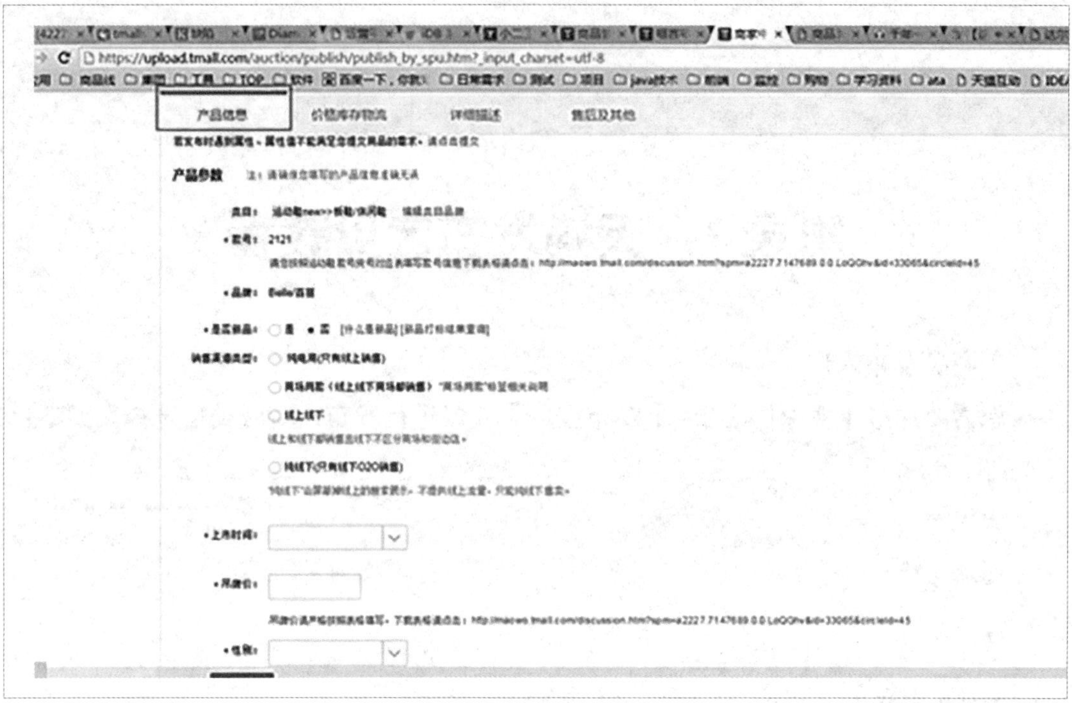

图 2-2 发布宝贝（2）

Step.2. 填写价格库存物流信息

若您需要添加 SKU，您可以在 SKU 列表进行添加。

温馨提示

若是标类达尔文，您需要提交详细的资质信息，提交完成后系统会自动生成 SKU。

Step.3 填写商品描述信息

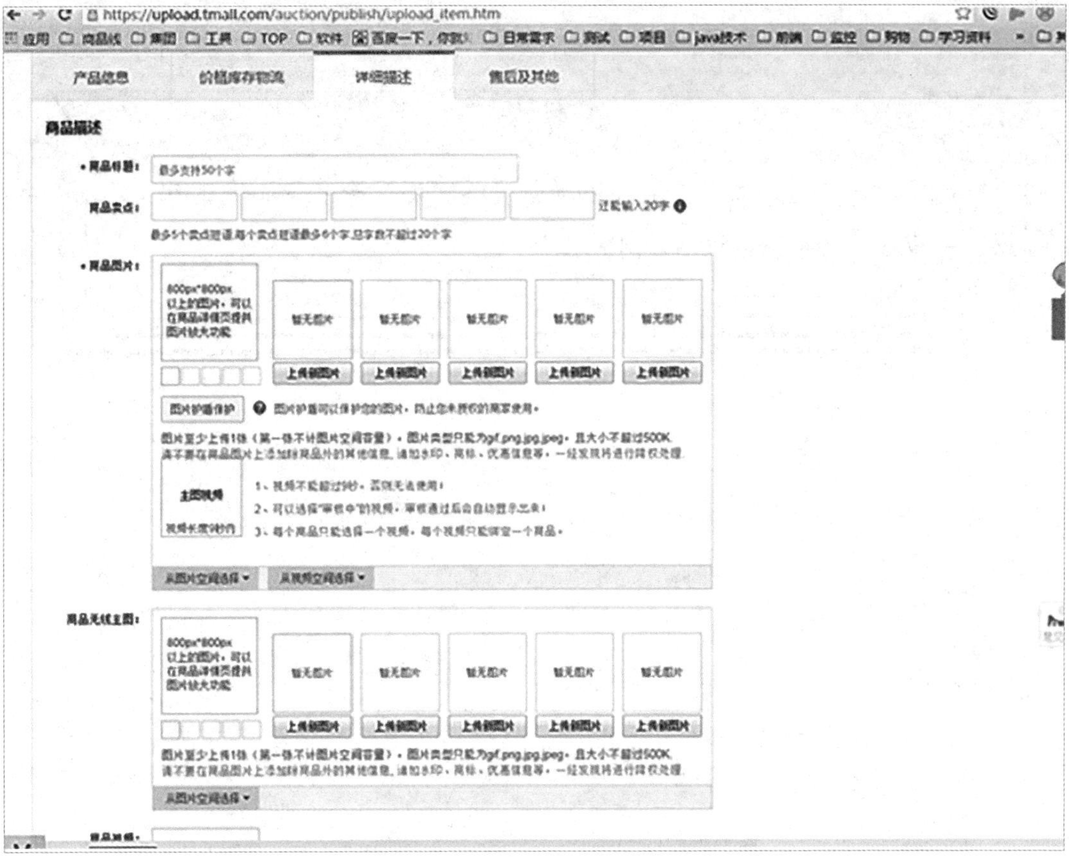

图 2-3 发布宝贝（3）

Step.4. 提交发布

您填写完页面的所有信息后就可以提交发布，开始时间属性默认是勾选在放入仓库。

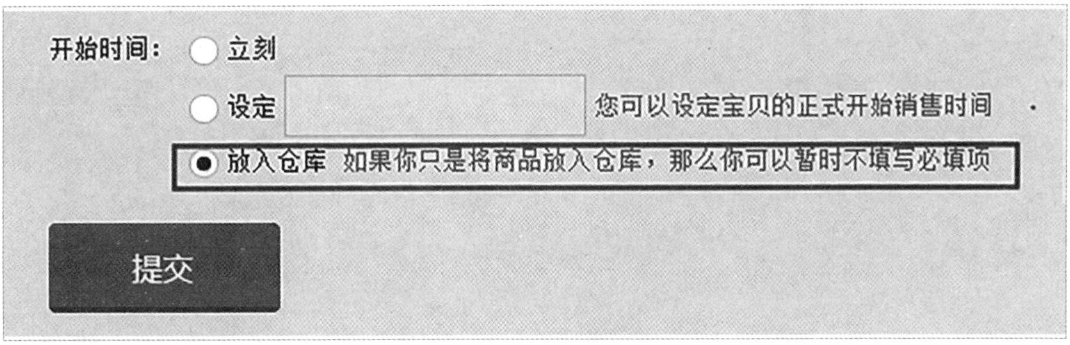

图 2-4 发布宝贝（4）

温馨提示

发布达尔文新产品或添加新规格需要等待3个工作日小二审核，待审核通过后才可以上架。

参考文献

[1] 崔恒华 . 电商运营实操 [M]. 北京：电子工业出版社 .2018：28-50

[2] 海天电商金融研究中心 . 微商·微信·微店·朋友圈·自媒体·微营销一本通 [M]. 北京：清华大学出版社，2017:46-70.

[3] 李科成 . 个性化自媒体运营与推广一册通 [M]. 北京：人民邮电出版社，2017:50-63.

[4] 刘涛 . 淘宝、天猫电商运营百科全书 [M]. 北京：电子工业出版社，2017:45-68.

[5] 刘俊 . 京东，电商引领未来 - 京东成功的秘密 [M]. 广东：广东经济出版社有限公司，2016:105-118.

[6] 王慧 . 农村电商与创业 [M]. 北京：人民邮电出版社，2016:10-25.

[7] 水藏玺 . 互联网 +：中外电商发展路线图 [M]. 北京：中国纺织出版社，2017:155-178.

[8] 支付宝官网 . 支付宝关联认证流程 [DB/OL]. https://cshall.alipay.com/lab/help_detail.htm?help_id=561418.

[9] 天猫官网 . 商家入驻指南（入驻流程）[DB/OL]. https://pages.tmall.com/wow/seller/act/seller-settled?spm=a223k.7880785.6107009570.4.197c4846kfY6b2&acm=lb-zebra-14053-462070.1003.4.557679&scm=1003.4.lb-zebra-14053-462070.OTHER_14611743714861_557679

[10] 天猫官网 . 天猫服务中心——商品发布 / 编辑教程 [DB/OL]. https://helpcenter.tmall.com/learn/category?id=962